Amor, unidad y reconciliación

DARÍO LÓPEZ R.

AMOR, UNIDAD Y RECONCILIACIÓN

EL **MENSAJE DE EFESIOS**

Amor, unidad y reconciliación
El mensaje de Efesios
Darío López Rodríguez

© 2024 Centro de Investigaciones y Publicaciones (CENIP) – Ediciones Puma
Hecho el Depósito Legal en la Biblioteca Nacional del Perú N° 2024-01333
Primera edición impresa, febrero 2024

Categoría: Religión - Estudios bíblicos - Nuevo Testamento

ISBN N° 978-612-5026-36-1 | Edición impresa
ISBN N° 978-612-5026-37-8 | Edición digital

Editado por:
© 2024 Centro de Investigaciones y Publicaciones (CENIP) – Ediciones Puma
Av. 28 de Julio 314, Int. G, Jesús María, Lima
Apartado postal: 11-168, Lima - Perú
Telf.: (511) 423-2772
E-mail: administracion@edicionespuma.org | ventas@edicionespuma.org
Web: www.edicionespuma.org
Ediciones Puma es un programa del Centro de Investigaciones y Publicaciones (CENIP)

Edición: Alejandro Pimentel
Diagramación: Hansel J. Huaynate Ventocilla

Las citas bíblicas corresponden a la versión Reina-Valera 1960 (RV60).

ISBN N° 978-612-5026-36-1

A Samuel Escobar
amigo, maestro, mentor

«…como cristiano deseo ver a todo hombre que se me acerca o a quien me acerco, un prójimo, y no un militante encasillado en tal o cual partido o institución».

—Samuel Escobar, *Dialogo entre Cristo y Marx*
(Lima: Publicaciones AGEUP, 1969), 16.

«Un teólogo es un ser extraño: tiene que hablar de Dios, que afecta de manera absoluta a todos los hombres de todos los tiempos y lugares. Y, sin embargo, él no es más que un hombre limitado en sus facultades y condicionado en sus ideas por su propia tradición y cultura».

—Jürgen Moltmann, *El experimento esperanza*
(Salamanca: Ediciones Sígueme, 1977), 15.

Contenido

Prólogo

Celebramos la publicación de este comentario escrito por un erudito y pastor peruano que está profundamente comprometido con las iglesias latinoamericanas y que anhela que éstas vivan la fe con integridad y fidelidad al Señor de la vida. Este es un comentario que, quienes nos llamamos seguidores de Jesús el Mesías, debiéramos leer con mucho cuidado. Es un comentario escrito por un biblista situado en América Latina desde donde lee el texto de Efesios.

Es, entonces, un trabajo contextual en el que el autor está atento a las realidades actuales de nuestro mundo latinoamericano convulsionado y desde allí escucha y reflexiona en el texto de Efesios, al que considera *una carta de amor*.

Su prólogo nos alerta acerca de la manera en que otros eruditos han apreciado e interpretado Efesios y todos ellos coinciden en la enorme relevancia que Efesios tiene para cada época, incluyendo la nuestra, que el autor conoce muy bien.

La introducción trata de los temas introductorios tradicionales de la carta con discernimiento y buen juicio. Los lectores académicos no se sentirán defraudados. El autor conversa con autores latinoamericanos así como del mundo anglosajón y europeos. De ellos destila sus mejores intuiciones.

El comentario está siempre atento a la exégesis cuidadosa que eruditos han hecho de la carta. Sin embargo, el Dr. López Rodríguez siempre lee el texto desde nuestras realidades cotidianas y desde allí ofrece sus ricas intuiciones y comentarios. Esa es su contribución central. Darío vive inmerso en el mundo actual y regularmente nos ofrece una lectura pertinente del mismo. Sean estas realidades sociales, políticas, económicas o religiosas, ellas son abordadas por el autor cuando el texto bíblico lo requiere. Esto no es común en comentarios bíblicos que eluden hablar a nuestra realidad y se quedan en la exégesis del texto bíblico.

Al lector atento le corresponde actualizar esas observaciones contextuales del autor, que tienen que ser necesariamente generales, y hacerlas pertinentes a su propio contexto y realidad ministerial o de discipulado cristiano. El lector debe tejer más fino, pensar su propia realidad y desde allí buscar que el mensaje llegue con su fuerza transformadora, como lo hizo con sus lectores originales.

Las tareas y temáticas inconclusas de las y los cristianos latino-americanos son tratadas con integridad y valor en este comentario. Temas como el patriarcado, el papel de las mujeres, la guerra espiritual, las muchas expresiones de violencia, las relaciones familiares, etc. Todas estas temáticas reciben nueva luz desde el texto de Efesios y nos ofrecen caminos más humanos, dignos y esperanzadores para la iglesia que está llamada a modelar la nueva humanidad creada por el Señor de la vida.

Es muy probable que no todos los lectores estén de acuerdo con los diagnósticos del autor, pero, teniendo a Darío como interlocutor, nos veremos obligados a tratar con responsabilidad el texto bíblico y llegar a una exégesis seria del texto *y de nuestras realidades*. Todas y todos encontraremos en este comentario una lectura fresca y desafiante del mensaje liberador y transformador de esta pequeña suma paulina.

Dr. Mariano Ávila Arteaga

Prólogo

Una carta de amor

A este extraordinario y siempre actual documento del Nuevo Testamento, la carta a los Efesios, se le puede llamar con toda justicia y sin exageración *una carta de amor de Dios*. Carta de amor a toda la familia humana y a toda la creación. Carta de amor que se expresa en la gratuidad, imparcialidad y universalidad con la que Dios convoca, acoge, acepta y transforma a todos los que responden a su llamado al seguimiento en medio de las encrucijadas de la vida. Carta de amor que se visibiliza en el cuidado que tiene por todos los seres humanos y por los bienes de la creación.

Efesios es una bella carta de amor, siempre fresca y clara, a través de la cual se proclama la buena noticia de que Dios se ha insertado en la historia con el propósito de formar una realidad alternativa a la sociedad circundante. Esta realidad alternativa es la iglesia, el cuerpo de Cristo, el Mesías que vino a liberarnos de todas las opresiones. La iglesia es portadora y pregonera de ese mensaje, aunque en realidad, ella misma (la iglesia), cuando actúa como un cuerpo unido, sin fisuras y solidaria ya es en sí misma un mensaje fresco y contundente frente a las realidades humanas conflictivas por razones étnicas, políticas, culturales, económicas o religiosas.

Este documento del Nuevo Testamento es *una carta de amor* cuyos destinatarios son, además de los creyentes a quienes Pablo escribe, toda la realidad creada. Así es en efecto, porque según el mensaje de Efesios, el propósito de salvación de Dios apunta a «reunir todas las cosas en Cristo… así las que están en los cielos, como las que están en la tierra» (1.10). Es decir, se trata de una «salvación cósmica» (Senior 1985:260), universal e integral, cuyo horizonte es la restauración de todas las cosas, una nueva creación, «cielos nuevos y tierra nueva, en los cuales mora la justicia» (2P 3.13).[1]

El distinguido profesor J. Armitage Robinson, hace más de 100 años, en su comentario a Efesios, carta a la que llamó la «corona de los escritos de san Pablo» (Robinson 1904:viii), escribió lo siguiente sobre el valor imperecedero de este documento del Nuevo Testamento:

> El tema de la Epístola a los Efesios es de interés preeminente en la actualidad. En ningún período anterior ha habido un reconocimiento tan generalizado en todos los espacios de la vida humana sobre la necesidad de alianzas y cooperación; y nunca, tal vez, se ha dedicado una reflexión más urgente al problema del destino final de la humanidad. Si bien es cierto que en todas partes siempre se han hecho preguntas sobre el futuro, no es mucho decir que nosotros, que hemos comenzado a sentir la verdad de una vida comunitaria como superior a una vida individual, y tal vez somos más capaces de aprender, cuál es la meta que el Hombre en su conjunto está siguiendo, o, en otras palabras, cuál es el Propósito de Dios para la Raza Humana… Entre las maravillas imperecederas de los escritos apostólicos está el hecho de que contienen respuestas a preguntas que han esperado mucho tiempo para ser formuladas: que, aunque la forma de los registros escritos permanece igual para todas las épocas, su interpretación crece en claridad a medida que cada época, a su manera, hace sus propias preguntas (Robinson 1904:14).

Ciertamente no se equivocaba Armitage Robinson, porque la carta a los Efesios, más allá de la discusión de los eruditos sobre la autoría y los destinarios de esta, tiene un mensaje oportuno, actual y permanente.

---

[1] La carta los Colosenses apunta en la misma dirección enfatizando que la reconciliación de «todas las cosas» se relaciona con la obra de Cristo en la cruz: «…haciendo la paz mediante la sangre de su cruz» (Col 1.20). Y en la carta a los Romanos, sobre la redención de toda la creación, se afirma: «…la creación misma será liberada de la esclavitud de la corrupción, a la libertad gloriosa de los hijos de Dios. Porque sabemos que toda la creación gime a una, y a una está con dolores de parto hasta ahora…» (Ro 8.21-22).

La formidable arquitectura teológica de esta carta subraya que el proyecto salvífico de Dios apunta a una *shalom* integral que se expresa visiblemente en la iglesia, cuya vocación histórica, como morada de Dios en Espíritu, es ser embajadora del amor transformador del Dios de la vida. La intención de Dios no ha cambiado. Él, mediante Cristo, ha introducido en la historia humana una nueva realidad, la iglesia, como signo y señal visible de la redención integral de todo y de todos.

Casi un siglo después (2022), desde otro contexto, John Gillman, expresaba acerca de la carta a los Efesios:

> Entre los documentos del corpus paulino, la carta a los Efesios es el más sublime y también el más efímero. Su visión es cósmica, su lenguaje expansivo, su atractivo tentador… Efesios se lee como una oración meditativa en forma de una historia de misterio (Ef 1.9; 3.3, 4, 9; 5.32; 6.19) que es a la vez reveladora, inspiradora e inquietante. al menos para las sensibilidades contemporáneas (ver 5.22-6.9). En su conjunto, refuerza la formación de la identidad de los creyentes mediante la construcción de un nuevo orden social para ellos dentro de un mundo dominado por el poder imperial (Gillman 2022:1663).

Acerca del mensaje, siempre contemporáneo y desafiante de Efesios, se subraya:

> El contenido de la carta a los Efesios puede resumirse en dos palabras: Cristo-la Iglesia. Son ésos los dos polos sobre los que giran todas las explicaciones del apóstol (…) La visión que en esta carta a los Efesios nos ofrece el apóstol sobre Cristo y la Iglesia, a la que presenta como una prolongación de Cristo en el tiempo y en el espacio, es quizás la síntesis más acabada de su genio teológico (Turrado 1965:563).

Así es en efecto, porque además de reconocer que se trata de la «epístola teológicamente más profunda» que escribió Pablo (Stam 1999:87), se destaca también que la carta a los Efesios representa «un desarrollo del pensamiento paulino y un resumen de su mensaje» (Barth 1981a:4). De esta carta se reconoce también que, «la cristología y la eclesiología de Efesios no son incompatibles con la teología de las cartas auténticamente paulinas y, probablemente, representan una reflexión posterior sobre estos temas» (Harvey 2012:48). Se puntualiza, además, que en la misma carta existe:

> ...al menos una fuerte evidencia externa de que... fue escrita para animar a los cristianos de origen gentil a valorar la dignidad de su llamado, con sus implicaciones, no sólo para su origen y destino celestial, sino también para su conducta presente en la tierra, porque son herederos de Dios, sellados por su Espíritu (Bruce 1984:245).

Desde el inicio hasta el final de este extraordinario documento del Nuevo Testamento se respira a cada paso este tema transversal: la reconciliación de todas las cosas mediante Cristo. ¡Él vino a liberarnos de todas las opresiones y de los prejuicios sociales, culturales y religiosos que separan a los seres humanos y que violentan la vida y la dignidad de las personas! La carta a los Efesios entonces:

> ...cubre un espacio decisivo: partiendo de la obra redentora de la santa trinidad divina en la historia de la humanidad, avanza hacia las transformaciones éticas y una visión de la iglesia como pueblo de Dios a la mira de un mundo expectante. Aunque la justificación mediante la fe sigue siendo sustancia medular del evangelio, lo es también la nueva vida del Espíritu Santo en el contexto de la iglesia como comunidad testifical frente a un mundo en tinieblas (Neufeld 2006:9).

El mensaje de reconciliación de esta carta es especialmente importante en un mundo fragmentado y convulsionado por problemas sociales, políticos, culturales y religiosos que separan a los seres humanos y que conspiran contra el propósito de vida, justicia y paz de Dios. Dentro de esa crítica y compleja realidad, la proclamación de la reconciliación en Cristo es un mensaje liberador y transformador, tan necesario y urgente, como lo fue en el primer siglo. El autor de esta carta, Pablo, fue llamado para ser precisamente «apóstol de [la] reconciliación» (Míguez 2000:4), mediante Cristo, «artífice de la paz» (Ávila 2008:iii). De esa paz, cuya expresión visible y concreta es la iglesia, como la nueva humanidad en Cristo, se afirma:

El proyecto de una sociedad igualitaria, donde el poder se emplea para el servicio y crecimiento mutuos, y donde el culto y la adoración son una celebración de la vida y una manifestación de la nueva humanidad que Dios está creando, le da hoy a la iglesia la necesaria visión y fuerza para hacer frente a la barbarie, brutalidad, violencia social y destrucción ecológica que vivimos a principios del siglo XXI. Una sociedad alternativa es posible. Podemos y debemos contribuir, como artesanos de la paz, a construir un mundo distinto, donde haya lugar para todos y donde todo ser humano sea amado y respetado; donde la creación sea protegida y cultivada para la gloria de su hacedor (Ávila 2008:iii).

La dimensión pública de este mensaje de paz integral es innegable. Un mensaje que se concretiza y se visibiliza en la vida y misión de la comunidad mesiánica (la iglesia). Comunidad mesiánica conformada por todos aquellos que han experimentado la obra reconciliadora, transformadora y liberadora de Cristo. Más aún, se puede afirmar que la iglesia es una comunidad de paz que está llamada a leudar a las sociedades humanas con su mensaje de amor, vida, perdón y justicia, cualquiera sea la realidad histórica en la que esté presente.

El autor de Efesios nos recuerda que la iglesia, como una realidad alternativa a la sociedad predominante, a diferencia de las sociedades humanas, tiene características propias, peculiares y únicas. Es una realidad alternativa horizontal, inclusiva, niveladora, igualitaria, acogedora, no como resultado de la voluntad y la iniciativa humana, sino como consecuencia de la gracia y la justicia divina. En su seno desaparecen (o tienen que desaparecer) todas las divisiones que están presentes en las sociedades humanas de diverso signo y trasfondo político e ideológico.

De acuerdo con Efesios, todas las diferencias sociales, políticas, culturales y religiosas quedan a un lado y no tienen cabida en la comunidad mesiánica. Hombres y mujeres de todas las edades, condición social, opción política o cultura particular, por la gracia y la justicia de Dios, forman parte de una comunidad solidaria e igualitaria, llamada a ser signo visible y concreto de la presencia de Dios en la historia. Toda la carta a los Efesios es en realidad «una invitación a la unidad y a un modo de vida que pueda avalar, por la presencia del Espíritu, el testimonio de la comunidad creyente» (Míguez 2000:4). La iglesia, entonces, según el mensaje de Efesios, es «signo e instrumento de lo que Dios se propone hacer con toda la humanidad y con toda la historia» (Senior 1985:276).

Se puede afirmar, por lo tanto, que la reconciliación de todos los pueblos, razas y culturas, lograda en la cruz con la muerte del Mesías Jesús de Nazaret y ratificada con su resurrección que da cuenta del triunfo de la vida sobre la muerte, es una línea teológica transversal en la carta a los Efesios. Una reconciliación que, como «signo de la obra redentora de Dios» (Senior 1985:276), no es resultado de la sabiduría humana, sino una gracia de Dios asentada en el perdón y la justicia y que tiene como punto de llegada la paz (*shalom*, *eirene*). Una paz integral que sana toda hendidura que el pecado personal, social y estructural produce en el ser humano y que afecta su relación con Dios, el prójimo, consigo mismo y con la creación. De manera que:

> En un mundo donde el prejuicio se ha enseñoreado de las relaciones humanas, donde nos dicen que la competencia es lo que ha de solucionar todos los males, donde la industria de la guerra es la que más dinero mueve en todo el mundo, proclamar el fin de los prejuicios, la fraternidad solidaria, el tiempo de la paz, es mostrar qué es la nueva creación de Dios, creación que no se conquistó con las legiones armadas de los romanos. La hizo un judío crucificado al que un soldado romano traspasó con su lanza. Y al hacerlo estaba dando ocasión a que se derribaran los muros entre gentiles y judíos (Míguez 2000:10).

Este es el mensaje que la iglesia, como una nueva humanidad, está llamada a proclamar en la plaza pública. En un contexto histórico en el que aún permanecen conflictos sociales, políticos y culturales de largo aliento (pobreza, marginación, exclusión, explotación, inequidad, opresión, corrupción, injusticias) y se re-instalan en el imaginario colectivo violencias visibles o encubiertas (racismo, xenofobia, etnocentrismo, supremacismo, feminicidio, patriarcalismo, machismo, entre otros); se hace necesario insistir, una y otra vez, en el testimonio de la iglesia como una realidad alternativa que, con su palabra y testimonio, anuncia la novedad de vida que el reino de Dios trae consigo. Un reino de vida, justicia y paz para todos.

En esta nueva sociedad insertada en la historia, todas las personas tienen cabida y son bienvenidas, tienen igualdad de oportunidades, tienen el mismo valor y respeto, y una vocación común en la historia. La iglesia, como una sociedad en Cristo, visibiliza en su proclamación y testimonio el señorío de Cristo, no solo en el ángulo religioso de la vida, sino también en la historia de los pueblos. Y es así, porque la iglesia no «encapsula el señorío cósmico de Jesucristo» (Senior 1985:274). La iglesia es, por tanto, según Efesios, signo y señal de la presencia liberadora de Dios en la historia, primicias de la nueva humanidad en Cristo.

De acuerdo con Efesios, la vocación histórica de la iglesia no es cualquier comisión, encargo, tarea o delegatura. La iglesia tiene la vocación de ser una contracultura que no se acomoda a la sociedad predominante y, por esa razón, hace visible el propósito liberador de Dios accesible para todos, en el día a día de las diversas relaciones humanas. Cuando la iglesia cumple con su vocación histórica de ser la agencia humana a través de la cual se anuncia públicamente la buena noticia del reino de Dios, con palabras y acciones concretas de amor y de justicia a todas las personas, independientemente de su trasfondo cultural o religioso, recompone por la gracia de Dios, lo que el pecado en sus diversas manifestaciones ha distorsionado, desfigurado y desmantelado.

No cabe duda, entonces, que un examen del mensaje liberador de Efesios es necesario y urgente, cualquiera sea la realidad en la que la iglesia se encuentre, como signo visible de la presencia de Dios. Es así, entre otras razones, porque la carta a los Efesios «ha sido una rica fuente para muchos estudios sobre las mujeres en la iglesia primitiva, la vida familiar en el mundo antiguo y las relaciones entre judíos y gentiles» (Cohick 2020:xv). Y, no solo eso, sino también porque su mensaje liberador responde a problemas concretos que las iglesias de hoy tienen que encarar en sus respectivos contextos de misión.[2]

---

[2] Mariano Ávila, autor de un excelente comentario a Efesios, afirma lo siguiente sobre su paulatina comprensión del mensaje abarcador y actual de esta carta: «En muchos sentidos, al realizar este estudio, y dada la enorme riqueza de esta breve carta, he vivido una continua circulación hermenéutica a través de los años. A partir de la carta a los Efesios, he aprendido, predicado y enseñado las grandes doctrinas de la

En esta bella *carta de amor de Dios* afirma que todas las personas tienen acceso, mediante Cristo, a la reconciliación que el Padre les ofrece por la acción del Espíritu de vida, justicia y paz. Así avanza la nueva sociedad en Cristo, leudando a la sociedad circundante, y sin justificar ni legitimar las distintas violencias que atentan contra el propósito de Dios de reconciliar todas las cosas.

La carta a los Efesios nos recuerda, por lo tanto, que Dios actúa soberanamente en la historia mediante la comunidad mesiánica, para liberarnos de las consecuencias del pecado personal, social y estructural. Este documento del Nuevo Testamento es «una carta para la iglesia universal» (Neufeld 2006:27-28). *Una carta de amor* para todas las personas, pueblos y culturas del mundo. *Una carta de amor* abierta para todos y que es, sin duda alguna, «uno de los documentos más influyentes en la iglesia cristiana» (Hoehner 2002:1).[3]

Reforma Protestante del siglo xvi (elección, adopción, depravación total, redención, el sacerdocio de todos los creyentes, la catolicidad y apostolicidad de la iglesia, etc.); también he descubierto en esta carta su claro y contundente énfasis trinitario y una de las más claras y profundas exposiciones de lo que es la iglesia… En otros momentos, he comprendido la importancia de los dones espirituales y su uso adecuado por cada miembro de la iglesia para el crecimiento de la misma. En años más recientes, he podido constatar la centralidad del poder y presencia del Espíritu Santo para capacitar a los cristianos en su vida y misión en la sociedad y el mundo… Sin embargo, ningún tema me ha cautivado con mayor fuerza que el de Jesús como artífice de la paz» (Ávila 2008:iii).

[3] Harold W. Hoehner, en la introducción a su comentario a Efesios, cita las palabras de eruditos de renombre como Juan Calvino, John Knox, Samuel Taylor, J. Armitage Robinson, C. H. Dodd, entre otros, relacionadas con la importancia de esta carta a lo largo de la historia de la iglesia cristiana (Hoehner 2002:1-2).

Introducción

La carta a los Efesios es uno de los documentos teológicamente más profundos y desafiantes del Nuevo Testamento, cuyo contenido tiene una vigencia extraordinaria para todas las épocas, particularmente, por su presentación de la iglesia como una realidad alternativa, una nueva sociedad o humanidad en Cristo. La propuesta paulina, la iglesia como una realidad alternativa, plantea dos temas teológicos conectados entre sí y que están íntimamente relacionados con el testimonio cristiano en el mundo:

a) El Evangelio como una verdad pública, cuyo contenido y alcance, no se limita a la frontera religiosa de la vida ni se encapsula en la iglesia. Es una verdad pública que tiene que ser proclamada en la plaza pública, con la fuerza del Espíritu, denunciando todas las violencias que oprimen a los seres humanos y que deterioran a la creación.

b) La doble ciudadanía de los creyentes: ciudadanos del reino de Dios y ciudadanos de la comunidad política en la que habitan. Ambas ciudadanías se retroalimentan entre sí y ninguna de ellas tiene más valor que la otra, porque las dos dan cuenta del compromiso cristiano con la verdad, la justicia, la libertad, la reconciliación y la paz en Cristo.

Teniendo en cuenta estos dos temas conectados entre sí, antes de comentar el contenido de la carta, se explicarán en la introducción varios asuntos que nos permitirán situar este documento del Nuevo Testamento en el contexto actual del debate académico. De esa manera se conocerá, tanto la discusión entre los cruditos sobre la autoría, los destinatarios y la fecha de composición, como los temas centrales que articulan la propuesta teológica de Efesios.[1]

Habría que señalar, sin embargo, que varios de estos asuntos están todavía bajo el escrutinio de los eruditos y no se puede afirmar que se trata de asuntos que estén zanjados o que exista pleno consenso sobre los mismos. Los eruditos aún continúan discutiendo y, aparentemente, el debate académico no tiene fecha fija de vencimiento. Me refiero principalmente a la autoría, los destinatarios, la fecha y el lugar de composición de la carta a los Efesios.[2]

La ciudad de Éfeso

La ciudad de Éfeso, capital de la provincia romana de Asia Menor en el primer siglo, estaba localizada en la costa occidental de la península de Asia, la actual Turquía, como a 175 kilómetros al oeste de Colosas (Bratcher y Nida 1982:1), en la desembocadura del río Cayster en el mar Egeo (Earle, Blaney y Hanson 1985:399). Tenía uno de los puertos más importantes y cosmopolitas del mar Mediterráneo. Éfeso era en el primer siglo «el gran centro comercial de esta rica provincia del

---

[1] Así, por ejemplo, sobre la discusión académica en torno a Efesios, se precisa: «Efesios es uno de los campos más disputados en la erudición del Nuevo Testamento… La controversia se centra tanto en sus destinatarios (es decir, si eran efesios) como a su supuesta autoría paulina. La mayoría de los investigadores dudan de una referencia histórica concreta a Éfeso en [la carta a] Efesios. La carta se interpreta como una carta general escrita en un vacío…» (Immendörfer 2017:4-5).

[2] En cuanto a este problema o problemas, me parece importante la siguiente opinión, porque sitúa el tema o los temas en discusión en el ángulo preciso del debate académico: «Quien lee Efesios sin las preocupaciones de los estudiosos no tiene duda, pues el texto habla de Pablo como si él fuera su autor (1.1; 3.1), además de nombrar a Tíquico (6.21), uno de los compañeros del mismo Pablo. Sin embargo, la pregunta es más profunda y las cosas se complican cuando vemos a los estudiosos haciendo comparaciones (de palabras, temas, estilos, etc.) entre las cartas auténticamente paulinas (Romanos, 1 y 2 Corintios, Gálatas, Filipenses, 1 Tesalonicenses y Filemón) y las cartas que estamos acostumbrados a llamar deuteropaulinas, o sea, cartas de las cuales se discute si son de Pablo o de un discípulo de él (Efesios, Colosenses, 2 Tesalonicenses, 1 y 2 Timoteo y Tito). Entre los estudiosos son pocos los que incluyen Efesios entre las cartas auténticas de Pablo. Los debates alrededor de esos interrogantes están lejos de acabar y se puede decir, casi sin margen de error, que esa discusión no terminará. En Efesios se encuentran muchas cosas que se parecen a las cartas auténticas de Pablo y muchas cosas que no se parecen» (Bortoline 2005:7).

Imperio Romano» (Ninan 2015:1631), y contaba con una numerosa población de diverso trasfondo social, cultural y religioso.[3]

La ciudad era, además, un importante centro religioso a la que venían peregrinos de distintos lugares que le daban gran ganancia económica (Ninan 2015:1631),[4] y tenía un templo de mármol dedicado a la diosa Artemisa considerado como una de las siete maravillas del mundo antiguo (Bratcher y Nida 1982:2). De este templo se expresa lo siguiente: «el pináculo de la arquitectura sagrada de Éfeso fue el templo de Artemisa, el templo griego más grande de la antigüedad» (Oster 1992:545).[5]

La ciudad de Éfeso contaba además con «un teatro… un gimnasio, una biblioteca de dos pisos, baños…» (Stam 1999:87) y «dos ágoras» (Oster 1992:545). No cabe duda, entonces, que se trataba de una ciudad sumamente importante y estratégica para el Imperio Romano. En Éfeso existía también una «lujosa calle de unos dos metros de ancho, pavimentada con mármol y flanqueada por bellas columnas, corría desde el centro de la ciudad hasta el puerto» (Stam 1999:87).

En el primer siglo Éfeso era:

> …la ciudad más rica e importante de la región [Asia Menor]. Con Antioquía y Alejandría compartía el liderazgo en todo el oriente del Imperio [Romano]. Favorecida con el puerto principal de Asía Menor y con un dominio de las rutas más estratégicas de comercio hacia Mesopotamia, Éfeso podría llamarse el Buenos Aires o la Nueva York de Asia (…) Junto con Pérgamo, eran los lugares de mayor práctica del culto imperial en toda Asia Menor (Stam 1999:87).

---

3   En el primer siglo la «ciudad de Éfeso, capital del Asia proconsular, era la metrópolis de una región grande y populosa. Colonia griega de origen, se había convertido en punto de encuentro de muchas nacionalidades… y las ramificaciones de su tráfico mercantil le otorgaban las características de un mercado cosmopolita» (Simpson y Bruce 1957:15).

4   Con respecto a las actividades económico-religiosas que giraban alrededor del culto a la diosa Artemisa o Diana se expresa que, en Éfeso, una «de las ocupaciones más lucrativas de la gente era la fabricación de representaciones en miniatura del templo, labradas en plata, que, siendo llevadas por los viajeros, o reverenciadas en el hogar, encontraron una gran venta, tanto en el extranjero como en [la ciudad]» (Hodge 1954:vi).

5   En Éfeso existían también otros lugares de actividad religiosa como el templo dedicado a Hestia, el templo dedicado a Serapis, y el santuario a Zeus y a la Diosa Madre (Oster 1992:545).

Éfeso fue, por tanto, un centro urbano bastante conocido, porque entre sus famosos edificios se encontraba, el templo conocido como el *Artemision*, dedicado a Artemisa (Diana), la diosa asiática de la fertilidad. Acerca de las prácticas religiosas de los efesios, Lucas en su relato del tercer viaje misionero del apóstol, da cuenta de la importancia religiosa que tenía el culto a Artemisa en la región, cuando registra la protesta de una turba de la ciudad frente al anuncio del evangelio (Hch 19.23-41). De acuerdo con Lucas, la turba enojada y sublevada, gritaba: «¡Grande es Diana de los Efesios!» (Hch 19.28). En efecto, así pasó, porque en Éfeso, como en toda ciudad del mundo grecorromano, la actividad religiosa era intensa y pública:[6]

> La religión era una parte integral de la vida de las personas de la Antigüedad. En Éfeso, como en muchas partes del Imperio Romano, se rendía culto a los dioses tradicionales griegos y romanos, pero, además, se practicaba igualmente la religión egipcia, el culto al emperador romano y el cristianismo primitivo. Sin embargo, una deidad tenía una preeminencia única: Artemisa, la gran diosa de los efesios (Immendörfer 2017:7-8).

Acerca de la situación de Éfeso en el primer siglo, como una de las tres ciudades más importantes y estratégicas del imperio romano, se expresa que esta urbe:

> Era uno de los principales centros de acuñación de moneda y lugar donde la agricultura, la industria y el comercio florecieron notablemente, en parte por sus puertos y en parte por sus ricas y fecundas tierras. Éfeso estaba localizada estratégicamente entre el occidente y el oriente y era un lugar donde las importantes rutas comerciales del este y del oeste se daban cita (Ávila 2018a:25).

---

6 Del papel de la religión en la ciudad y del culto a Artemisa en Éfeso se señala que: «La religión era de suma importancia para la ciudad de Éfeso. La ciudad fue el centro de culto [a] la Artemisa de Éfeso. Cuando se le pedía que [celebrara culto a Artemisa], la ciudad defendía enérgicamente a la diosa contra los detractores impíos» (Oster 1992:548).

De Éfeso se afirma además que era:

> …una ciudad completamente romana, que… se había ganado el título de *neokoros* en la región, lo cual significa que era la sede oficial del culto imperial, a cargo de las festividades y los rituales que honraban y adoraban al emperador (Powell 2020:318).

La importancia estratégica de Éfeso fue, probablemente, la razón por la que Pablo tuvo a esta ciudad como centro de su actividad misionera en la provincia de Asia (Ninan 2015:1631). Él permaneció tres años en Éfeso (Hch 20.31). Durante esos años se estableció entré él y los ancianos de la iglesia en esa ciudad una relación muy estrecha y tierna (Hch 20.17-38). Esta es una de las razones por la que causa extrañeza que en la carta no se tenga ninguna referencia a esa profunda relación de compañerismo cristiano, y que el autor no envíe saludos a ninguna de las personas con las que se relacionó durante los tres años que permaneció en la ciudad.

La llegada del Evangelio a Éfeso

De acuerdo con la información de Hechos de los Apóstoles, durante su segundo viaje misionero, Pablo estuvo un breve tiempo en la ciudad, casi de pasada, discutiendo en la sinagoga con los judíos, para luego dirigirse a Antioquía (Hch 18.19-21). Después de su partida, llegó a Éfeso un elocuente predicador llamado Apolos (Hch 18.24), quien «hablaba y enseñaba diligentemente lo concerniente al Señor, aunque solamente conocía el bautismo de Juan [el bautista]» (Hch 18.25). Él tuvo que ser instruido por Aquila y Priscila, compañeros de Pablo, quienes «le expusieron más exactamente el camino de Dios» (Hch 18.26).

Fue recién durante su tercer viaje misionero que Pablo se estableció en la ciudad de Éfeso (Hch 19.1-41), permaneciendo en ese lugar alrededor de tres años (Hch 20.31), enseñando a los discípulos que solo conocían el «bautismo de Juan [el bautista]» (Hch 19.1-3), y anunciando la buena noticia del reino de Dios a judíos y a no judíos (Hch 20.21, 25; cf. 19.10-11). La larga estadía de Pablo en Éfeso explica la razón por la cual esta importante metrópoli se convirtió en un centro misionero estratégico para la difusión del Evangelio en toda esa provincia (Hch 20.18-21; cf. 19.26).

En relación a la labor misionera de Pablo en esta estratégica metrópoli, Lucas en su relato de Hechos de los Apóstoles, precisa que el Evangelio se anunció con tanta eficacia en Éfeso y más allá de este que, incluso Demetrio, un platero que fabricaba «templecillos de Diana» (Hch 19.24), afirmó lo siguiente sobre el avance del Evangelio en esa ciudad: «…este Pablo, no solamente en Éfeso, sino en casi toda Asia, ha apartado a muchas gentes con persuasión, diciendo que no son dioses los que se hacen con las manos» (Hch 19.26).

Así fue la predicación del Evangelio en Éfeso, la capital de la provincia romana de Asia Menor, ¡produjo transformación social y religiosa! De acuerdo con Lucas, cuando describe la conversión de personas a la fe cristiana, incluso de practicantes de magia (Hch 19.18-19), así «crecía y prevalecía poderosamente la palabra del Señor» (Hch 19.20). El avance paulatino de la fe cristiana en esta ciudad explica por qué la comunidad cristiana de ese lugar se convirtió en «la iglesia madre» para toda la región, porque desde Éfeso, «el evangelio se extendió a toda la provincia de Asia» (Stam 1999:87).

La carta a los Efesios

La Epístola a los Efesios está considerada como una de las cartas más bellas escritas por Pablo, «la más grande y la más profunda de todas sus escrituras» (Mackay 1964:9), «la corona y el clímax de la teología paulina… la primera declaración de la teología paulina» (Mackay 1964:25). Esta carta es música pura (Mackay 1964:27), belleza incomparable, pintura majestuosa de la teología paulina, y «es única entre las cartas atribuidas a Pablo» (Arnold 1993:238).

De la carta a los Efesios se afirma también que puede ser descrita como la «quintaesencia del paulinismo» y que «resume en gran medida los temas principales de los escritos paulinos unidos con el motivo central de su ministerio como apóstol de Cristo a los gentiles» (Bruce 1984:229). De esta carta se puntualiza, además, que «los grandes hechos redentores de la fe cristiana se nos muestran aquí en su esplendor objetivo» (Mackay 1964:26). Y se precisa que su:

> …lenguaje de alabanza y oración, la profundidad y alcance de
> su teología, y sus exhortaciones prácticas, han llevado a muchos

cristianos… a valorarla como su libro favorito del Nuevo
Testamento. El énfasis de la carta en la naturaleza de la iglesia,
y la relación dinámica actual de Cristo exaltado con la iglesia lo
convierte en un libro importante y práctico para la iglesia hoy
(Arnold 1993:238).

A lo largo de esta carta se da testimonio de la comprensión que
Pablo tenía sobre Dios y su acción soberana en el mundo. Además,
la carta a los Efesios «nos recuerda que para los escritores del Nuevo
Testamento la teología se expresa en la adoración» (Marshall 2004:396).
Una adoración que conduce a un compromiso visible y público con la
vida, la justicia y la paz que la comunidad mesiánica, la iglesia, está
llamada a proclamar y a vivir, no solo en el terreno religioso. sino en
todas las dimensiones de la vida humana. De este documento del Nuevo
Testamento, se afirma además que toda «la carta es una invitación a la
unidad y a un modo de vida que pueda avalar, por la presencia del
Espíritu, el testimonio de la comunidad creyente» (Míguez 2000:5).

Efesios es una epístola a la que se describe también como «una
maravillosa declaración del eterno propósito de Dios en Cristo
manifestado en su iglesia (caps. 1-3), y de las consecuencias prácticas
de dicho propósito (caps. 4-6)» (Foulkes 2003:386). Sin embargo, se
tiene que señalar que Efesios, a diferencia de otras cartas paulinas,
«no contiene ninguna información ni exhortación de carácter
personal» (Gonzáles 1988:183), no responde directamente a un
problema pastoral o teológico en particular, y tampoco «es claro cuál es
el propósito específico de la carta» (Marshall 2004:379). De este documento del Nuevo Testamento se enfatiza, además, que «no parece una
carta en absoluto (…) es un "tratado" o exposición teológica general»
(Senior 1985:260).

Cuando se examina con cuidado el contenido de la carta, no cabe
duda de que en la primera parte de esta (caps. 1-3), más teológica, se
sientan las bases de la iglesia como una realidad alternativa o una nueva
sociedad en la que encuentran acogida todas las personas, sin ninguna
forma de discriminación. La primera parte, «dentro de una bendición
y una doxología, expresa el ruego del apóstol de que los cristianos
procedentes de la gentilidad conozcan la magnitud del misterio de su
vocación al cuerpo de Cristo, que es la iglesia» (Schlier 1991:19).

De esta primera parte se afirma, además, que está «estructurada como una amplia oración de intercesión que sigue un modelo que se puede encontrar en la literatura devocional judía y cristiana primitiva: bendición-acción de gracias-oración de intercesión-doxología final» (Kobelski 2004:442). Esta es la sección más doctrinal de la carta en la que se trata sobre la verdad cristiana y se proclama la gracia de Dios extensiva para todos (Erdman 1975:11). En esta sección:

> ...se pondera la tarea de Cristo, en quien todas las cosas encuentran su punto de unidad. Mediante un hermoso himno de acción de gracias (1.15-20) se destaca que no sólo los creyentes sino todo lo creado ha de reunirse bajo la única cabeza, Cristo. Esa unidad es parte del amor salvador de Dios, al cual los creyentes hemos de responder con fe mediante obras que muestren a Cristo en nuestras vidas. Esta obra reconciliadora de Dios en Cristo anula las barreras que separaban a judíos de gentiles (Míguez 2000:4).

En la segunda parte (caps. 4-6), más práctica y asentada sobre lo teológico, se describe la dimensión pública de la iglesia como una realidad alternativa o una nueva sociedad insertada, como señal y signo del propósito liberador de Dios en la historia, en las distintas sociedades humanas. Se trata de «una larga exhortación a una conducta ética digna de Dios» (Neufeld 2006:11). Y se puntualiza que la «ética cristiana no es imposición o ley, sino más que nada, respuesta humana a las bendiciones divinas recibidas. [Es decir], la ética cristiana se expresa en buenas obras divinas en respuesta a la salvación por gracia» (Neufeld 2006:11).

La segunda parte de la carta es la sección más práctica en la que se abordan diversos aspectos de la vida cristiana y se exhorta a los discípulos a que vivan según la gracia de Dios que han recibido gratuitamente (Erdman 1975:11). A los discípulos se les «exhorta a vivir en conformidad con el misterio de su vocación mediante una vida "digna"» (Schlier 1991:19) y a tener en todo momento «un comportamiento acorde con su condición exaltada de hijos de luz y miembros de la Iglesia, familia de Dios y novia de Cristo» (Kobelski 2004:442). En síntesis, se trata de «una exhortación a "andar como es digno" del llamado recibido (4.1)» (Míguez 2000:4) o un llamado a los «lectores a expresar en su comportamiento, tanto personal como colectivo, la nueva vida que les ha sido dada en Cristo» (Furnish 1992:535).

Autoría

Un número significativo de eruditos no está de acuerdo con la autoría paulina de esta carta,[7] es decir, como afirma un autor, la «autenticidad de Ef. sigue siendo muy discutida» (Leal 1965:662-663). Quienes opinan que Efesios no es una carta paulina, dan las siguientes razones para apoyar su punto de vista: a) diferencias de lenguaje y estilo; b) la especial relación de Efesios con Colosenses en particular y con otras cartas paulinas; c) diferencias de enfoque doctrinal y contenido.[8]

Además, sobre la no autoría paulina de la carta, «las razones son diversas y van desde asuntos de estilo literario, perspectiva teológica, asuntos históricos (¿cómo es posible que una iglesia a la que dedicó más tiempo que a ninguna otra, de acuerdo a la narrativa de Hechos,

---

[7] Ver, para detalles más precisos sobre la discusión académica actual con respecto a la autoría paulina de Efesios, la opinión de los siguientes autores: Barclay 1973:71-73, 76-77; Barth 1981a:36-41; Grassi 1986:224-227; Johnson 1986:367-372; Stott 1987:17-21; Segalla 1989:289, 291-292; Schlier 1991:21-36; George y Grelot 1992:647-649; Furnish 1992:539-541; Arnold 1993:240-242; Turner 1994:1222; Pérez Gabriel 1995:521-522; Best 1998:6-36; Foulkes 1999:40-48; Hoehner 2002:2-61; Marshall 2004:397-398; Lau 2010: 22-33; Thielman 2010: 1-5; Bruce F. F. 2012:493-496; Fowl 2012:9-28; Slater 2012:6-10; Vidal 2013:11-28, 65-69; Baugh 2016: 1-34; Cohick 2020:3-25).

[8] A modo de síntesis se señala que básicamente «hay cuatro argumentos por los cuales algunos estudiosos han cuestionado la autenticidad de Efesios: 1. Lenguaje y estilo no parecen pertenecer a Pablo… 2. Hay muchas semejanzas entre Efesios y Colosenses, por lo cual un autor posterior a Pablo, tomando Colosenses como base, escribió una obra más extensa y la publicó bajo el nombre del gran apóstol… 3. Los lectores parecen no conocer al autor y viceversa… 4. La carta refleja la formación de una serie de tradiciones, estructuras y cargos eclesiales, que sugieren un periodo de tiempo extenso de formación» (Neufeld 2006:13).

Se añade, además, que «cuatro son las áreas de interés en las preguntas que se plantean acerca de su autenticidad: estilística/lingüística, literaria, histórica y doctrinal. El estilo complejo y el vocabulario especial [de Efesios], plantean preguntas similares a los que se plantean con respecto a la [carta] a los Colosenses. Las similitudes en los temas sugieren que Efesios depende de Colosenses. La carta no parece estar dirigida a una situación histórica concreta, y la relación de Pablo con los lectores parece más remota que en sus cartas auténticas. La presentación de Cristo en [Efesios], como reconciliador cósmico, y su énfasis en la iglesia universal (más que local), difieren de la enseñanza paulina en sus cartas auténticas» (Harvey 2012:48).

le escriba una carta tan impersonal» (Ávila 2018a:20, nota al pie 4).[9] Causa extrañeza, según los eruditos, que a lo largo de la carta no se tenga ninguna indicación clara y específica sobre la relación de amistad entre el autor y los destinatarios. Este vacío significativo abona en favor de quienes dudan que Pablo sea el autor de la carta.

Aunque la autenticidad paulina ha sido puesta en duda recién desde finales del siglo XVIII, sin embargo, considerando que la carta a los Efesios fue aceptada desde la Antigüedad como una carta auténticamente paulina; no existen suficientes razones de peso para negar o dudar que Pablo sea el autor de esta carta. Como bien se ha señalado:

> En cuanto a la autoría de Efesios se sostiene que todo «el testimonio externo de los padres antiguos de la iglesia, testifican que Pablo realmente ha sido el autor de esta carta. No sólo Marción y los primeros gnósticos, sino también Clemente de Alejandría, Orígenes, Ireneo, Tertuliano, el Canon Muratori y voces posteriores afirman que el apóstol Pablo fue el autor (Neufeld 2006:13).

Además:

> En cuanto a la autenticidad paulina, es interesante tener en cuenta lo que dice Cadbury: «¿Qué es más verosímil: que un imitador de Pablo del siglo I haya compuesto un escrito que esté en un 90-95% de acuerdo con el estilo de Pablo, o que el mismo

---

9   Acerca de la autoría de Efesios se formulan también las siguientes observaciones: «Aunque su autoría no fue discutida en la Iglesia primitiva, desde el siglo XVIII se ha planteado la cuestión de la autenticidad: si la obra fue realmente compuesta por el apóstol Pablo. Esta preocupación ha hecho descuidar a veces otras importantes características del texto. Los autores que sostienen que Ef fue escrita por el apóstol Pablo creen que la obra habría sido compuesta hacia el final de la vida del apóstol, desde la prisión, probablemente en Roma (cf. Hch 28.16-31). Las diferencias entre Ef y otras cartas paulinas se explicarían por ciertos cambios en el pensamiento y estilo de Pablo. Los autores que sostienen que Ef es pseudónima basan su argumentación en las características lingüísticas, estilísticas y teológicas de la carta. Otros insisten en los paralelos literarios entre Ef y las cartas del corpus paulino (…) Para algunos especialistas, Ef reflejaría los esfuerzos de un autor de la generación siguiente a la desaparición del apóstol por mantener viva la tradición paulina; por ello sostienen que la aceptación de la pseudonimia arroja luz sobre el propósito de la obra. Aunque la mayoría de los especialistas bíblicos considera actualmente que Ef es deuteropaulina, el debate continúa» (McDonald 1999:1522).

Pablo haya escrito una carta que se aparta en un 5-10% de su estilo habitual?» Por eso creo que se puede defender todavía la tesis de la autenticidad, aunque sigan abiertos todavía muchos problemas, especialmente teológicos. A estos son realmente a los que apelan los defensores de la pseudonimia (Segalla 1989:292).

En resumen, sobre la autoría de este documento del Nuevo Testamento, sin perder de vista que se trata de un asunto que «no está resuelto entre los especialistas» (Ávila 2008:5),[10] haciendo un balance de la discusión contemporánea, se menciona que Efesios:

> …comienza mencionando al apóstol Pablo como su autor. Tal autoría ha sido puesta en duda desde el siglo dieciocho, especialmente por ciertos énfasis teológicos distintivos y diferencias lingüísticas y estilísticas en comparación con otros escritos de Pablo. Reconociendo el carácter paulino de Efesios, algunos comentaristas sugieren que probablemente no fue escrita por Pablo sino por alguno de sus discípulos. Sin embargo, ninguno de los argumentos a favor de esta hipótesis es lo suficientemente contundente como para negar la autoría paulina.

---

[10] Un importante recurso bibliográfico para una discusión académica amplia y fundamentada, sobre la autoría de Efesios, es el libro *The Authencity of Ephesians*, la tesis doctoral de A. Van Roon para la Universidad de Leiden (Holanda) en 1969. De acuerdo a él: «Desde las últimas décadas del siglo xviii la autenticidad de la Epístola a los Efesios ha sido motivo de considerable controversia. Hasta el presente, la pregunta de si el apóstol Pablo fue o no el autor de esta obra, nunca ha encontrado una respuesta definitiva. Esta es una pregunta que, por lo tanto, se planteará una y otra vez. De hecho, nuestro conocimiento y comprensión de Pablo y su teología depende en parte de una solución satisfactoria al problema» (Van Roon 1974:1).

Para este académico, la trascendencia del debate acerca de la autoría de Efesios, puede resumirse en los siguientes términos: «Una cosa que es de vital importancia es que se refuerce la posición de uno u otro de los protagonistas de la controversia. En lo que respecta a muchos teólogos, el veredicto de la erudición decidirá el lugar asignado a la epístola dentro del marco del Nuevo Testamento como un todo. Si el veredicto final es que la obra no es auténtica, el resultado será que, aunque la iglesia cristiana siempre ha investido a la epístola de autoridad canónica, no obstante, tendrá que ser relegada a la periferia del Nuevo Testamento. Pero si surge lo contrario, y la autenticidad de Efesios se convierte en una propuesta cada vez más probable, el resultado será una tendencia creciente a reconocerlo como una fuente central de información» (Van Roon 1974:1-2). Para él, luego de examinar los diversos puntos de vista sobre este problema, «no sólo es plausible sino incluso probable que Pablo fuera el autor de Efesios» (Van Roon 1974:440).

> Además, ¡se hace muy difícil aceptar que alguien que no fuera Pablo mismo haya escrito la obra cumbre de la teología paulina! (Padilla 2019:1533).

Desde otra mirada, se afirma que, en «contraste con la opinión académica mayoritaria que considera que Efesios es un seudónimo, asumo que Pablo fue el autor o supervisó la redacción de la carta» (Lau 2010:22). Y se puntualiza, además, lo siguiente:

> Sin que se nos ocurra considerar que las distintas objeciones sean cosa de nada, nuestra opinión es que, a pesar de ellas, consideramos *más probable* la autenticidad que la inautenticidad (lo cual también plantea problemas para quien los quiera considerar) (Sánchez 2003:923).

Es interesante también, acerca de la autoría de Efesios, considerar esta valiosa opinión:

> Creo que la evidencia histórica lleva a la conclusión de que Pablo escribió Efesios o que alguien cercano a él escribió Efesios una o dos décadas después de su muerte. Desde el punto de vista teológico e interpretativo, no importa mucho si Pablo o este cercano seguidor escribió el texto. Además, a pesar de los puntos de vista sobre la autoría, uno debe luchar con los problemas interpretativos, las sutilezas y las inferencias junto con las ideas de Efesios a medida que uno aborda el texto tal como lo tenemos actualmente. En aras de evitar formulaciones alternativas y a menudo torpes, me referiré al autor de Efesios como Pablo. Este es el nombre que el autor escogió para sí mismo, y ciertamente quiere decir que él es el apóstol» (Fowl 2012:28).

En este comentario, sin desconocer la discusión académica actual con respecto a este asunto, se afirma la autoría paulina de esta carta neotestamentaria.[11] Dicho de otra manera, más allá de la discusión

---

[11] Del problema de la autoría se subraya también lo siguiente: «Seguimos a aquellos eruditos que recientemente estudiaron más a fondo el tema de la autoría de Efesios y llegaron a la conclusión de que el apóstol histórico Pablo, el Pablo que es el autor

entre los eruditos, no se puede negar que Efesios es una carta en la que Pablo, de manera magistral y con profundidad teológica, presenta a la iglesia como una nueva humanidad, señal concreta de la acción histórica de Dios en el mundo, signo visible de la realidad alternativa que el reino de Dios propone, enfatiza y viabiliza en una comunidad concreta conformada por personas con distinto trasfondo social, cultural y religioso. En conclusión, sobre la autoría de este documento, se puede afirmar sin reparos que:

> La paternidad literaria paulina de Efesios no sólo tiene el primer testimonio de cualquier libro del NT, sino que este testimonio continuó hasta los últimos dos siglos. La atestación temprana es muy significativa. La iglesia primitiva no solo estaba más cerca de la situación, sino que también era muy astuta en su juicio de composiciones genuinas y fraudulentas. Este abrumador apoyo a la autoría paulina de Efesios no debe descartarse fácilmente (Hoehner 2002:60).

Fecha y emisario

La fecha probable de composición de la carta depende de la autoría, es decir, a quien se le considere su autor, si Pablo o a alguno de sus discípulos. De manera que, un «juicio acerca de la fecha de composición dependerá en gran parte del punto de vista adoptado con respecto a la autenticidad de la carta» (Grassi 1986:227).[12] Dicho de otro modo:

> Dependiendo de quién fue el autor, si Pablo o uno de sus discípulos, la fecha puede situarse, en el primer caso, a principios de la década de los sesentas. La segunda posibilidad sería en la

---

principal de las cartas "indiscutibles" de Pablo, es también el autor principal de la carta a los Efesios. Sin embargo, incluso aquellos que sostienen que el Pablo histórico no es el autor de Efesios deben admitir que una figura llamada "Pablo" es el autor textual o implícito de la carta. Y es de este autor implícito "Pablo" que nos ocupa esta investigación sobre el tema del amor en la carta a los Efesios» (Heil 2007:4-5).

12 Así, por ejemplo, se afirma: «Aunque hay mucha incertidumbre histórica acerca de la identidad de sus destinatarios (las palabras "en Éfeso" faltan en algunos testigos importantes), Efesios se data con frecuencia hacia el año 90 d.C. y muy a menudo se sitúa dentro del contexto de Asia Menor» (Carolyn Osiek, Margaret MacDonald, Janet Tulloch 2007:175).

década de los setentas o, más probablemente, en los ochentas (Ávila 2008:6).

En nuestro caso, siguiendo el punto de vista tradicional, aceptamos que la carta a los Efesios fue escrita en Roma a principios de los sesenta del primer siglo mientras Pablo estaba encarcelado. En tal sentido, coincidimos con la siguiente opinión:

> La opinión tradicional, y todavía hoy común… es que ambas cartas [Efesios y Colosenses], junto con la de Filemón, fueron escritas durante la prisión romana de Pablo (años 61-63), y más bien hacia el final, pues el Apóstol parece vislumbrar ya su próxima liberación (cf. Flm 22) (Turrado 1965:562).

¿Quién llevó la carta a los Efesios o quien fue el emisario o el comisionado de Pablo? Si se considera la evidencia interna de la carta, Tíquico, uno de los más cercanos y dilectos compañeros y colaboradores de Pablo, fue el portador de esta (6.21-22) y, probablemente también, de la carta a los Colosenses (Col 4.7-8).[13]

Destinatarios

Este es un tema sujeto también a un amplio debate entre los especialistas del corpus paulino.[14] Explica la razón por la que se sostiene que el «encabezamiento de la carta (1.1) plantea tal cantidad de problemas que no se sabe si iba dirigida a los efesios, a todas las iglesias de la provincia de Asia o a los laodicenses» (George y Grelot 1992:636). Explica también el siguiente comentario sobre los destinatarios de la carta: «…la carta a los Efesios tiene algo de "fantasmal": ni hay

---

[13] En cuanto a esta posibilidad, es decir, Tíquico como portador de la carta, se manifiesta que: «Podemos imaginar plausiblemente a Tíquico, entonces, como alguien con conexiones tanto con Roma como con Asia, quizás específicamente con Éfeso (2Ti 4.12). Si es así, [él] era una elección natural como mensajero de una carta de un lugar a otro» (Thielman 2010:17-18).

[14] Acerca de este debate se indica que: «Tradicionalmente se entiende que esta carta fue escrita a los creyentes en Éfeso de Asia Menor. Debido a que ciertos manuscritos omiten las palabras "en Éfeso" y debido al tono impersonal de la carta, algunos dudan de que esta carta haya sido escrita por Pablo a los efesios, y esto ha generado mucha discusión [entre los eruditos] sobre el destino de esta epístola» (Hoehner 2002:78).

destinatarios claros, ni se sabe lo que ocurre en la comunidad, ni se saluda a nadie ni hay quien mande saludos» (Sánchez 2003:915).

Del examen de los distintos puntos de vista de los eruditos, sobre los destinatarios de la carta, se deduce que, como las palabras *en Éfeso* no se encuentran en los manuscritos más antiguos que se tienen a mano, probablemente no estaban en el documento original. Así, por ejemplo, se sostiene que sobre los destinatarios:

> El más antiguo manuscrito de Efesios que nosotros tenemos, el Chester Beatty papyrus de alrededor del año 200 d.C., y los grandes Códice Sinaítico [Codex Sinaiticus] y Vaticano [Codex Vaticanus] del siglo cuarto... no tienen la palabra "en Éfeso" en 1.1 (Foulkes 1999:22).

Se señala, asimismo que:

> La ausencia de la frase "en Éfeso" (1.1) en algunos manuscritos tempranos pone en duda la identidad de los destinatarios como la iglesia en Éfeso. La fuente más antigua, P46, un uncial alejandrino del siglo III, no incluye "en Éfeso" en el versículo inicial. El texto de la P46 dice: "A los santos que son ya los creyentes en Cristo Jesús". Sin embargo, el sobrescrito de P46 identifica la epístola como a los Efesios. Los códices alejandrinos del siglo IV Sinaítico y Vaticano también omiten "en Éfeso", pero al igual que P46 incluyeron "a los Efesios" en el encabezado. Estos dos códices posteriores varían ligeramente del P46, la fuente más antigua (Cohick 2020:26).

Además, se argumenta que la evidencia textual:

> ...de los manuscritos más antiguos y confiables no nos permite establecer con certeza quienes fueron los destinatarios de la carta. Las palabras **en Éfeso** no aparecen en esos manuscritos. Ese fenómeno ha llevado a los eruditos a considerar que nos encontramos con una encíclica o carta circular escrita no para una, sino para varias comunidades cristianas en cierta región o provincia (Ávila 2008:5).

La discusión sobre este asunto puede resumirse en los siguientes términos:

El título "A los Efesios" no figuraba en la carta original, pero lo ostentan todos los manuscritos que conocemos. Ef. 1.1 lleva la dirección "a los santos que están en Éfeso". La expresión *en Éfeso*, aunque aparece en la mayor parte de los manuscritos, falta, y ello es muy llamativo, en el Vaticano y el Sinaítico (donde ha sido añadida al margen por una mano posterior), en el papiro Chester Beatty (el texto más antiguo de las epístolas paulinas), en Orígenes y en las copias antiguas conocidas por Basilio… También Jerónimo conocía manuscritos que no contenían estas palabras… Las pruebas textuales, por consiguiente, arrojan la probabilidad de que estas palabras faltasen en el texto original (Grassi 1986:223-224).

Como se puede deducir de la discusión previa, debido a que faltan las palabras *en Éfeso* en los manuscritos más antiguos, varios eruditos consideran que se trata de una carta circular (Barclay 1973:78), una encíclica (George y Grelot 1992:639), la «carta magna del ecumenismo» (Gonzáles 1988:192), una «Epístola ecuménica» (Mackay 1964:223) dirigida a una «audiencia ecuménica» o a los «cristianos ecuménicos» (Mackay 1964:98, 108).

De esta carta se afirma, entonces, que «era en realidad una carta circular, no dirigida a una iglesia específica… sino que tenía la intención de ser copiada y distribuida entre un grupo de iglesias en la región, algunas de las cuales Pablo no conocía personalmente» (Ninan 2015:1631). Dicho de otro modo:

> Esta epístola es una carta *ecuménica*. No fue dirigida a iglesia alguna en particular, sino a todas las iglesias y a todos los cristianos, adondequiera que ve en la "oikoumene" entera; esto es en la tierra habitada. Los manuscritos primitivos de la epístola no hacen referencia a Éfeso, y no hay en el texto cosa que le dé algún color (Mackay 1964:23-24).

En síntesis:

> La opinión tradicional (Orígenes, San Jerónimo, Santo Tomas) ha sido que la carta fue dirigida efectivamente a la iglesia de Éfeso… Sin embargo, si ello fuese así, ¿cómo explicar que San

Pablo hable a sus lectores como a personas desconocidas…, sin la menor alusión en ninguna parte a hechos o circunstancias concretas, y sin que haya siquiera un saludo personal al final de la carta? Esto apenas es concebible, tratándose de la iglesia de Éfeso, en cuya ciudad había permanecido el Apóstol cerca de tres años, y a cuyos fieles conocía personalmente y recordaba con cariño… Por eso la inmensa mayoría de los autores modernos creen que la carta no está dirigida a la iglesia de Éfeso, al menos no de modo exclusivo (…) Creemos, pues, que la mejor manera de conciliar los datos de la tradición con el examen interno de la misma carta, es suponer que se trata de una carta dirigida no solamente a Éfeso, aunque sí también a Éfeso (Turrado 1965:560-561).

Acerca de los destinatarios de la carta, desde otro punto de vista, se sugiere que Pablo

…escribió la Epístola a los Efesios desde una prisión en Roma hacia el final de su vida. Él no se dirige a toda la iglesia en Éfeso, sino solo a los miembros de origen gentil, a personas que él conocía personalmente, y que se habían convertido y bautizado luego de su partida definitiva de la ciudad (Barth 1981a:3-4).

O, también, pudo haber ocurrido lo siguiente:

¿Cómo circuló la carta? Tal vez Tíquico o algún otro mensajero llevó la epístola de ciudad en ciudad e insertó el nombre de la iglesia particular a la que la estaba leyendo. También es posible que se hayan producido varias copias de la carta, y que cada una de ellas tenía el nombre de una iglesia en particular. La primera posición parece más factible. Es una conclusión sensata decir que Pablo dirigió la epístola a las iglesias de la parte occidental de la provincia de Asia, una de las cuales era la iglesia en Éfeso, y las otras serían Colosas, Laodicea, Pérgamo y Filadelfia. Tal vez Éfeso la recibió primero y luego la circuló por el resto de la región. Puesto que empezó a circular en Éfeso, y también puesto que ésta era la ciudad principal de la región, con el paso del tiempo la carta llegó a ser asociada con la congregación en Éfeso (Taylor 1992:143).

La discusión sobre los destinarios originales de esta carta se puede sintetizar de la siguiente manera: Efesios sería entonces una carta circular dirigida a varias comunidades cristianas en el valle de Licón, en la provincia de Asia Menor, entre las que se encontraba la comunidad de discípulos de la estratégica ciudad de Éfeso.[15] En otras palabras, «los manuscritos primitivos de Efesios no tenían el nombre de ninguna iglesia… era una circular de Pablo a todas las iglesias de Asia. Nunca fue posesión de una iglesia, sino posesión de todas las iglesias» (Barclay 1973:78).[16] A Efesios se le puede considerar, por tanto, una carta ecuménica, aunque, tal vez, sus destinarios originarios fueron los creyentes de Éfeso.

Mensaje central

Con respecto al mensaje central de Efesios existen varios puntos de vista complementarios. Así, por ejemplo, se sostiene que el tema central es «el Orden de Dios» (Mackay 1964:11) y la «reconciliación» (Mackay 1964:37). También que el autor de la carta «se concentra en la iglesia» (Gonzáles 1988:1984) o que es «una carta escrita para recordarle a la iglesia su identidad en Jesús el Mesías, la misión transformadora que ha de realizar para la gloria de Dios y la visión que ha de inspirarla en su praxis comunitaria como artesana del *shalom*» (Ávila 2018a:19).

---

[15] En relación a este asunto se afirma que «los cristianos a que se refiere la carta a los Efesios habitan desde luego en el camino costero hacia la Frigia suroccidental o en esa región en la parte suroriental de la provincia de Asia. Sus comunidades forman parte, seguramente, de las iglesias situadas en el valle de Licón, atendidas por el "apóstol del valle de Licón", como se llamó a Epafras. El apóstol san Pablo no las conocía personalmente» (Schlier 1991:22-23).

[16] Sin embargo, tampoco estaría fuera de lugar aceptar que la carta fue originalmente destinada a la comunidad cristiana de Éfeso, tal como afirma un autor: «Aunque las palabras "en Éfeso" faltan en algunos manuscritos antiguos de Efesios, esta investigación sigue a quienes argumentan que son la audiencia original, de modo que, la audiencia implícita de la carta, son "los santos en Éfeso, los creyentes que están en Cristo Jesús" (1.1). Esta audiencia implícita de los santos en Éfeso son los "ustedes" (1.13), aquellos (probablemente incluyendo creyentes de origen tanto gentil como judío) que se convirtieron en creyentes más recientemente que el "nosotros" (1.12), pero sin embargo están unidos e incorporados dentro del "nosotros" que comprende el cuerpo entero de los santos que creen en Cristo» (Heil 2007:11).

Se afirma además que Efesios trata sobre la:

> ...teología del poder ejercido en la creación de una nueva humanidad. Esta ha sido redimida por el Padre de los poderes malignos de este mundo, unida a Jesús el Mesías y empoderada para la construcción de una nuevo shalom con la presencia del Espíritu (Ávila 2018a:18).

Puntualizándose, asimismo, que:

> Es de suma urgencia recuperar la visión de Dios para la iglesia como una nueva humanidad en Cristo. Esta humanidad es primicias de la nueva creación de Dios caracterizada por la *reconciliación y la unidad* (1.9-10; cap. 2). La nueva humanidad, la iglesia, se viste cotidianamente de la justicia, santidad y verdad, propias de Jesús su Señor (4.23-24; 5.9). Y la iglesia, así revestida y armada, se plantea como una alternativa de vida ante los dioses de la muerte, y lucha día a día la batalla contra los poderes de este mundo, tejiendo con humildad y servicio el *shalom* de Dios en todos los ámbitos de la vida (Ávila 2018a:19).

Sobre el mensaje central de esta carta se afirma también lo siguiente:

> La carta se centra en lo que Dios hizo a través de la obra histórica de Jesucristo y lo que hoy hace a través de su Espíritu, con el fin de construir su nueva sociedad en medio de la antigua (...) Toda la carta es, por lo tanto, una magnífica combinación de doctrina cristiana y deber cristiano, fe cristiana y vida cristiana, lo que Dios ha hecho por medio de Cristo y lo que nosotros debemos ser y hacer en consecuencia. Y su tema central es "la nueva sociedad de Dios" (Stott 1987:24).

Con respecto a la dimensión teológico-pastoral de la carta se subraya que cuando uno se encuentra cara a cara con su mensaje siempre actual:

> Nadie puede emerger de la lectura cuidadosa de la carta de Pablo a los efesios con un evangelio privatizado. Porque Efesios es el evangelio de la iglesia. Presenta el propósito eterno de

> Dios de crear a través de Jesucristo una nueva humanidad
> que se destaca en brillante relieve sobre el sombrío trasfondo
> del mundo antiguo. Porque la nueva sociedad de Dios está
> caracterizada por la vida en lugar de la muerte, la unidad y la
> reconciliación, en lugar de la división y la alienación, los sanos
> valores de la rectitud en lugar de la corrupción de la maldad,
> el amor y la paz en lugar del odio y las contiendas, y una lucha
> incansable contra el mal en lugar de un fluctuante compromiso
> con él (Stott 1987:9-10).

No cabe duda entonces que Efesios es una carta cuyo mensaje es de enorme actualidad y pertinencia para las iglesias en los distintos contextos en las que está presente como primicias de la nueva sociedad en Cristo. Una nueva sociedad que contrasta abiertamente con la sociedad circundante, tanto por su composición social inclusiva y horizontal, como por sus principios éticos y su estilo de vida. De la perspectiva acerca de la iglesia que se acentúa en Efesios se afirma que «la iglesia es la iglesia, cuando en su realidad empírica y en su existencia histórica ella funcione verdaderamente como iglesia, habrá que probar que es en la historia el instrumento de la gloria de Dios» (Mackay 1964:111).

De acuerdo con Efesios, «el agente de la reconciliación es el Mesías… [Y] el signo de esta reconciliación es la unidad de judíos y griegos en la iglesia» (Johnson 1986:373). Esto puede explicar las razones por las que, a lo largo de la carta, se describen «varios conceptos relativos a la nueva humanidad creada por medio de Jesucristo» (Padilla 2012:228). En términos generales Efesios afirma:

> …que en Cristo Jesús ha aparecido una nueva realidad: una
> unidad basada en la fe en él, una comunidad a la cual uno se
> vincula sin que se tome en cuenta su raza, posición social o
> sexo. No es una mera unidad "espiritual", sino una comunidad
> concreta formada por judíos y gentiles, esclavos y libres,
> hombres y mujeres, todos ellos miembros de la solidaridad en
> Cristo (Padilla 2012:230).

De Efesios se sostiene además que «resume en gran medida los principales temas de las cartas paulinas, y expone las implicaciones cósmicas del ministerio de Pablo como apóstol de los gentiles» (Bruce 2012:493). Acentuándose que el propósito de esta carta «es proclamar que el plan de Dios a través de Jesucristo es reunir a toda la creación, el cielo y la tierra, con Cristo como cabeza» (Bratcher y Nida 1982:2). Esta es la razón por la que se afirma que la «reconciliación» es el «tema central de la Epístola a los Efesios» (Mackay 1964:37). En esta carta:

> Pablo celebra la formación de la iglesia como parte de la acción soberana salvífica de Dios, de la eternidad hasta la eternidad, y que se ejecuta decisivamente en la misión del Mesías. Su meta es integrar a toda la creación con Cristo como su eje o punto medio, [siendo] la iglesia la nueva humanidad de Dios que participa en este [gran proyecto divino]… Se espera que esta nueva realidad social sea [una] luz, porque demuestra ser una nueva humanidad que comparte la fibra moral de Dios y reestructura las relaciones humanas a través de un conjunto de estándares morales radicales y una amorosa integración social (Ninan 2015:1631).

En suma, se puede afirmar que, según la carta a los Efesios, la iglesia como una realidad alternativa, va a contracorriente de las sociedades humanas y actúa como fermento de transformación social en los distintos contextos históricos en las que está situada. Tiene que ser así, porque la iglesia, como cuerpo de Cristo, es una nueva sociedad cuya composición social y estilo de vida, contrasta abiertamente con la forma cómo se organizan quienes tienen en sus manos el poder en la sociedad circundante, para controlarlo todo y a todos.

En este formidable documento del Nuevo Testamento, «un libro nada fácil para escribir un comentario» (Best 1998:xi), Pablo «presenta el amor sacrificial de Cristo como modelo que los cristianos deberán seguir» (Mackay 1964:98). A explicar las consecuencias prácticas de la vida cristiana (caps. 4-6) en un contexto marcadamente religioso en el que sobresalían el culto a la diosa Artemisa (Diana) y el culto en ascenso al emperador romano, Pablo dedica esta carta, habiendo establecido primero el fundamento doctrinal del seguimiento a Cristo (caps. 1-3).

La comunidad cristiana en Éfeso

La llegada del Evangelio a Éfeso ocurrió durante la ocupación romana de la ciudad y de toda la región. Éfeso, como se ha señalado previamente, era la capital de la provincia de Asia Menor y una de las ciudades más importantes del Imperio Romano. Los efesios, como cualquier otro pueblo subyugado, tenían interés en conservar sus tradiciones y costumbres. Esto se debe a que:

> En la época de Pablo, el clima político era romano, y los efesios mostraron un interés persistente en conservar y revivir las leyes y costumbres ancestrales [de su pueblo] de donde pudieran, dentro de las amplias limitaciones del gobierno romano Baugh 2016:28).

Una de esas prácticas o costumbres ancestrales era el culto a Artemisa, la deidad principal de Éfeso, cuyo templo conocido como el *Artemision*:

> ...fue el edificio más grande del mundo griego, cuatro veces más grande que el Partenón ateniense. Tenía 127 columnas macizas decoradas con frisos. Los adornos hechos por algunos de los pintores y escultores más famosos de la antigüedad la convirtieron en una de las Siete Maravillas del Mundo Antiguo (Baugh 2016:35-36).

En Hechos de los Apóstoles se registra que en Éfeso el culto a la diosa Diana o Artemisa era popular y extendido («¡Grande es Diana de los Efesios!», Hch 19.28, 34), y que el comercio religioso en torno a esta deidad era un asunto de interés público (Hch 19.23-34). El culto a esta diosa generaba ventajas económicas considerables para los artesanos,[17] tal como lo señala Lucas en Hechos de los Apóstoles, cuando registra las palabras de uno de estos artesanos: «un platero llamado Demetrio, que hacía templecillos de Diana, daba no poca ganancia a los artífices», «Varones sabéis que de este oficio obtenemos nuestra riqueza»,

---

[17] En cuanto a la relación entre religión y economía en Éfeso, se afirma que el «*Artemision* ilustra la conexión íntima entre las esferas económicas y religiosas de la vida en Éfeso. Era la potencia económica dominante de la ciudad. La influencia del templo se sintió especialmente en dos áreas: la banca y la propiedad de la tierra» (Baugh 2016:36).

Hch 19.24-25). Este vínculo estrecho entre religión y economía en Éfeso a raíz del culto a Artemisa explica por qué, incluso un funcionario de la ciudad (escribano), tuviera que reconocer públicamente esta realidad: «Varones efesios, ¿y quién es el hombre que no sabe que la ciudad de los efesios es guardiana del templo de la gran diosa Diana, y de la imagen venida de Júpiter», Hch 19.35). En el primer siglo Éfeso era, pues, una ciudad bastante religiosa cuya deidad principal era Artemisa.

De manera más específica, sobre la vida religiosa de esta metrópoli del primer siglo, se puntualiza que:

> El horizonte religioso de aquella provincia incluía, además de las ancestrales creencias religiosas de los hititas… el panteón greco-romano, creencias y prácticas de las religiones de misterio, las bacanales, la magia y todas sus prácticas asociadas con ella, el judaísmo y sobre todo una forma de culto que surgió y se desarrolló durante el primer siglo y que llegó a tener una influencia y poder extraordinarios: **el culto al emperador romano** (Ávila 2008:8).

Aparte del culto extendido a Artemisa, otro de los desafíos éticos que tuvieron que enfrentar los discípulos de Éfeso fue el culto imperial. De este culto se afirma que:

> El culto imperial fue una innovación, ya que el Imperio Romano surgió del período de la República, pero tenía también raíces naturales en la cultura pagana. Surgió orgánicamente de la práctica familiar pagana de honrar el genio o la fuerza vital de las familias paternas. Se desarrolló a partir del culto al gobernante griego promovido especialmente en las provincias orientales del Imperio. El culto imperial implicó la negociación [para] la integración del culto imperial dentro de la vida diaria en la ciudad. El culto imperial podía ser una herramienta para que los magistrados de la ciudad demuestren su lealtad a Roma, ya que incorporan y asimilan sus deidades y costumbres locales con la Roma imperial (Cohick 2020:36-37).

Los habitantes de esta ciudad, además del culto a Artemisa y el culto al emperador romano, tenían un amplio panteón de dioses, es decir, Éfeso era una sociedad profundamente politeísta:

> Aunque la Artemisa efesia dominaba la religión pública de su ciudad natal, los efesios eran ordinariamente politeístas helénicos. Los templos, altares y dedicatorias en Éfeso muestran que eran devotos a un amplio panteón de deidades griegas (…) Algunos efesios adoraban también a deidades extranjeras, como la egipcia Isis, Serapis, Anubis… e incluso el frigio Zeus Sabazios y a la diosa madre Metro (Baugh 2016:34-35).

En un campo religioso tan complejo y diversificado, los desafíos que tuvo que encarar la fe cristiana, cuando los primeros misioneros llegaron a Éfeso, debieron ser enormes, como se atestigua en Hechos de los Apóstoles (18.19-21, 24-28; 19.1-41; 20.17-35). Los primeros creyentes, como se puede deducir del contexto sociorreligioso de la ciudad, tuvieron serios desafíos éticos y religiosos en el día a día de su militancia cristiana, principalmente, debido a la preeminencia del culto a Artemisa y a la novedad del culto al emperador romano. A la luz de esa realidad, cuando se lee e interpreta la carta de Efesios, se tiene que considerar este contexto sociorreligioso específico. Las razones son las siguientes:

> Artemisa fue preeminente en Éfeso y se destacó del panteón de deidades grecorromanas. Al comparar Efesios con este trasfondo histórico, se pudo demostrar que la carta contiene muchas alusiones a la cosmovisión del pueblo de Éfeso y su forma de pensar y de hablar, las cuales no pueden ser casuales, por su frecuencia y carácter concreto. Artemisa y su culto son parte de Efesios… Efesios tiene un escenario de vida específico, lo que significa que los cristianos con antecedentes gentiles, a quienes se dirige la carta, estuvieron involucrados en el culto a Artemisa en el pasado. Efesios establece vínculos y también corrige el pensamiento actual de sus lectores y debe interpretarse como una carta contextualizada con este trasfondo. Las similitudes con el culto de Artemisa sugieren una localización de los lectores originales en Éfeso, y también reforzar la posible autoría paulina de la carta (…) En resumen, Efesios puede entenderse no solo como una carta de enseñanza general, sino una carta de enseñanza específica para los antiguos seguidores de Artemisa. Este grupo de cristianos gentiles, que se puede

definir concretamente y que podría haber estado involucrado en la adoración de los dioses locales de Éfeso en una extensión considerable, ofrece un trasfondo de la vida real [de la ciudad] para la comprensión de la carta (Immendörfer 2017: 329-330).

Teniendo en cuenta este contexto sociorreligioso se puede comprender mucho mejor varias de las exigencias éticas que Pablo subraya cuando escribe a los efesios. Así, por ejemplo, cuando describe el pasado de los efesios:

> …él os dio vida a vosotros cuando estabais muertos en delitos y pecados, en los cuales anduvisteis en otro tiempo, siguiendo la corriente de este mundo, conforme al príncipe de la potestad del aire, el espíritu que ahora opera en los hijos de desobediencia (2.1-2).

O, cuando se señala la exigencia de tener un estilo de vida distinto al anterior, que Pablo llama una vocación: «…os ruego que andéis como es digno de la vocación con que fuisteis llamados» (4.1). El llamado a despojarse de su pasado pagano puede conectarse también con las prácticas religiosas que los efesios tenían antes de convertirse a la fe cristiana:

> En cuanto a la pasada manera de vivir, despojaos del viejo hombre, que está viciado conforme a los deseos engañosos, y renovaos en el espíritu de vuestra mente, y vestíos del nuevo hombre, creado según Dios en la justicia y santidad de la verdad (4.22-24).

La exhortación paulina a los efesios a andar como hijos de luz y apartarse de las tinieblas va también en la misma dirección, es decir, se trata de una invocación a romper completamente con el pasado, incluyendo sus antiguas prácticas religiosas (5.8, 12).

A la luz del contexto sociorreligioso de la ciudad y sus alrededores, no se exagera entonces si se afirma que más de uno de los creyentes de Éfeso y su familia participó activamente en el culto a Artemisa,[18] en las

---

[18] De lectura imprescindible para conocer el trasfondo histórico, cultural, social y religioso de Éfeso en el primer siglo, es la tesis doctoral de Michael Immendörfer, *Ephesians and*

celebraciones conectadas con el culto al Emperador romano e, incluso, como se registra en Hechos de los Apóstoles, en prácticas de magia (Hch 19.19).

Cuando los primeros misioneros cristianos llegaron a esta populosa ciudad, centro del culto a Artemisa, tuvieron que enfrentar esta realidad al predicar la buena noticia del reino de Dios, y los efesios que se incorporaron a la naciente iglesia tuvieron que abandonar sus prácticas religiosa previas y la cosmovisión en la que sustentaban estas prácticas tan comunes en la ciudad y sus alrededores. Pero, además, tenían que encarar otras prácticas conectadas con la intensa vida religiosa de la ciudad conectada con la participación de las mujeres como sacerdotisas de los cultos paganos, particularmente, con el culto a Artemisa:

> Las funciones oficiales de las mujeres de Efesios se limitaban casi en su totalidad al sacerdocio sagrado, pero estos les dieron a las jóvenes y a las mujeres importantes vías para expresar el patronato cívico y adquirir el prestigio resultante, así como cierta influencia en la sociedad... El tema del patronato en la iglesia, sin embargo, plantea una cuestión que debe tenerse en cuenta. Pablo llama a las mujeres en la iglesia a "se atavíen... con buenas obras" (1 Timoteo 2.9-10). Sin embargo, si estas buenas obras tomaron la forma de patronato, los patrones sociales grecorromanos de la época podrían haber tentado fuertemente a las mujeres a transformar estos actos de patronato en una competencia por los honores resultantes y la posición de estatus. Las reglas de patronato e intercambio en el mundo grecorromano tenían normas claras, aunque tácitas, de reciprocidad. Por el contrario, la dádiva cristiana debía ser "sin ataduras" (por ejemplo, Mateo 6.1-4), reflejando la propia sabiduría de Dios (Santiago 1.5) (Baugh 2016:63).

Artemis: The Cult of the Great Goddness of Ephesus as the Epistle's Context, presentada a la Universidad de Wales en el 2016. Es una formidable investigación sumamente útil para conocer el contexto social, cultural y religioso en el que vivieron los creyentes de Éfeso y los desafíos que tuvieron que enfrentar en un ambiente de pluralismo religioso y de una religión «oficial» mayoritaria protegida por las autoridades locales (el culto a Artemisa o Diana).

El Evangelio no se anunció, entonces, en un vacío sociorreligioso, sino en una realidad histórica en la que se entrecruzaban diversas expresiones religiosas que modelaban la vida de las personas y las familias. La buena noticia del reino de Dios llegó a Éfeso ciertamente como una novedad (Hch 19.11-20). Una novedad que se distinguía claramente de las otras opciones y prácticas religiosas que existían en la ciudad, tanto por su mensaje liberador de todas las opresiones, como por el estilo de vida completamente diferente que se esperaba de los conversos a la fe cristiana. Pero se trató de una novedad que tuvo que encarar las creencias y las prácticas de vida que los efesios tenían como ciertas y que durante años habían moldeado su conducta privada y pública. Este desafío cotidiano concreto que los creyentes en Éfeso tenían que encarar, explica la razón por la cual los capítulos 4-6 de Efesios están dedicados (sobre el fundamento teológico de los capítulos 1-3) a explicar el significado y las implicancias de ser una realidad alternativa o una nueva humanidad al interior de la sociedad circundante o de la sociedad predominante.

La misión en la ciudad

Pablo fue un hombre de la urbe. El testimonio de Hechos de los Apóstoles indica que Pablo escogió, deliberadamente, ciudades estratégicamente ubicadas para que desde esos lugares pudiese difundir la buena noticia de salvación en los pueblos aledaños. Si se acepta que la carta a los Efesios fue una encíclica o una carta circular dirigida a las comunidades cristianas localizadas en el valle de Licón, provincia romana de Asia Menor, entre las que se encontraba la iglesia de Éfeso, entonces, se puede notar con más claridad la estrategia urbana paulina. Dicho de otro modo, si Éfeso era una ciudad estratégica de la provincia de Asía Menor, con sus luces y sombras como toda ciudad populosa, se puede explicar por qué Pablo permaneció en ella tres años (Hch 20.31), instalando allí su centro de operaciones, para evangelizar a judíos y a gentiles (Hch 20.21).

Así como Éfeso en el primer siglo, una ciudad cosmopolita, las grandes urbes en cualquier lugar del mundo tienen luces y sombras.

En ellas se concentran los grandes logros de la sabiduría humana como la utilización de la tecnología de punta en los enormes e impersonales centros de producción industrial, así como los grandes problemas generados por la mala utilización de esos logros humanos, como la contaminación de las fuentes de agua y la explotación inmisericorde de cientos de indefensos seres humanos. En las grandes urbes se encuentran los centros académicos más importantes y los lugares de distribución y de consumo de drogas de todo tipo. Las luces y las sombras de la obra humana, la construcción y la destrucción de la calidad de vida, las ventajas y las desventajas del formidable avance tecnológico de los últimos años, caracterizan el rostro diurno y nocturno de los conglomerados urbanos contemporáneos.

Las iglesias evangélicas que se han asentado en la ciudad, sin embargo, no miran ni se relacionan de la misma manera con los habitantes de la ciudad. Unas consideran que la misión cristiana se limita exclusivamente a la proclamación verbal de la buena noticia de salvación y que las acciones de servicio social a favor del prójimo —si las realizan— sólo tienen sentido como medios para ganar más feligreses. Otras fueron comprendiendo en los últimos años que la proclamación verbal del evangelio y las acciones de servicio al prójimo son dos dimensiones legítimas de la misión integral del pueblo de Dios.

¿Cómo tiene que ser la misión en la ciudad? La misión cristiana en la ciudad requiere, mínimamente, estar conscientes de tres asuntos conectados entre sí y que no se pueden separar:

a) conocer la ciudad.
b) insertarse en la ciudad.
c) transformar la ciudad.

Conocer la ciudad implica tener información de primera mano de los problemas sociales como el pandillaje y la inseguridad ciudadana, los efectos de la migración y los problemas que tienen los inmigrantes como la anomia y la paulatina pérdida de identidad cultural, y la realidad del mestizaje cultural que tiene efectos visibles en la composición social y en la estructura del culto de las iglesias evangélicas. Conocer la ciudad implica también ser consciente de las relaciones de poder que se tejen en su interior, de las formas de comunicación que tienen los distintos sectores sociales, y de las nuevas prácticas políticas que se generan en los movimientos populares.

Insertarse en la ciudad exige comprender que la misión cristiana no tiene que limitarse al plano religioso de la vida humana, sino que cruza múltiples fronteras sociales, culturales y políticas. Para ello se necesita contar con equipos misioneros interdisciplinarios, con una formación teológica básica, con una cultura política mínima, con experiencia de gestión de proyectos sociales y comunitarios, y con una solidez ética que les permita enfrentar los círculos de corrupción y la tentación del protagonismo personal. Las iglesias locales urbanas pueden gestar sus propios proyectos sociales a favor del prójimo o trabajar al lado de las iglesias que ya tienen un programa de acción social estructurado; cooperar con los esfuerzos ciudadanos que, con sus propios recursos o con la ayuda de otros, luchan contra la pobreza o la injusticia; o cooperar con las acciones de organizaciones no gubernamentales, sean estas evangélicas o no evangélicas. En otras palabras, la inserción misionera en la ciudad, demanda ampliar la frontera de nuestras relaciones sociales.

Para transformar la ciudad, un paso político necesario es participar activamente en los espacios en los que se deciden las políticas públicas que afectan a todos los ciudadanos. Dicho de otra manera, necesitamos que nuestros mejores cuadros o líderes, comiencen a tejer desde la base, nuevos modelos de dirigentes sociales y políticos. Dirigentes sociales y políticos que participen activamente en los movimientos sociales y en los gobiernos locales como alcaldes o regidores. Y que, desde esos espacios de poder, sean modelos ejemplares de gestión pública transparente, con rendición de cuentas periódica, y que permitan a todos los ciudadanos y vecinos acceso libre a la información.

La misión cristiana en el mundo urbano, por tanto, tiene que ser necesariamente integral. Cuando la misión de la iglesia se limita casi exclusivamente a la proclamación verbal del evangelio, desconectada de una preocupación por las buenas obras y la justicia, tendrá quizás como fruto visible a buenas personas o a buenos vecinos, con una ética privada destacada, pero con una ética pública pobre, deficiente y poco útil para la transformación social. Un evangelio mutilado, dedicado a la salvación de almas incorpóreas, desconectado de la realidad, jamás tendrá como producto final ciudadanos ejemplares, preocupados por la búsqueda del bien común y comprometidos con acciones concretas de lucha contra la pobreza, defensa de los derechos humanos, cuidado responsable de nuestra casa común, protección de los sectores sociales indefensos o lucha por una democracia en la que todos los ciudadanos tengan igualdad de oportunidades.

Capítulo 1

Comentario

Cuando una persona creyente examina la Sagrada Escritura, se espera que su acercamiento al texto bíblico sea con mucho «temor y temblor» (1Co 2.3), y que sea consciente que toda «la Escritura es inspirada por Dios, y útil para enseñar, para redargüir, para corregir, para instruir en justicia, a fin de que el hombre de Dios sea perfecto, enteramente preparado para toda buena obra» (2Ti 3.16-17). Tiene que ser así, porque no se trata de un libro más entre otros, sino de la Palabra de Dios que debe escudriñarse con respeto y responsabilidad, con miras a la obediencia en cada tramo del camino. Esta es la intención que subyace en este comentario y que se puede sintetizar en los siguientes pasos hermenéuticos interrelacionados entre sí:

Leer-comprender-interpretar-actualizar-obedecer.

Desde esa perspectiva, estudiar la carta a los Efesios, así como cualquier otro documento bíblico, demanda una doble contextualización. Es decir, exige, por un lado, situar el texto bíblico en su contexto histórico concreto o situación vital (*sitz im leben*) y, por otro, que el lector o intérprete de este documento del Nuevo Testamento sea consciente de la realidad histórica en la que está situado como ser humano de carne y hueso.[1] En síntesis:

---

[1] Desde otra mirada, aunque con la misma intención, se señala que: «Es tarea central de la exégesis bíblica entender el sentido y significado del texto que se estudia. El traductor en su tarea exegética intenta sacar a la luz el significado del texto griego y comunicarlo de manera significativa a sus lectores contemporáneos. Dicha tarea tiene dos dimensiones fundamentales: Primera, el reconocimiento del carácter literario e histórico del texto bíblico y su interpretación. Segunda, su apropiación y significado en nuestro propio contexto histórico» (Ávila 2008:1).

Contexto del texto y contexto del lector o intérprete. De manera más precisa:

> Como *puente hermenéutico* entre la palabra que Dios habló ayer y el actual sentido profético del mensaje inspirado... el exégeta [lector, intérprete], se dedica a la tarea de la **doble contextualización**... Por una parte, el exégeta busca entender el mensaje bíblico dentro de la mayor fidelidad al contexto histórico original. (Esta tarea se suele llamar exégesis gramático-histórica). A la vez, como discípulo del Señor, el exégeta está llamado a obedecer y proclamar el evangelio aquí y ahora. Le incumbe la tarea compleja de entender a fondo nuestro propio contexto en todas sus dimensiones, y de captar la relación dinámica entre el mensaje bíblico y la Palabra de Dios para nuestra situación contemporánea. Sin percibir su mensaje actual, no habrá escuchado realmente la palabra... Una interpretación descontextualizada, sea [del] contexto histórico del pasado o del contexto (también histórico) del presente, será inevitablemente una interpretación infiel, anti-bíblica... (Stam 1983:28).

Teniendo en cuenta esta advertencia (la doble contextualización), examinaremos el mensaje de la carta a los Efesios desde una mirada contextual, sabiendo de antemano que se trata de una carta cuyo eje transversal es la reconciliación de todas las cosas en Cristo. Una reconciliación que se visibiliza en la formación de un nuevo pueblo, la iglesia, la nueva humanidad en Cristo, que se constituye en signo concreto de la acción histórica de Dios en favor de toda la humanidad y de la creación. Pablo lo denomina un «misterio» (3.3, 9). Un misterio que ahora es revelado, indicando que este misterio consiste en que «los gentiles son coherederos y miembros del mismo cuerpo, y copartícipes de la promesa en Cristo Jesús por medio del evangelio» (3.6). Dicho de otro modo:

En la misma dirección se acentúa que: «La materia prima de la teología no son conceptos abstractos, sino un mensaje relativo a eventos históricos cuya narración e interpretación llevan las marcas de las culturas semitas y grecorromana en que vivieron los autores bíblicos. Su tarea inicial es exegética y la exégesis requiere la construcción de un puente entre el intérprete y los autores bíblicos mediante el método histórico, cuyo presupuesto básico es que la Palabra de Dios no puede entenderse aparte del ambiente cultural y lingüístico en que se dio originalmente» (Padilla 2012:158).

> El objeto de su carta ecuménica era informarles [a los destinatarios de la carta] que el enigma trágico de la vida humana se había resuelto por una revelación divina. Esta revelación, o más bien el secreto de lo develado, lo llamaba él el "misterio" (…) Para él, "misterio" era un secreto escondido que ahora resulta descubierto, revelado. Por tanto, el "misterio" sería el "secreto abierto", una verdad divina supremamente importante, la que antes Dios había tenido por secreto pero que ahora, era conocida (Mackay 1964:73-74).

De la revelación de ese secreto, y de las consecuencias de este para los seres humanos y para la creación, trata la carta a los Efesios. Una carta ecuménica en la que Pablo, paso a paso, va explicando ese *misterio* y precisando cual es la naturaleza, la identidad y la misión de la iglesia como una nueva humanidad en Cristo. Una nueva humanidad cuya misión permanente es proclamar públicamente, al interior de las distintas realidades históricas en las que está situada, la buena noticia de salvación a todas las personas, pueblos y culturas.

Capítulo 2

Preámbulo (1.1-23)

Los tres primeros capítulos de la carta a los Efesios describen a la iglesia como un punto de encuentro de personas de distinto trasfondo social, cultural y religioso, pero que comparten una experiencia común: la salvación en Cristo y su incorporación a una comunidad de fe, la iglesia, pueblo de Dios, cuerpo de Cristo, comunidad del Espíritu Santo.[1] Describen también a la iglesia como una realidad alternativa a la sociedad circundante a la que todas las personas son bienvenidas, aceptadas y acogidas, mediante la salvación en Cristo. En esta primera parte de la carta (1.1-3:21):

> Pablo explica las bendiciones o las riquezas que disfruta el creyente en Cristo... Al hablar de estas bendiciones, Pablo aborda la posición estratégica de la iglesia en el plan universal de salvación de Dios. Es a través de la iglesia que Dios quiere manifestar su gloria y salvación al mundo entero. En la iglesia está creando una nueva humanidad. De hecho, la iglesia se

---

[1] En la correspondencia paulina «*ekklesia* puede designar una reunión de cristianos para el culto; *en ekklesia* (1Co 11.18; 14.19, 28, 35) puede traducirse mejor simplemente como "en la iglesia"... Esto no significa un edificio llamado iglesia... Es la reunión de los santos para el culto. Como tal, *ekklesia* puede designar los creyentes que se reúnen en un hogar particular como una casa-iglesia (Ro 16.5; 1Co 16.19; Col 4.15; Flm 2); puede designar la totalidad de los creyentes que viven en un solo lugar, en Cencrea (Ro 16.1), Laodicea (Col 4.16) o las ciudades de Judea (Gá 1.22) y Galacia (Gá 1.2). El uso más significativo, como en Hechos, es el de la iglesia universal o iglesia católica. Así se usa, claramente, como la totalidad de todos los creyentes, dos veces en Colosenses (Col 1.18, 24) y nueve veces en Efesios (1.22; 3.10, 21; 5.23, 24, 25, 27, 29, 32)» (Ladd 1984:537).

Se afirma además que en «Efesios la palabra *ekklesia* nunca se utiliza para referirse a una iglesia local (como en Col 4.15, 16), sino a la iglesia universal (1.22; 3.10, 21; 5.23-32; cf. Col 1.18, 24)» (Furnish 1992:538).

ha convertido en el centro de unidad de toda la humanidad. Las diferencias humanas de raza, etnia, tribu y religión se disuelven o se rompen en Cristo (Turaki 2006:1451).

A la iglesia se la presenta y describe, entonces, como «un espacio de reconciliación» (Johnson 1986:373), afirmándose que Cristo «es nuestra paz que de ambos pueblos [judíos y gentiles] hizo uno» (2.14) y, por tanto, judíos y gentiles convertidos a la fe cristiana, ya no son «extranjeros ni advenedizos, sino conciudadanos de los santos, y miembros de la familia de Dios» (2.19). Una familia en la que todos son bienvenidos, aceptados y acogidos en igualdad de condiciones y en la que desaparecen todas las barreras que en las sociedades humanas dividen a las personas y provocan conflictos interpersonales, violencias de todo tipo, y guerras fratricidas y sangrientas. Al interior de esa realidad de violencia, tan corriente en las sociedades humanas de diverso signo ideológico, la reconciliación «que Cristo obra es dar vida en un medio de un mundo sembrado de muerte» (Míguez 2000:11).

En esta sección teológica:

> El tema es el de la economía misteriosa de Dios, que une en Cristo a los paganos con el pueblo judío, a fin de formar un hombre nuevo en un solo cuerpo mediante la cruz, matando en sí mismo la enemistad entre los dos pueblos (Segalla 1989:290).

En el preámbulo de la carta, además del saludo en el que se identifican cuatro dimensiones de la identidad cristiana (comisionados, santos, fieles, y estar en Cristo), así como el deseo de gracia y paz para los destinatarios; se incluye una bella doxología. Doxología que emerge como un canto espontáneo y como un modelo de oración personal y comunitaria que invita a un compromiso firme y permanente con Dios y con su pueblo (la iglesia).

Una mirada panorámica a esta sección indica que el autor de la carta esboza en el preámbulo los fundamentos teológicos de la iglesia como una realidad alternativa o una nueva sociedad en Cristo insertada en la historia. Estos fundamentos teológicos se van explicando, paso a paso, con mayor detalle, precisión, alcance y profundidad en los capítulos 2 y 3 de la carta.

Saludo (1.1-2)

La carta a los Efesios comienza con el saludo habitual en la sociedad grecorromana del primer siglo. Sin embargo, comparado con el saludo de las otras cartas paulinas, llama la atención la brevedad y el tono impersonal que se emplea. Llama la atención, especialmente, porque Éfeso fue una ciudad en la que Pablo permaneció tres años (Hch 19.1-20; 20.31) y se podía esperar que el saludo a los discípulos de esa urbe fuese más personal, afectuoso, cercano, entrañable y amigable.

Este saludo es bastante extraño e inusual, porque a diferencia de las otras cartas paulinas (Ro 16.1-15; 1Co 1.14-16; 16.15-20; Fil 1.3-8; 4.21-23; Col 4.7-17; 1Ts 1.2-10) en Efesios no existe «ninguna referencia personal, ningún saludo específico a persona alguna, ningún recuerdo o ningún mensaje para alguien en particular» (Foulkes 1999:19). Esto explica la razón por la cual se señala que lo más extraño de esta carta:

> …es el carácter tan universal y tan poco concreto y familiar de la carta. No existen saludos personales, alusiones a circunstancias concretas. Habiendo pasado más de dos años Pablo entre los efesios, es raro que no revele ningún pormenor de sus relaciones personales» (Leal 1965:666).

A pesar de la ausencia de saludos específicos a personas conocidas, un vacío que favorece a quienes opinan que Efesios no es una carta auténticamente paulina, varios temas teológicos de primerísima importancia están presentes en el saludo. Cada uno de estos temas coadyuva a una mejor comprensión de la identidad cristiana y del llamado que cada creyente tiene como una persona consagrada al servicio de Dios y del prójimo.

Cabe señalar, además, que la carta a los Efesios, junto con la carta a los Romanos, «es el texto paulino dotado de mayor unidad interna y con menos referencias a la situación particular de una comunidad o a sus problemas específicos» (George y Grelot 1992:636). Sin embargo, la ausencia de saludos a personas particulares o a los problemas internos de la iglesia en Éfeso, no afecta para nada la textura teológica presente en esta sección de la carta y en todo este documento del Nuevo Testamento.

Apóstol (embajador, comisionado) de Dios (1.1a)

En el saludo inicial, introduciendo un tema crucial para la vida cristiana (la vocación, el llamado, el seguimiento, la militancia cristiana), el autor se presenta como un embajador de Cristo: «Pablo, apóstol de Jesucristo por la voluntad de Dios», tal como lo hace en otras cartas (cf. Ro 1.1; 1Co 1.1; 2Co 1.1; Col 1.1). Afirma claramente que es un apóstol (*apóstolos*), un embajador, un representante, un comisionado de Cristo, «un emisario autorizado o un heraldo del Mesías Jesús» (Ninan 2015:1632); aunque en otros momentos en la carta, se presenta también como un administrador (*oikonómos*) «de la gracia de Dios» (3.2) y un ministro (*diakonos*) «por el don de la gracia de Dios» (3.7).

De esa manera, como lo afirma en la carta a los Gálatas, Pablo subraya que su condición de apóstol no depende para nada de su voluntad o de la decisión de una iglesia en particular, sino que es un llamado divino o un don inmerecido de la gracia de Dios. Él tiene clara conciencia que su vocación, su llamado, su ministerio como apóstol de Cristo a los gentiles, descansa únicamente en la iniciativa divina y es pura gracia divina. Esta conciencia de su llamado para ser apóstol de los gentiles es más clara, precisa y enfática en la carta a los Gálatas (Gá 1.1, 11-12, 15-16).

Para el autor de Efesios estaba claro que para «este ministerio, él no se había ofrecido voluntariamente ni una iglesia lo había designado… su apostolado deriva de la voluntad de Dios y de la elección y comisión de Jesucristo» (Stott 1987:21). ¡Dios mismo le había comisionado, separado y consagrado, para su servicio! ¡Dios mismo le había apartado desde el vientre de su madre! (Gá 1.15).

Pablo fue consciente, por tanto, que su vocación en la historia era ser fiel a ese llamado y encargo divino, cualquiera sea la realidad humana en la que se encontrase. Un llamado que, más adelante en la carta, la precisa en estos términos: «A mí, que soy menos que el más pequeño de todos los santos, me fue dada esta gracia de anunciar entre los gentiles el evangelio de las inescrutables riquezas de Cristo» (3.8).

Ciertamente así fue, como consta en la correspondencia paulina, que estuvo preso por causa de su servicio fiel a Cristo (Fil 1.12;

Col 4.18; Flm 1.1, 23). En la carta a los Efesios, hasta en tres momentos, puntualiza su condición de prisionero (3.1; 4.1; 6.20). Además, casi al final de la carta, sobre su condición de prisionero, expresa lo siguiente: «por el cual soy embajador en cadenas; que con denuedo hable de él, como debo hablar» (6.20). En otras palabras, jamás menguó su compromiso con la vocación encomendada, y siempre estuvo dispuesto a tener el coraje de no quedarse callado.

De la misma manera que el autor de Efesios y siguiendo su huella y ejemplo de vida, nosotros también somos embajadores o comisionados de Dios en nuestra familia, centro de estudios, lugares de trabajo o vecindario, y en toda nuestra patria y en el extranjero. Tenemos que ser conscientes, por lo tanto, que todos estos espacios o lugares en los que nos movilizamos cotidianamente son nuestro campo de misión particular, nuestro terreno histórico de compromiso cristiano, nuestra trinchera de servicio a Dios y al prójimo, nuestro centro de testimonio y servicio al prójimo.

En tal sentido, ninguno de nosotros tiene que dudar que, cualquiera sea la realidad histórica en la que estemos situados, somos embajadores del Dios de la vida en ese terreno social, cultural, político y religioso. En consecuencia, como sus embajadores en esa frontera misionera, estamos llamados a no ocultar nuestra identidad y compromiso cristiano, incluso en situaciones de adversidad y conflictos; y nunca debemos subastar, negociar o rebajar nuestra condición de comisionados del Dios de la vida. Esa es nuestra vocación histórica personal y colectiva, nuestro compromiso cotidiano, nuestra militancia permanente e irrenunciable. ¡Somos embajadores de Cristo y de su reino de vida aquí y ahora!

Embajadores de Cristo

Cada uno de nosotros, sin excepción, somos embajadores o representantes de Cristo en los lugares en los que cotidianamente nos movilizamos. La familia, el barrio, los amigos, el centro de trabajo y de estudios, son los espacios naturales en los que estamos llamados a dar razón de nuestra fe. La tarea personal y colectiva es vivir como cristianos en todas las veredas en las que andamos, es decir, tenemos que expresar con las palabras y con la conducta nuestra identidad religiosa, sin avergonzarnos de la misma. Como Pablo tenemos que estar conscientes de nuestro llamado y vocación como comisionados de Cristo: «...del cual yo fui hecho ministro por el don de la gracia de Dios que me ha sido dado según la operación de su poder» (3.7).

Pero el asunto es más hondo todavía, porque no se trata solo de la vida privada, sino también de la vida pública. Quizá hacia adentro, entre los conocidos; es decir, la familia, el centro de trabajo y de estudios, no se tengan mayores inconvenientes para dar testimonio de nuestra fe. El problema es cuando se pasa de lo privado a lo público. Cabe aquí entonces una pregunta: Cada vez que se violenta la vida y la dignidad humana, cuando se menosprecia la justicia y se pisotea el derecho, cuando se arrasan con los bienes de la creación, y cuando campea la corrupción, ¿qué decimos como embajadores de Cristo o qué evangelio predicamos?

A menudo ocurre que cuando se trata de los asuntos de la agenda pública, optamos por la indiferencia, el silencio y la apatía, porque creemos que se trata de asuntos «mundanos» o «impíos», tarea propia de los políticos, y que no es asunto de la iglesia opinar sobre estos problemas que afectan a todos, sean o no creyentes. Optamos entonces por el silencio, la indiferencia y la apatía ante todas estas situaciones críticas que afectan a miles de personas, entre ellas, a cientos de cristianos. ¡Nos equivocamos! Nos equivocamos, porque todo lo que se relaciona con la vida, la justicia, la verdad, el derecho, la casa común, la integridad, son parte del compromiso cristiano con el prójimo y el cuidado responsable del mundo de Dios.

De manera que, ser embajador de Cristo incluye también la lucha por los derechos humanos, la defensa de la mujer que sufre violencia, estar en primera fila cuando se transgrede la justicia y se vulnera el derecho, y no quedarse callados cuando se arrasa con los recursos naturales. La misión cristiana, además de proclamar verbalmente el evangelio, es vivir la verdad que proclamamos en todas las fronteras de la vida, incluidos, por supuesto, los asuntos sociales y políticos. Quedarse en silencio o ser indolentes ante estos asuntos que afectan a todos, creyentes y no creyentes, es una clara negación de nuestra identidad y compromiso cristiano, y es una traición artera a nuestra identidad como embajadores de la justicia y de la paz del Dios de la vida.

Consagrados a Cristo (1.1b)

Los discípulos de Cristo, como sus embajadores en el mundo, son también personas separadas, apartadas o consagradas, para servirle exclusivamente a él en todo tiempo, lugar y circunstancia: «…santos… en Cristo Jesús…» (1.1). Se tiene que recordar, sin embargo, que ésta no es la única ocasión en la que Pablo llama santos a los creyentes. En otras cartas utiliza el mismo término (Ro 1.7; 1Co 1.2; 2Co 1.1; Fil 1.1; Col 1.2; 3.12; 2Ts 1.10) para expresar que ellos, judíos y gentiles convertidos a la fe en Cristo, siendo miembros de la iglesia, pertenecen ahora al Padre y a Cristo (Schreiner 2001:219).

Es importante notar también que a todos los discípulos de Éfeso, judíos y gentiles (Hch 19.10, 17-18), se les llame santos, un término que en el Antiguo Testamento era exclusivo para Israel (Éx 19.6; Dt 7.6; 14.2, 21). La transferencia de este término (santos, *hagios*), a una comunidad de discípulos conformada por judíos y gentiles, una comunidad multicultural, multilingüe y multiétnica, significa indudablemente que la iglesia (*ekklesia*) es el nuevo pueblo de Dios (Schreiner 2001:84). Un pueblo que está llamado a ser una contracultura, a ser antisistema, porque tiene valores y un estilo de vida completamente distintos a los que imperan en la sociedad circundante.

En cuanto al significado de esté termino, es necesario precisar que ser santos implica que todo lo que somos, hacemos, decimos y sentimos, tiene que estar orientado a honrar en todo tiempo a Cristo. Debe ser así, porque la santidad no viene como resultado o consecuencia del «esfuerzo personal… [sino] por el acto de Dios que nos consagra» para él (Taylor 1992:150). Esta palabra, *santos*, «no es una descripción de cómo son [las personas], sino de lo que Dios ha hecho por ellos» (Turaki 2006:1452).

Ser santos, por tanto, no indica que una persona sea un personaje extraordinario, excepcional, fuera de lo común o que esté por encima de los demás o sea superior a otros. Es más bien la condición y dignidad que tienen todos los creyentes, cualquiera sea su origen, debido a su pertenencia al pueblo de Dios, la iglesia, cuerpo de Cristo. En otras palabras, ellos son santos porque «pertenecen a Dios» (Ninan 2015:1632), y no tanto porque se trata de personas cuya calidad de vida es superior a la de los demás.

En síntesis, «santos es una designación que se aplica a los creyentes en general, sin distinciones entre ellos en lo que atañe a su dedicación al servicio de Dios, para la cual todos han sido separados por igual» (Padilla 2019:1534). Se puede afirmar, por lo tanto, que cuando el Nuevo Testamento:

> …habla de santos, se refiere no a las personas que han alcanzado cumbres difíciles de santidad, ni a todos los que practican ciertas costumbres morales convencionales o que pertenecen a grupos religiosos concretos, sino más bien a toda la iglesia de Cristo, o a cualquier grupo de cristianos. Sin embargo, el término mismo implica que aquellos a quienes se aplica tal nombre deberían vivir como conviene al pueblo de Dios (Erdman 1975:22).

Consecuentemente, debido a su condición de personas santas, para los creyentes, todas sus relaciones, trabajo y estudio, familia, amistades, vocación y posesiones materiales, tienen que estar consagradas a Cristo. La santidad se visibiliza en todas las dimensiones de la vida: personal, familiar, vecinal, ciudadana. Un creyente tiene que ser santo en los negocios, en la política, en la administración pública, en el ejercicio ciudadano, en la práctica profesional, etc. Los creyentes, como personas consagradas tienen que permanecer íntegros, firmes, sin doblez, sin traicionar jamás la fe en Cristo. Y, por esa razón, siempre tienen que preguntarse si están honrando al Señor con sus relaciones sentimentales y amicales, con sus posesiones materiales y con la administración de estas, con sus pasatiempos, con su vida familiar y laboral, con su ejercicio ciudadano, y con su presencia en los movimientos sociales y en el terreno político.

La santidad cristiana exige comprender quiénes somos (nuestra identidad religiosa) y para qué estamos en el mundo (nuestra misión y nuestra vocación en la historia). Esto demanda, por un lado, conocer la fuente de la fe cristiana (la Palabra de Dios) y, por otro, saber cuál es la conducta cotidiana que se espera de un discípulo en todas las dimensiones de la vida (los principios morales y éticos). Demanda, además, comprender que los cristianos tienen un solo Señor y que solo a él le deben lealtad absoluta. Esta es la razón por la que ninguna forma de hipocresía, doble vida, incoherencia o deshonestidad, debe formar parte de su vida privada y pública, familiar o ciudadana, porque Cristo el Señor demanda integridad dentro y fuera del templo, tanto en la casa como en el vecindario, tanto en la vida privada como en la vida pública. En síntesis, la exigencia cotidiana, permanente, es ser santos en casa y fuera de ella, en el templo y en los negocios, en nuestro papel como padres y en el ejercicio de la ciudadanía.

Santidad comprometida

Afirmar que los cristianos son personas santas, separadas, consagradas, dedicadas a Cristo (1.1, 4), para nada significa ni implica que tienen que separar o dividir en compartimientos estancos lo privado de lo público o lo religioso de lo secular. La fe cristiana no se vive aislados de la sociedad, encapsulados en lo religioso, retraídos de la realidad social y política, apartados del día a día de la experiencia humana. La fe en Cristo se vive en todos los terrenos de la realidad histórica y esto incluye, por supuesto, la presencia cristiana en los movimientos sociales, los partidos políticos y las iniciativas ciudadanas en beneficio del bien común.

Confesar que Dios se revela en la historia y que está activo en ella, exige un compromiso cristiano coherente con esa confesión en todos los espacios de la vida. En otras palabras, si Dios en su soberanía y providencia no está al margen de los acontecimientos sociales y políticos de los pueblos, entonces, los cristianos están llamados a discernir su presencia en la historia y examinar responsablemente la mediación histórica a través de la cual tiene que expresarse su compromiso y militancia cristiana más allá del terreno religioso. En otras palabras, tiene que discernir cómo participar responsablemente en los movimientos sociales, los partidos políticos o en las iniciativas ciudadanas en defensa de todo lo humano, los seres humanos y la creación, nuestra casa común.

Una santidad comprometida o la dimensión social de la santidad cristiana, no se retrae de la realidad, no la niega, ni la distorsiona o acomoda a sus prejuicios sociales, culturales, religiosos o políticos. Una santidad comprometida se atreve a leer teológica y políticamente el contexto de misión, actúa responsablemente en la historia, y reconoce el riesgo de la obediencia a todo el consejo de Dios, particularmente, cuando los hervores de la sociedad circundante advierten el peligro de ser silenciados, perseguidos, maniatados, comprados o asesinados como consecuencia de nuestro compromiso cristiano. En síntesis, cruz y resurrección, proclamación pública del valor imponderable de la vida como un don y como esperanza, es la alfombra teológica sobre la que se asienta una santidad comprometida.

Fieles a Cristo (1.1c)

Enlazando la santidad con la fidelidad, como se expresa en la carta («…a los santos y fieles en Cristo Jesús que están en Éfeso», 1.1), se afirma que, si «el término "santos" pone énfasis en la actividad de Dios a favor de ellos, la palabra "fieles" señala la respuesta de los santos a la obra de Dios en ellos» (Ávila 2008:23). Además, la palabra fieles, se refiere a «aquellos que tiene fe, o [a] quienes muestran fidelidad» (Foulkes 1999:52). Ser fieles implica, en consecuencia, ser coherentes con la fe asumida y persistentes en el peregrinaje iniciado como miembros del cuerpo de Cristo (la iglesia). Fieles son, por tanto, todos «los que son constantes en la vida y profesión cristianas» (Erdman 1975:23). La fidelidad a Cristo implica, entonces, nunca olvidar que toda forma de hipocresía o doble vida desdice la identidad cristiana y enturbia la militancia cristiana.

Como en la experiencia de los discípulos de Éfeso, ser fieles a Cristo en todas las circunstancias, viene a ser también nuestra vocación, nuestro llamado, nuestra militancia cristiana cada día y cada hora de nuestro peregrinaje. Teniendo en cuenta que la fidelidad es una virtud bastante escasa en este tiempo, siendo más frecuentes las malas prácticas como la traición, la mentira, la deshonestidad y la hipocresía, haríamos bien en recordar que la fidelidad es la vereda personal y comunitaria en la que tenemos que andar siempre, cualquiera sea el contexto en el que nos encontremos.

Así tendría que ser en todo momento, dondequiera uno se encuentre, porque ser fieles significa poner toda nuestra confianza en Cristo y no en otro señor, cualquiera sea el nombre o la pretensión que ese señor tenga. La fidelidad a Cristo exige, por tanto, tener un estilo de vida coherente con la identidad cristiana; es decir, ser la misma persona tanto en privado como en público, tanto en la familia como en el vecindario, tanto en el centro de estudios como en el lugar de trabajo. Se trata, entonces, de una coherencia de vida que no separa lo personal de lo público, lo sagrado de lo profano, lo religioso de lo secular. ¡Fidelidad a toda hora y en todos los lugares en los que uno transita!

La vocación pastoral

Pablo en Efesios reconoce que es un apóstol, un comisionado de Cristo (1.1), así como un administrador (3.2) y un ministro (3.7) de Cristo. En otra de sus cartas, cuando se refiere al liderazgo cristiano de mediados del primer siglo, puntualiza lo siguiente con respecto a su responsabilidad pastoral y docente, así como al aprecio que los discípulos debían tener hacia ellos debido a su tarea: «Los ancianos [presbíteros] que gobiernan bien, sean tenidos por dignos de doble honor, mayormente lo que trabajan en predicar y enseñar» (1Ti 5.17). En este versículo se precisa que la tarea pastoral tiene dos dimensiones interrelacionadas entre sí (predicar y enseñar con integridad), conectadas con la buena administración (conducción fiel, responsable y amorosa) del rebaño del Señor, y con la respuesta generosa de la congregación (honor, aprecio, cuidado, sostenimiento) a esa noble tarea.

Así tiene que ser siempre, porque la función pastoral no es un deseo ni un logro humano, como tampoco una decisión fruto de las conveniencias personales o colectivas. Es un llamado divino, una vocación sagrada, un servicio obediente, un destino militante. Dios es quien llama, capacita, acompaña, modela: «no que seamos competentes por nosotros mismos para pensar algo como de nosotros mismos, sino que nuestra competencia proviene de Dios» (2Co 3.5). En consecuencia, no son nuestras competencias, experiencias, capacidades y saberes los que nos convierten en pastores al servicio de Dios, de su pueblo y del prójimo. Todo eso es importante y, por supuesto, coadyuva al ejercicio pastoral hacia adentro y hacia afuera de la iglesia, pero no nos convierte necesariamente en pastores. Tampoco nos habilitan para el ejercicio pastoral nuestras relaciones de parentesco, amistad o compadrazgo, aunque a menudo se utilicen estas relaciones para acceder a los espacios de poder y perpetuarse en el mismo.

Dios mismo, según la gratuidad e imparcialidad de su amor, visibilizados en el llamado al ministerio sagrado, nos hace competentes para el servicio a él y al prójimo. Todo es gracia de Dios mediante el Espíritu y la Palabra. El Espíritu es la fuente de poder que nos acompaña y capacita, y la Palabra el depósito de la fe (2Ti 1.14) que se tiene que transmitir a través de la predicación, el ejemplo y la militancia cristiana (1Ti 4.13-16). Dios nos apartó desde el vientre de nuestra madre (Gá 1.15) y nos consagró para ser portadores de su gracia. Gracia que se transmite con la palabra y el ejemplo de vida, y que nos guarda de convertirnos en mercaderes de la fe, mercenarios religiosos, profetas del odio o embajadores de las fuerzas contrarias a la vida. Gracia que nos impulsa a vivir santamente y que nos recuerda el llamado a ser íntegros en todas las dimensiones de nuestro peregrinaje humano.

Que los ancianos o presbíteros (pastores y pastoras) sean tenidos por dignos de doble honor, porque su vocación y su servicio son sagrados, para nada sugiere o indica que se conviertan en dictadores religiosos o en empleados de la iglesia. En el día a día de la vida de las iglesias siempre se tiene que estar alertas para no caer en ninguno de estos dos extremos peligrosos, dañinos y tóxicos:

a) Los pastores que son maltratados y tratados como «empleados» de la iglesia, y que viven con un salario mísero y en lugares que no reúnen las condiciones mínimas de una vivienda digna.

b) Los pastores que se creen dueños de las iglesias, figuras religiosas estelares, personas intocables o religiosos que actúan como dueños de la verdad y como mediadores privilegiados o únicos de lo sagrado.

Jamás debemos olvidar que ser pastor o pastora es pura gracia. Una gracia que se recibe como un don, se da como sacramento, y de la que se tiene que dar cuenta a Aquél que nos llamó. Una gracia que nos recuerda que todo se lo debemos al Príncipe de los pastores (1P 5.4), nuestro modelo de servicio desinteresado y nuestro ejemplo de compromiso hasta el final. Una gracia que nos recuerda que, delante del Señor y del rebaño del Señor, somos «vasos de barro» (2Co 4.7), frágiles y débiles, pero sostenidos siempre por su gracia: «…Bástate mi gracia; porque mi poder se perfecciona en la debilidad…» (2Co 12.9).

¡Ser pastor(a) es vida que se ofrenda, vida que modela, vida consagrada a Dios y al prójimo! ¡Ser pastor(a) es pura vida!

En Cristo Jesús (1.1d)

En Efesios se puntualiza que los discípulos son santos y fieles «en Cristo Jesús», es decir, no se trata de una conquista personal resultado de nuestras habilidades, experiencias o saberes humanos, sino de una «renovación espiritual, una *nueva creación*» (Mackay 1964:115). Se trata, por tanto, de una afirmación que enfatiza que un cristiano es, en esencia, uno con Cristo y con su pueblo. Estar «en Cristo Jesús» es permanecer personal y vitalmente unido a él, y unido al pueblo de Cristo: la iglesia.[2] De esta frase, «en Cristo», se afirma también que es la «categoría central del pensamiento» paulino (Mackay 1964:114)[3] y

---

[2] La expresión *en Cristo* «en diferentes formas, como *en él*, se repite más de treinta veces en Ef, subrayando la unidad de los hombres en Cristo a través de su incorporación a una comunidad visible regida por él» (Grassi 1986:229).

[3] Las «frases "en Cristo (Jesús) y "en el Señor" aparecen con frecuencia en las cartas paulinas. Están casi ausentes en los otros escritos del NT, excepto, por las referencias pronominales a Cristo en los documentos juaninos. La concentración de esta expresión en las cartas paulinas ha sugerido a muchos intérpretes que algunas o todas

que en Efesios «su uso es más prominente» y se utiliza «para expresar el medio o la persona a través de la cual Dios cumple sus propósitos» (Marshall 2004:380). Además, sobre su uso en la correspondencia paulina, se menciona que estas palabras son:

> Una de las expresiones más comunes en las cartas paulinas es "en Cristo". La fórmula no puede limitarse solo a los lugares donde aparece "en Cristo". Así, por ejemplo, Ef 1.3-14, habla de estar "en Cristo" (Ef 1.3, 10, 12), "en él" (Ef 1.4, 9, 10), "en el amado" (Ef 1.6) y "en quien" (Ef 1.7, 11, 13[2x]). La diversidad de expresiones para describir el estar en Cristo en esta única frase larga (Ef 1.3-14) es asombrosa, y la sola repetición de la fórmula indica que ella es crucial en el pensamiento paulino (Schreiner 2001:156).

Bajo el paraguas del uso de la expresión «en Cristo Jesús», se puede afirmar, entonces, que un cristiano no puede vivir en aislamiento o en una catacumba, secuestrado de la historia, o estar encerrado en un templo o en sí mismo, sino que tiene que estar unido a Cristo y al pueblo de Cristo, pueblo misionero, nueva humanidad. Es así porque:

> El significado de la frase *en Cristo* (gr. *en Jristo*, el Mesías) *Jesús* apunta fundamentalmente a la centralidad que tiene nuestra inclusión y unión con Cristo. Fuera de él no tenemos opción alguna de vida. Los cristianos son santos y fieles *gracias a su unión con el Mesías* (…) El profundo significado de la preposición *en* tiene el sentido básico de *estar unido a Cristo o pertenecer a él*. Se refiere a la estrecha e íntima relación del creyente con el Señor Jesús… (Ávila 2018a:80-81).

Estar en Cristo exige ser parte de una iglesia en la que, mediante el testimonio personal y público, se da cuenta de nuestra pertenencia a él. Exige, además, tener un estilo de vida radicalmente distinto al que predomina en las sociedades humanas en las que los discípulos tienen

---

sus ocurrencias representan una fórmula paulina» (Seifrid 1993:433). Se afirma, además, que estas frases «por lo tanto, se convirtieron en un vehículo para que Pablo describa la vida de fe bajo el señorío de Cristo en un mundo donde otros poderes y tentaciones estaban presentes. Actuar "en Cristo" es actuar en fe y obediencia frente a falsas alternativas» (Seifrid 1993:436).

que dar testimonio personal y colectivo de su fe. En estas sociedades caracterizadas por la deshonestidad, la mentira, distintas formas de violencia visible o encubierta, injusticia e inequidad, corrupción, entre otras malas prácticas contrarias al propósito de Dios; los discípulos tienen que vivir según los principios de la fe cristiana: verdad, justicia, equidad, perdón, tolerancia, solidaridad, paz, reconciliación, entre otros.

La experiencia enseña, sin embargo, que nunca será fácil vivir de manera distinta a la que se acostumbra en la sociedad circundante. No es nada sencillo atreverse a ser contracultura, ir contra la corriente, ser antisistema, porque es más común y conveniente adaptarse al sistema o convertirse en esclavo de este. Pero de eso se trata cada día en cada tramo del camino, tanto en privado como en público. De ser diferentes, completamente distintos a los no cristianos, tanto en la cosmovisión, como en el estilo de vida.

El saludo cristiano (1.2)

En Efesios 1.2 tenemos una síntesis del saludo cristiano («Gracia y paz a vosotros, de Dios nuestro Padre y del Señor Jesucristo») adoptado de la fórmula común utilizada en el mundo grecorromano; y que aparece también en otras cartas paulinas (1Co 1.3; 2Co 1.2; Gá 1.3; Fil 1.2; Col 1.2). Un saludo que sigue «las dos formas de saludar que usaban griegos y judíos en las cartas, aunque las combina y exalta» (Erdman 1975:24). Se trata de un saludo habitual, pero que tiene un contenido cristiano específico, o «una forma cristianizada del saludo contemporáneo hebreo y griego» (Stott 1987:26).

Pablo enfatiza aquí que tanto la gracia como la paz provienen del Padre y del Hijo. Enfatiza así que el amor inmerecido (gracia) que los creyentes disfrutan actualmente es un don del Dios Padre y del Señor Jesucristo. Pero esa gracia recibida del Padre y del Hijo, no es solo para la vida personal o comunitaria de los creyentes, sino además un don que tiene que ser compartido con el prójimo. Pablo enfatiza también que la paz (vida plena, abundancia, prosperidad) que actualmente tienen los creyentes es una paz que se vive y que se transmite en el día a día de la caminata colectiva, es decir, cada creyente es un portador y portavoz de esa paz en la ciudad o región en la que vive. Gracia y paz son, por tanto, vías de comunicación del Evangelio a través del testimonio personal y comunitario de los creyentes.

En este saludo «Pablo combina los saludos griegos acostumbrados, **gracia** (*charis*), y el saludo hebreo **paz** (*shalom*) para expresar algo más que una frase pasajera de buena voluntad. Lo que en efecto hace es pronunciar una bendición» (Taylor 1992:152).

Gracia (*charis*) es el amor que no merecemos, pero que el Señor en su bondad, fidelidad y misericordia, nos concede gratuitamente y de manera imparcial. Da cuenta de «la libre iniciativa salvadora de Dios» (Stott 1987:26) y explica «el origen y razón de ser de la iglesia» (Ávila 2008:24). La gracia se entiende como:

> ...la actitud y acción de Dios, gestada desde antes de la fundación del mundo y manifestada en la historia por medio de Jesús el Mesías, a favor de quienes estaban muertos a causa de sus delitos y pecados, y que ahora son miembros de la familia de Dios. La gracia no es sólo la razón y origen de la nueva vida de los cristianos; es también la causa y motor principal en la vida y ministerio cotidianos de los cristianos (Ávila 2008:24-25).

Para Pablo, según Efesios, gracia:

> ...significa el amor activo, compasivo, redentor de Dios. Es la actividad de su amor, su favor no merecido, su *agape* que "destinó" a los hombres a ser "sus hijos", proveídos por Jesucristo el Redentor (1.6) y que así influyó con mucho amor y potencia en las vidas de los hombres con el fin de que ellos pudieran creer en Cristo y recibir el perdón de sus pecados (1.7) (Mackay 1964:120).

Cabe aquí, sin embargo, una precisión importante: la gracia «de Dios no obra meramente al unísono en la vida de la persona que a ella se somete. El principio de la *sola gratia* (la gracia una y sola) continúa a través de la vida entera» (Mackay 1964:122), es decir, la gracia que Dios nos otorga no se estanca, sino se disfruta en cada estación de la vida como un don inmerecido. Todo el tiempo, todos los días, todas las horas, necesitamos de esa gracia. La vida de los cristianos se asienta en esa gracia, depende de esa gracia, se moviliza por esa gracia, y disfruta de esa gracia en todos los recodos de su peregrinaje humano. Es una gracia que embellece la vida y que nos recuerda que toda nuestra existencia descansa en la gracia divina.

Paz (*eirene*) implica, además de ausencia de problemas, vida plena, vida abundante, prosperidad integral, bienestar completo, salud en todas las dimensiones de la vida humana. Paz indica también que Dios «ha tomado la iniciativa de hacer, es decir, reconciliar a los pecadores consigo mismos y unos con otros en su nueva comunidad» (Stott 1987:26). Se tiene que subrayar, sin embargo, que la paz en Cristo:

> ...no es un estado de cosas que se impone, sino una forma de ser en Cristo. Esto quiere decir que, separados de Cristo, la paz no permanece, ya que no es algo establecido, un estado alcanzado, sino una relación viviente. La paz (el shalom hebreo) es una relación viva de plenitud con Dios, con el prójimo y con la creación. Esa relación existe "en Cristo", por la obra de Cristo (Míguez 2000:8).

La paz[4] de Cristo hace referencia también a la vocación y misión de la iglesia en este mundo (Ávila 2008:24) y «reducir su significado a "paz en el corazón" ... es empobrecer considerablemente su amplio alcance y enfoque que tiene en la carta» (Ávila 2008:25). Tiene ciertamente la connotación de paz en el corazón, pero también, de paz unos con otros (Foulkes 1999:53). Se trata de una paz «que se funda en la reconciliación y es una paz que se completa en la acción» (Mackay 1964:130). Es una paz que convierte al creyente en «agente de la bondad y de la paz de Dios en la vida de los demás» (Mackay 1964:131).

Consecuentemente, la paz no se limita al espacio privado o íntimo de la vida humana, sino que tiene un alcance social, público y ciudadano concreto. La paz cristiana, entonces, «no es un fin en sí mismo; es un medio para un fin» (Mackay 1964:132). Dicho de otro modo, la paz en Cristo no se reduce al ángulo religioso de la vida, sino que abarca también las dimensiones sociales, políticas y culturales de la realidad histórica en la que está situada la iglesia como señal y signo concreto del reino de vida del Dios de la vida. Es en esa realidad

---

4 La «palabra [paz] aparece siete veces en Ef, más que en cualquier otra epístola, exceptuando Rom. Anuncia un tema básico de Ef, la posibilidad de la unión y la armonía entre todos los hombres por Cristo» (Grassi 1986:228).

histórica concreta, nuestro espacio natural de misión, que estamos llamados a ser embajadores y artesanos de la paz de Dios, agentes de reconciliación y portadores de su justicia.

La paz de la ciudad

Para los cristianos, la búsqueda de la paz en la ciudad siempre será una tarea pendiente, inacababa, permanente. Es así, porque las sociedades en las que habitamos, además de estar caracterizadas por distintas formas de violencia privada y pública, tienen conflictos sociales y políticos de largo aliento y difíciles de resolver en el corto y mediano plazo. Problemas históricos irresueltos como el racismo, la marginación y la exclusión, así como la pobreza y pobreza extrema, no se resuelven solo con leyes y con buenas intenciones. Se trata de problemas históricos que requieren, además de una sana voluntad política, sinceridad tanto de palabras como de acciones, especialmente de los políticos y de los funcionarios públicos a menudo insensibles, mercenarios y corruptos.

Pero esta realidad de pecado personal y social, reflejo de la condición humana, no tiene que desanimar a las iglesias ni paralizar sus acciones en favor de la paz de la ciudad. Desde las acciones locales de lucha contra la pobreza, la discriminación y exclusión de personas, así como de acompañamiento pastoral a las mujeres y familias que sufren violencia, hasta la inserción en los movimientos sociales y políticos que buscan construir un país de todos y para todos, sin ninguna forma de violencia; tienen que ser acciones que se asuman conscientemente, personal y colectivamente, como expresiones visibles de compromiso con la vida y la justicia. Tiene que ser así, porque la lucha por una vida digna y por una justicia limpia son dos dimensiones incuestionables del testimonio cristiano, que nunca tienen que ser amordazados ni controlados bajo ningún pretexto.

La paz de la ciudad no es un asunto meramente legal o de administración estatal, bandera política de las opciones partidarias de izquierda, y no tiene que ser dejada completamente en manos de los políticos tradicionales. La paz de la ciudad es una dimensión innegable del testimonio cristiano que tiene que ser asumida con responsabilidad y urgencia, porque se trata de un asunto que compete a todos, y especialmente a los cristianos como embajadores y artesanos de la paz de Dios.

Embarcarse en esta tarea impostergable puede implicar, tarde o temprano, ser acusado de político, infiltrado o izquierdista. Sin embargo, acusaciones de esta naturaleza, producto de la desinformación y el prejuicio, no tienen que frenar ni socavar nuestro compromiso con la paz. La búsqueda activa de la paz para todos exige, además de integridad y coherencia de vida, caminar al lado de otras personas que, aunque no comparten nuestra fe, tienen un compromiso con la justicia que no siempre todos los cristianos, lamentablemente, lo tienen en privado y en público. La búsqueda de la paz de la ciudad es expresión concreta del amor y de la justicia del reino de Dios. ¡Seamos artesanos de la paz!

Una doxología trinitaria (1.3-14)

Luego de presentarse como apóstol de Cristo y de expresar su saludo cristiano a los destinatarios de esta carta ecuménica, inesperadamente y en forma espontánea, el autor de Efesios irrumpe con una doxología; una oración de alabanza, gratitud y adoración al Dios de la vida y de la historia. ¡Es una doxología integral! Una doxología que da cuenta de la «voluntad eterna y el plan de Dios de crear una comunidad de todos los hombres en Cristo» (Grassi 1986:228). Una doxología en la que se afirma «la gracia redentora de Dios manifestada a la iglesia en Cristo» (Erdman 1975:27).[5]

Es también una doxología trinitaria. Efesios afirma que el Padre elige desde la eternidad: «...según nos escogió en él antes de

---

[5] Este himno «de alabanza de Pablo es una oración larga en el original. Es similar en estilo a las oraciones de alabanza que se usaban en las sinagogas judías en ese tiempo, excepto que alaba no solo al Dios Padre (1.3-6), sino también al Hijo (1.7-12) y al Espíritu (1.13-14)» (Ninan 2015:1633).

la fundación del mundo…» (1.4). Expresa que el Hijo redime, salva o libera: «…en quien tenemos redención por su sangre, el perdón de pecados según las riquezas de su gracia» (1.7). Declara que el Espíritu Santo es el sello de nuestra pertenencia al Dios trino y uno: «…habiendo creído en él, fuisteis sellados con el Espíritu Santo de la promesa que es las arras de nuestra herencia…» (1.13-14). El autor de la carta, sobre este piso teológico, la acción histórica del Dios trino y uno para nuestra redención y la redención de toda la creación, construye toda su enseñanza acerca de la iglesia como la nueva sociedad en Cristo.

En esta sección del preámbulo:

> El pensamiento dominante es la economía de la redención o el plan divino de salud, por el cual Dios, desde toda la eternidad, determinó salvar a la humanidad. El apóstol atribuye a Dios Padre la gloria y la iniciativa de este plan de salud universal (vv. 3-4), plan que se realiza en Cristo y por Cristo (vv. 5-7), y al que el Espíritu Santo contribuye con su gracia santificadora (vv. 13-14) (Turrado 1965:565).

Del preámbulo se afirma, además, que:

> No hay pasaje en los escritos paulinos de mayor peso en verdad salvífica que este. Cada versículo está repleto de intuiciones majestuosas de las potentes acciones salvadoras de Dios para cada miembro de la raza de Adán. En una larga frase que incluye todos estos versículos, el apóstol toca cada aspecto de la experiencia de salvación (Taylor 1992:153).

¡Alabado sea el Señor! (1.3)

Las palabras con las que comienza Efesios 1.3: «Bendito sea el Dios y Padre de nuestro Señor Jesucristo…», conectadas con las bendiciones que él nos concede «según el puro afecto de su voluntad» (1.5), son una invitación a adorar al Señor en todo tiempo reconociendo su amor gratuito, imparcial y universal. Un amor incomparable, permanente y transformador que dinamiza todas las dimensiones de la vida de los creyentes, para que honren a Dios en todo tiempo y sirvan al prójimo sin retaceos ni excusas de ninguna índole.

Al inicio de esta bella doxología espontánea, Pablo se refiere a los bienes espirituales que el Señor en su bondad ha concedido a los discípulos: «...que nos bendijo con toda bendición espiritual...». La referencia es a bienes espirituales que les ha dado, no tanto porque sean merecedores de esas bendiciones, sino porque en su amor gratuito, imparcial y universal, les concede estos dones y favores. Los discípulos disfrutan de esas bendiciones, no por lo que ellos son en las sociedades en las que viven o por sus posesiones materiales, sino porque pertenecen a Cristo y a su reino de vida plena y abundante. Estas bendiciones:

> Se relacionan con el pasado (*antes de la fundación del mundo*, v. 4), el presente (lo que *tenemos* en Cristo ahora, v. 7) y el futuro (lo que *esperamos en Cristo*, v. 12). La bendición pasada es "elección"; la presente "adopción" como hijos de Dios; y la futura "unificación" cuando todas las cosas estarán unidas bajo Cristo (Stott 1987:36).

De las palabras iniciales de la doxología se puede deducir que, alabar y honrar a Cristo en todo tiempo, tiene que ser una expresión de gratitud, dependencia y compromiso. Los discípulos tienen que alabar a Cristo, no de manera mecánica o por simple compromiso, sino en forma libre, espontánea y genuina. De esa manera reconocen, afirman y confiesan que toda su vida, sus posesiones, su familia, su trabajo, sus relaciones humanas y todos sus logros materiales, le pertenecen a él y son expresiones de su bondad, fidelidad, misericordia, compasión y justicia.

Unidos a Pablo, los discípulos de todas las épocas, pueden exclamar también: «Bendito sea el Dios y Padre de nuestro Señor Jesucristo, que nos bendijo con toda bendición espiritual en los lugares celestiales en Cristo» (1.3). Pueden expresar estas palabras como una oración personal y comunitaria, como una doxología, porque las bendiciones no proceden de ninguna figura religiosa o de las buenas prácticas religiosas, sino de Cristo, y porque ellos están «en Cristo». En consecuencia, al unísono, como pueblo de Dios en misión, los creyentes tienen que exclamar con gratitud, alegría y esperanza: *¡Alabado sea el Señor!* Así tendría que ser siempre, cualquiera sea el momento histórico en el que los creyentes se encuentren, porque en Cristo son libres para vivir en paz consigo mismo y con el prójimo, y para ser embajadores de su paz en todos los lugares en lo que se movilizan. Y, además, porque de esa realidad y de esa vocación de ser embajadores y artesanos de la paz de Dios, brota siempre un canto de alabanza.

Elegidos para ser santos (1.4)

En Efesios 1.4, haciendo eco de Efesios 1.1 en el que se llamó santos a los discípulos a quienes la carta está dirigida, Pablo trata sobre el amor eterno de Dios y de cómo Dios en su amor les escogió para formar parte de su pueblo y para caminar en obediencia todos los días: «según nos escogió en él antes de la fundación del mundo, para que fuésemos santos y sin mancha delante de él». Una precisión, sin embargo, se hace necesaria: «Una persona es un *santo* en el sentido del Nuevo Testamento no ya por la grandeza de su buen alcance espiritual, sino por la realidad de su devoción cristiana» (Mackay 1964:173). Es así porque:

> Los santos en el Nuevo Testamento no son gentes que se distinguen por sus prácticas ascéticas en el dominio de sus cuerpos, ni tampoco por la capacidad espiritual en lo de hacer sus vuelos o sus éxtasis místicos. Son ellos simple y solamente, como se les ha llamado *hombres y mujeres de Cristo*. Con su sentimiento pertenecen a Cristo, reconocen el privilegio y aceptan la obligación de llevar a cabo en sus vidas las máximas aplicaciones de ser cristianos (Mackay 1964:173).

De acuerdo con el autor de Efesios, antes que el mundo fuese creado, Dios nos escogió en Cristo para ser parte de su pueblo santo, la iglesia, la nueva humanidad.[6] No fuimos nosotros los que elegimos conocerle, amarle y obedecerle. Él mismo, por su misericordia infinita, nos eligió, rescató, transformó e integró su pueblo, a la iglesia, el cuerpo de Cristo. La iniciativa siempre es de Dios, no de ninguna agencia humana, ni de algún poder religioso en particular. Dios actúa en la historia, en Cristo, para reconciliarnos con él. La elección «nos recuerda que Dios el Padre nos elige para ser suyos y para cumplir su propósito en el mundo. Tal acción se debe a su decisión soberana y excluye cualquier

---

6 En la carta a los Efesios «se usa catorce veces el término *santos*, más que en cualquier otra epístola, exceptuando Rom, que es mucho más larga» (Grassi 1986:228).

idea de méritos humanos… Es, pues, expresión de la *gracia* de Dios»
(Ávila 2018a:93).

Toda la Biblia y, especialmente el Nuevo Testamento, da testimonio
de que los creyentes (hombres y mujeres) han sido rescatados,
separados, dedicados o consagrados, para servir al Señor. ¡Elegidos
para ser santos! Esta es la afirmación paulina, tal como lo afirma, tanto
en este pasaje (1.4), como al inicio de la carta (1.1).

Es oportuno, por lo tanto, plantear preguntas de reflexión para
la acción personal y comunitaria como, por ejemplo, ¿por qué una
persona que ha sido salvada por Cristo e integrada a la nueva sociedad
que él está forjando (la iglesia), tiene que ser un ejemplo público de
compromiso con la verdad, la paz y la justicia, en lugar de apoyar o
justificar la mentira, la violencia, la injusticia y la impunidad? ¿Por qué
tiene que ser siempre pregonero de la justicia de Dios y un embajador
de la paz de Dios? La razón particular, como se afirma en el primer
capítulo de la carta, es porque la unidad:

> …que Dios desea para todo el universo… se hace visible
> históricamente en una comunidad en donde la reconciliación
> de judíos y gentiles con Dios y la reconciliación de los dos
> pueblos entre sí es posible sobre la base de la obra de Cristo
> (Padilla 2012:229).

La iglesia, consecuentemente, no puede aislarse de la realidad histórica
en la que se encuentra como una comunidad de personas reconciliadas
que tiene un mensaje que proclamar en la plaza pública. Es al interior
de esa realidad, con todos sus hervores, problemas y exigencias, que está
llamada a proclamar, con palabras y con gestos concretos de solidaridad con el prójimo, el mensaje liberador del evangelio. La fe cristiana,
por tanto, se vive en la historia y no al margen de esta, se vive en la
cotidianidad del peregrinaje humano, se vive en todas las complejidades
de la existencia humana. En tal sentido, no es posible, como tampoco
deseable, una fe ahistórica, de catacumba o ultramundana.

Dios y nosotros (1.5)

Dios en su gran misericordia nos ha separado, elegido, consagrado,
desde la eternidad, para formar parte de su pueblo, el cuerpo de
Cristo, la comunidad del Espíritu Santo: «en amor habiéndonos

predestinado para ser adoptados hijos suyos por medio de Jesucristo…». Él nos adoptó, nos hizo suyos mediante Jesucristo, y nos apartó para su servicio. Dios, como Padre amoroso, tierno y justo, nos recibió como hijos y espera que seamos fieles a nuestra vocación en la historia. En otras palabras, Dios espera que personal y colectivamente demos cuenta de nuestra pertenencia a él, de nuestra identidad como sus hijos apartados para servirle a él en todas las encrucijadas de la vida.

Pablo enfatiza además que la salvación que disfrutamos actualmente no depende de las buenas intenciones, la voluntad humana, la práctica de buenas obras, la capacidad de comunicación, la experiencia o los saberes, o de las buenas relaciones humanas que establecemos. Para Pablo la salvación es pura gracia, gratuita e imparcial, que no la merecemos, pero que Dios nos otorga «según el puro afecto de su voluntad». Se puede afirmar, entonces, que «la elección y la predestinación por parte de Dios no se deben a mérito humano, sino que tienen su origen sólo en la voluntad soberana de Dios, en su bondad y amor» (Erdman 1975:30). ¡Pura gracia! Pero es una gracia que siempre la necesitamos, porque cada día y en cualquier situación en la que nos encontremos, dependemos de ella y actuamos por ella con fe, amor y esperanza.

Dios nos ha amado y nos ama, y por su amor, le ha placido escogernos desde la eternidad para ser sus hijos y para pertenecer a la iglesia, su cuerpo, la comunidad de Cristo. Su amor es redentor y transformador. Es redentor porque nos libera de la potestad del diablo que nos tenía bajo su dominio y en esclavitud. Es transformador porque cambia completamente toda nuestra vida para que nuestros pensamientos, sentimientos y acciones estén orientados a la práctica de buenas obras en beneficio del prójimo y para honrar a Dios.

Ese amor redentor y transformador debe expresarse, no solo en la vida familiar o privada, sino además en la vida vecinal, laboral y ciudadana. Es así, porque los «cristianos no llegan a ser *hijos de Dios* por sus obras, pero será por sus obras solamente por lo que hayan de probar ser *hijos de Dios*» (Mackay 1964:135). Dicho de otra manera, aunque las buenas obras no salvan, sin embargo, ellas dan cuenta de la acción transformadora de Dios en nuestra vida.

La voluntad de Dios (1.6-10)

En la plenitud del tiempo (*kairós,* tiempo crucial, oportuno, decisivo),[7] cuando así lo determinó en su soberanía, Dios dio a conocer el «misterio de su voluntad» (1:9) a través de Cristo, según la cual, finalmente, la reconciliación de razas, pueblos, culturas y la creación entera sería una realidad visible, y la iglesia se constituiría en signo concreto, inocultable, de esa reconciliación.[8] La iglesia, la nueva humanidad en Cristo, la comunidad de reconciliados en Cristo y por Cristo, es señal patente de esa realidad al interior de la historia humana.

Habría que aclarar, sin embargo, que, desde la perspectiva del Nuevo Testamento, «misterio es algo oculto a los paganos, pero claro para los cristianos; es un secreto cuyo significado ha sido revelado» (Barclay 1973:90). Esto explica la razón por la cual la carta a los Efesios acentúa que, según la voluntad de Dios, se «restauraría la armonía en un mundo en desorden» (Ladd 1982:386), aboliéndose «la distinción entre judíos y gentiles en el cuerpo de Cristo, la iglesia» (Ladd 1982:392). Es así, porque «la meta final del ministerio redentor de Cristo es restaurar el orden y la unidad en todo el universo que ha sido trastornado por el pecado» (Ladd 1984:546).

Acerca del propósito de Dios «de reunir todas las cosas en Cristo… así las que están en los cielos como las que están en la tierra» (Ef 1.10), se subraya que la muerte de Cristo en la cruz fue el precio que se pagó para nuestra liberación y la liberación de toda la creación. Dios hecho Hombre, pagó un altísimo precio por nuestra redención: «en quien tenemos redención por su sangre, el perdón de pecados según las riquezas de su gracia» (1.7). Cristo entregó su vida en la cruz por nosotros para que, habiéndole aceptado como Salvador y Señor, disfrutemos de una vida completamente distinta a la anterior, una vida transformada que se disfruta en el presente histórico. En consecuencia,

---

7 El «término traducido por "tiempo", *kairós,* no se refiere simplemente al discurrir del tiempo, como sería *chronos.* Alude a una nueva era que Dios actuará con la plenitud de su poder» (Grassi 1986:230).

8 Para Pablo «el misterio se refiere al oculto designio de Dios en relación con su obra de salvación en la historia» (Ridderbos 2000:61). Misterio «significa, según el uso del Nuevo Testamento, no algo que no se puede conocer, sino algo que en otro tiempo estuvo oculto pero que ya ha sido revelado» (Erdman 1975:33).

si Dios nos ha transformado, se espera que nuestra conducta personal, familiar y pública, sea ejemplar como señal de la novedad de vida que la buena noticia del reino de Dios produce aquí y ahora.

La gratuidad, imparcialidad y universalidad del amor de Dios son dimensiones de su gracia, del amor inmerecido que tiene por nosotros, amor que se mostró claramente cuando entregó voluntariamente su vida en la cruz. La salvación, sin embargo, no es solo personal, sino también cósmica, social y política. Dios se ha propuesto liberar, no solamente a los seres humanos, sino también a la creación entera, es decir, «reunir todas las cosas en Cristo… así las que están en los cielos, como las que están en la tierra» (1.10). En otras palabras:

> Es el designio de Dios reunir a toda la creación bajo el señorío de Cristo (Ef 1.10), y llevar a la humanidad y a toda la creación a la comunión. Como reflejo de la comunión en el Dios uno y trino, la iglesia está llamada a ser el instrumento en el cumplimiento de esta meta. La iglesia está llamada a manifestar la misericordia de Dios hacia la humanidad y a restaurar el propósito natural de la humanidad: alabar y glorificar a Dios junto con todas las huestes celestiales. Como tal, no es un fin en sí mismo, sino un don dado al mundo para que todos crean (Jn 17.21) (wcc/Faith and Order 1998:15).

La intención de Dios es «crear una comunidad universal de los hombres en Cristo» (Grassi 1986:229), un «compañerismo de los elegidos… independientemente de su condición social, educación, riqueza o raza» (Ladd 1984:543) con el fin de «dar nuevas esperanzas a un mundo dividido por las fronteras de la raza, el color, la cultura o las divisiones políticas, haciendo posible una unidad entre los hombres por Cristo» (Grassi 1986:230), para que todo vuelva a ser como fue al principio; armonía, paz, belleza, bondad, libertad, justicia. Todo el orden creado será completamente liberado para que esté al servicio de Dios y de su propósito de vida plena e integral.[9] Este propósito:

---

9 Acerca del propósito salvífico integral de Dios se precisa que: «Es la voluntad de Dios que toda la creación, no sólo la iglesia, sino todos, [estén en] comunión en Cristo (Ef 1.10; 4.1-16). La iglesia, como comunión, es instrumental para el objetivo final de Dios. Existe para la gloria de Dios, para servir en obediencia a la misión de Cristo: la reconciliación de la humanidad» (wcc/Faith and Order 1998:26).

> …está todavía por consumarse. Sin embargo, *ya*, en anticipación del fin, ha sido creada una nueva humanidad en Cristo Jesús y los que son incorporados a ella forman una unidad en la cual desaparecen todas las divisiones que separan a la gente en la vieja humanidad. La unidad original de la raza humana es así restaurada, y el propósito unitivo de Dios en Cristo Jesús se hace visible históricamente (Padilla 2012:232).

Teniendo en cuenta la situación actual de las sociedades humanas en las que la corrupción, la violencia institucionalizada y distintas formas de exclusión y marginación predominan, las iglesias y los discípulos tienen que luchar frontalmente contra todas las violencias. Violencias que afectan a las personas, las sociedades y el medio ambiente: explotación indiscriminada de los recursos naturales, marginación y exclusión de personas, pobreza, racismo, feminicidios, entre otros males contemporáneos.

Esta es la vereda colectiva por la que se tiene que andar, fundamentalmente, porque Dios quiere liberar a toda la creación de las consecuencias del pecado personal, social y estructural. Quedarse callados, o encerrarse en los templos, no es una opción cristiana. Menos aún, apoyar, justificar o legitimar, con nuestro silencio y pasividad, las diversas violencias que atentan contra la dignidad de los seres humanos como creación de Dios y que depredan los recursos naturales no renovables.

Los cristianos tenemos que ser personas amantes de la paz y evitar toda forma de violencia, sin embargo, esto no significa silencio o pasividad cuando peligra la vida y la dignidad humana, o cuando se arrasa con los bienes de la creación. La iglesia, como la nueva sociedad en Cristo, jamás debe permanecer callada cuando las fuerzas de la muerte actúan impunemente para amordazar, silenciar, perseguir, amenazar y asesinar a quienes apuestan firmemente por la vida y la justicia del reino.

Creer para vivir (1.11-14)

Dios en su amor nos ha escogido para que seamos parte de su pueblo. Nos ha separado desde la eternidad, para ser parte de la iglesia: «En él asimismo tuvimos herencia, habiendo sido predestinados conforme al propósito del que hace todas las cosas según el designio de su voluntad» (1.11). La salvación no es, por tanto, logro humano, sino iniciativa divina y dádiva de Dios. ¡Es pura gracia! A nosotros nos corresponde, además de oír «la palabra de verdad, el evangelio de [nuestra] salvación», creer «en él» (1.13). ¡Creer para vivir plenamente!

Luego de aceptar la buena noticia de salvación, pertenecemos a Cristo, y fuimos sellados con el Espíritu Santo: «…fuisteis sellados con el Espíritu Santo de la promesa» (1.13). La presencia del Espíritu en nuestra vida asegura y garantiza que somos propiedad exclusiva de Dios y, en consecuencia, miembros del cuerpo de Cristo, la iglesia. Es así, porque «habiendo oído la palabra de verdad» y «habiendo creído» esa palabra, «fuimos sellados con el Espíritu Santo», es decir, creímos para vivir de manera distinta a nuestra anterior forma de vida. ¡Hemos sido transformados por la gracia de Dios! ¡Ahora pertenecemos a Cristo! El sello en el primer siglo:

> …era señal de propiedad; era marca de protección; era rúbrica de validez. Lo que aquí se enfatiza es el hecho de que el don… del Espíritu Santo era señal de que los gentiles, tanto como los creyentes judíos, pertenecían al pueblo de Dios, a la iglesia de Cristo. Sin embargo, este don del Espíritu Santo era además de garantía de su salvación… era también sello de su filiación divina (Erdman 1975:35).

Dios pagó un alto precio por nuestra salvación. En consecuencia, todos los discípulos de Cristo, como templos del Espíritu Santo, tienen un valor incalculable e irrenunciable, por lo que Cristo hizo en la cruz. Como templos del Espíritu Santo, tienen que amar a Dios sobre todas las cosas y al prójimo como a sí mismos, y vivir conforme a las exigencias de la vida «en Cristo» en todas las veredas sociales, culturales, religiosas o políticas en las que anden. En otras palabras, porque creyeron en la buena noticia de salvación, pasando de muerte a vida, tienen una inmensa responsabilidad personal y colectiva, privada y pública: andar en la historia como es digno de su llamado y vocación (4.1). Esto exige coherencia, integridad, solidaridad, bondad, justicia, reconciliación, perdón, paz, entre otras buenas prácticas que los discípulos tienen que encarnar cada día en los diversos espacios en los que se movilizan.

Vivir como cristianos

La invitación de la carta a los Efesios es a vivir como cristianos en todas las fronteras de la vida humana. El problema es, sin embargo, que no siempre vivimos como cristianos, sobre todo, cuando peligran nuestros intereses personales, familiares, económicos, políticos o religiosos. A menudo nos olvidamos, entonces, que estar en Cristo exige andar como cristianos cualquiera sea la realidad en la que nos encontremos, incluso en situaciones límite como, por ejemplo, situaciones de violencia e injusticia. Pero un rastreo de la historia de la iglesia cristiana y de nuestra historia de vida, indicará que no siempre hemos sido fieles a nuestra vocación histórica como pueblo de Dios en misión. Indicará que, con frecuencia. traicionamos nuestra fe arrasando pueblos desprotegidos, asesinando a seres humanos indefensos y depredando los bienes de la creación, pensando únicamente en nuestros intereses personales y colectivos mezquinos.

¿Qué nos pasó? ¿Por qué actuamos de esa manera, hipócritamente, abusivamente? Los intereses egoístas, el afán de lucro, la búsqueda de dinero fácil, el lujo desmedido, nos condujo por mal camino. Acumulamos riquezas, ninguneamos al prójimo, estigmatizamos a personas indefensas y vulnerables, y aprovechamos las ventajas materiales que tenemos para apropiarnos de bienes ajenos y de seres humanos desprotegidos. Usamos el poder de las armas, de la política, de la ideología y de los medios de comunicación, para mantener postrados a miles de excluidos y marginados. Es una triste y lamentable historia que visibiliza la condición humana, dominada por nuestras pasiones, instrumentada por «el príncipe de la potestad del aire, el espíritu que ahora opera en los hijos de desobediencia» (2.2).

Ante este cuadro innegable de opresión y explotación, de pisoteo de la dignidad humana de las personas vulnerables, jamás tenemos que olvidar que vivir como cristianos demanda que, en cada tramo y vereda de la vida, seamos capaces de andar «como es digno de la vocación» con la que fuimos llamados (4.1) y recordar que tenemos que comportarnos como «hijos de luz» (5.8). Es decir, traducir o visibilizar la fe cristiana en acciones concretas de amor, verdad, justicia, reconciliación y paz, incluso, así nuestra integridad física y nuestra vida estén en peligro. De esa manera, seguiremos el ejemplo de Aquel que nos enseñó a dar la vida por los demás, a amar al prójimo hasta las últimas consecuencias, a velar sin retaceos por el bien del prójimo postrado, ninguneado, pisoteado y desechado.

La oración cristiana (1.15-23)[10]

En esta sección de la carta, seguida a la doxología, destaca la oración que Pablo hace en favor de la salud integral de los discípulos a quienes se dirige: «no ceso de dar gracias por vosotros, haciendo memoria de vosotros en mis oraciones» (1.16). Un poco más adelante (3.14-21), retoma nuevamente su oración en favor de los destinatarios de la carta, con una expresión bastante sugerente que visibiliza, además, su profunda espiritualidad: «Por esta causa doblo mis rodillas ante el Padre de nuestro Señor Jesucristo» (3.14).

La oración de Pablo tiene tres características pastorales y misioneras bastante valiosas y conectadas íntimamente entre sí. Estas características expresan claramente la ternura de su corazón pastoral asentada sobre una espiritualidad integral:

a) Pablo, como un buen pastor, tiene siempre presente en su memoria a los creyentes de Éfeso e intercede constantemente por ellos (1.15-16).

---

[10] Acerca de la oración en Efesios y en las otras cartas paulinas se subraya que «Las oraciones ocupan un papel importante en el argumento y en la estructura de las cartas paulinas. No se tiene un tratamiento sistemático del tema de la oración en estas cartas, sin embargo, la mayoría de ellas comienzan o terminan con un elogio, una doxología, una oración, una acción de gracias o un deseo de oración (…) El papel central de la oración en la teología paulina está bien ilustrado por la carta a los Efesios, que contiene varias secciones de oración, posiblemente, incluso, algún material litúrgico. Algunos eruditos incluso argumentan que la primera mitad de la carta (caps. 1-3) puede tomarse como una acción de gracias extendida. Esta sección está en paréntesis entre un elogio introductorio bastante elaborado (1.3-14) y una doxología final (3.20-21). En el medio, se tiene, al menos dos, acciones de gracias y oraciones integrales en 1.15-23 y 3.14-19» (Tellbe 2014:115-116).

b) En su oración intercesora pide sabiduría para que comprendan la esperanza que jalona la vida cristiana y el poder que acompaña su testimonio personal y comunitario (1.17-19).

c) Les recuerda que Cristo es Señor de todo y de todos, y que la iglesia de la que forman parte es expresión visible de su señorío sobre toda la realidad creada (1.20-23).

En consecuencia, la iglesia como cuerpo de Cristo, tiene la responsabilidad de proclamar, con palabras y obras, el señorío de Cristo sobre toda la creación. Tiene que ser así porque: «La obra redentora de Cristo no se manifiesta sólo en la formación y llenura de su cuerpo, la iglesia; [él] también llena toda la creación, su poder sustentador y preservador es tanto para la iglesia como para el mundo» (Turaki 2006:1455). Esta tarea irrenunciable, exige que los creyentes reflejen en su vida personal, familiar y pública, los valores del reino de Dios aquí y ahora, al interior de la realidad histórica en la que están presentes como primicias de la nueva humanidad en Cristo. En tal sentido, según Pablo, la iglesia para que cumpla su vocación histórica:

> …recibe de Dios (aquel que lo llena todo por completo) todo lo necesario (la plenitud) para constituirse en señal que manifiesta anticipadamente lo que él se ha propuesto hacer con toda su creación por medio de Jesucristo "cuando se cumpliera el tiempo" (1.9-10) … (Padilla 2019:1535).

En esta oración se afirma, además, que Cristo es Señor soberano sobre todos los poderes visibles a invisibles: «sobre todo principado y autoridad, y poder y señorío, y sobre todo nombre que se nombra, no solo en este siglo, sino también en el venidero» (1.21). ¡Cristo es el Señor, proclama Pablo! Nadie más, aparte de él, es el Señor de la iglesia y de la historia, Señor de todo el orden creado. En tal sentido, aparte de Cristo, la iglesia y los creyentes, no tienen otro señor y a nadie le deben lealtad absoluta e incondicional.

¿Qué se deduce de este llamado paulino? La confesión pública de Cristo, como Señor soberano[11] de toda la creación, de creyentes y no

---

[11] En cuanto al señorío de Cristo sobre toda la creación, incluida la iglesia como la realidad alternativa que Dios está forjando en Cristo, se señala que: «En la carta a los

creyentes, de la vida privada y de la vida pública de todas las personas, de todas las estructuras de poder, tiene que seguir siendo la afirmación de fe fundamental de los creyentes de todos los tiempos. ¡Cristo es *Kyrios* (Señor)! fue el centro del *kerygma* (proclamación) de la primera generación cristiana y siempre tiene que ser el centro de toda confesión y militancia cristiana en la historia.

La confesión de Cristo como Señor viene a ser, por lo tanto, un llamado a afirmar la identidad cristiana en medio de tantos ídolos que los seres humanos manufacturan a su antojo (fútbol, dinero, trabajo, tecnología, posesiones materiales, familia, política, etc.), sin dejar que ninguna fuerza humana o los operadores humanos del «príncipe de la potestad del aire» (2.2), les aparten de su compromiso con Cristo, su único Señor. Aquí es necesario recordar que la carta fue escrita para cristianos con un pasado pagano que tenían que encarar los desafíos éticos que la sociedad circundante les planteaba día a día.

Es probable que más de uno de los creyentes de Éfeso, incluida su familia, haya participado antes de su conversión en el culto a Artemisa, diosa principal de Éfeso y en el culto al emperador romano. Es importante, entonces, conocer el contexto sociorreligioso de Éfeso, una ciudad que tenía una diversidad de creencias religiosas y en la que predominaba el culto a Artemisa:

> Es instructivo notar que el culto a Artemisa, tal como se practicaba en Éfeso, [era] de un tipo oriental. Al igual que la Astarté fenicia o siria, con quien parece haber sido identificada, la diosa era honrada como fuente de fertilidad y patrona de la propagación [humana]. Puede imaginarse cuán repugnantes eran las orgías sancionadas bajo tales auspicios y, lo peor de

---

Efesios y a los Colosenses el señorío de Cristo sobre la creación visible e invisible se expresa mediante la imagen de la ... [cabeza]: *Cristo es la cabeza de todo principado y toda autoridad* (Col 2.10. *Cuando se cumplieron los tiempos, Dios decidió recapitular todas las cosas en Cristo [=unificarlas bajo una sola cabeza...], las que están en los cielos y las que están sobre la tierra* (Ef 1.10). Pero, al mismo tiempo, Cristo aparece en estas dos cartas como *cabeza de la Iglesia* (Col 1.18; Ef 1.22), dato importante para precisar las relaciones entre el señorío de Cristo sobre la iglesia y su señorío sobre el mundo. Cristo reina sobre la creación entera, pero lo hace también de un modo especial sobre esta pequeña Iglesia terrena» (Cullmann 1998:302).

todo, sancionadas en el ultrajado nombre de la religión… Y en un suelo tan agradable, como podría haberse anticipado, todo tipo de abominación, ya fueran malabarismos u obras positivas del diablo, florecieron como en un invernadero. Fue en esta atmósfera profundamente viciada, donde la hechicería o las artes de la astuta ilusión contaminaron el mismo aire, que el intrépido apóstol, poderoso por la fe para derribar las fortalezas satánicas, había plantado tan firmemente la bandera de la cruz (Simpson y Bruce 1957:16-17).

Del culto a Artemisa en esta ciudad y sus alrededores, se precisa, además:

Artemisa, una diosa de gran renombre, fue honrada con lugares de culto en muchos de los miles de pueblos y ciudades del Imperio Romano. Su templo principal, el Artemision, estaba ubicado a unos dos kilómetros del centro de la ciudad de Éfeso (…) Lo que está claro es que la ciudad de Éfeso se tomó muy en serio la responsabilidad de honrar a Artemisa. Ella fue la fundadora de su ciudad. Su imagen apareció en muchas de las monedas de la ciudad y su nombre fue invocado en numerosos documentos oficiales. Artemisa salvó a los necesitados y era conocida como la protectora de las mujeres en el parto. Las abejas que adornan su falda en sus numerosas estatuas enfatizaban sus poderes especiales (…) Dos fiestas anuales determinaban el año litúrgico de la ciudad. En uno de los festivales, la Artemisia, incluía no solo competencias de atletismo y artes, sino también un ritual de emparejamiento en el que hombres y mujeres jóvenes encontraban a sus parejas… La preocupación de Pablo por la inmoralidad sexual dentro de la comunidad de Éfeso es comprensible, dado el ambiente erótico de las celebraciones [en honor] de Artemisa. Además, la sanción de Pablo contra la codicia podría estar directamente relacionada con las suntuosas vestiduras que se usaban en honor a la diosa (Cohick 2020:34-36).

Es importante, por tanto, subrayar lo siguiente sobre los destinatarios de la carta y los desafíos éticos que enfrentaban día a día:

> …los destinatarios son principalmente gentiles. Pablo usa "nosotros" y "vosotros" cuando desarrolla sus argumentos, declarando que "vosotros seguisteis el camino de este mundo" (2.2), y "vosotros… sois gentiles por nacimiento" (2.11). Pablo distingue claramente entre los gentiles que tienen el entendimiento entenebrecido e ignoran los caminos de Dios (4.17-18) y aquellos que ahora se acercan a Dios a través de Cristo (2.17-18). Los destinatarios son gentiles que antes practicaban el paganismo y que ahora siguen a Cristo, pero que no han aceptado los ritos judíos de la circuncisión, las leyes alimentarias, el descanso sabático y otros signos de identidad del judaísmo del Segundo Templo (…) [En la carta] hay indicios de prácticas culturales gentiles o paganas, creencias que continuaron influyendo en la comunidad. Puede ser que al menos algunos efesios estuvieran escuchando un mensaje alternativo y [fueran] atraídos por prácticas que Pablo consideraba sexualmente inmorales y codiciosas (5.6). Y tal vez la congregación necesitaba reafirmación del poder supremo de Dios sobre todas las autoridades del universo. Este temor estaba muy extendido entre la población pagana y, según Hechos 19, parece haber tenido un dominio especial en Éfeso (Cohick 2020:25-26).

Teniendo en cuenta este contexto sociorreligioso, se puede afirmar que esta sección de la carta trata sobre una oración en la que se le recuerda a la iglesia a que sea coherente y consecuente con su vocación y testimonio como la nueva humanidad en Cristo, es decir, Pablo «ora para que la iglesia conozca y sea lo que ya es en Cristo» (Molas 2014:x). Identidad y compromiso, por tanto, están íntimamente conectados. Identidad y compromiso cristiano que se viven, no en un vacío histórico o al margen de la historia, sino en realidades en las que se entrecruzan y coexisten una diversidad de creencias y prácticas religiosas y políticas que moldean la conducta personal y colectiva de las personas y las familias.

Doxología y oración militante

La alabanza a Dios y la oración cristiana no brotan en el vacío, desconectadas del día a día, aisladas del presente histórico. Tampoco son neutrales, ambiguas o asépticas. Alabamos a Dios desde la cotidianidad, desde la hondura de la vida, desde nuestras luchas y esperanza, alegrías y tristezas, dudas y certezas, cantos y duelos, preguntas y reclamos. Y la oración aflora desde nuestra fragilidad humana, desde nuestros miedos y fortalezas, desde nuestras inquietudes, nuestros saberes, y las experiencias dolorosas o placenteras. Canto y oración, exclamación de júbilo y confesión, fiesta y lamento, nacen desde una realidad de miseria y muerte, pero también desde una realidad de lucha y esperanza.

Alabar a Dios y dialogar con él, no son vías escapistas, secuestro ideológico o alienación de la realidad. Para un creyente, además de disciplinas espirituales, son medios de testimonio cristiano, afirmación del triunfo de la vida sobre la muerte, proclamación personal y comunitaria de una fe en Dios que no se desvincula de la realidad, sino que se inserta militantemente en ella. En tal sentido, una doxología y una oración militante, va más allá de una mera práctica religiosa o de un recurso al que se apela cuando uno se encuentra en peligro o en desventaja. Una doxología y una oración militante parten de la realidad histórica o contexto de misión y acción pastoral, responden a la misma, y se comprometen en la lucha por la verdad, la justicia, la reconciliación y la paz.

Una doxología y una oración militante, enraizada en la historia, da cuenta de todo el consejo de Dios a todos los pueblos, culturas y naciones. Un canto de alabanza y gratitud, así como un diálogo con Dios desde la hondura de la vida, jamás subasta su mensaje de vida y justicia, nunca convierte al evangelio en mercancía al servicio de los poderes fácticos, no se deja seducir por el poder y no convierte a las iglesias en instrumentos serviles al sistema o en legitimadoras del régimen político de turno.

Tiene que ser así, porque el canto, la alabanza y la oración cristianas, no son opio para el pueblo, prácticas religiosas ahistóricas o formas de evasión de la realidad. Se trata más bien de expresiones de liberación integral, proclamación pública del señorío de Cristo sobre toda la realidad creada, formas militantes de encarar el presente y de afirmar que la esperanza cristiana no se encapsula en una mediación social o política, así sea esta la más fina elaboración teórica, sino que la trasciende, sin que esto signifique, necesariamente, inmovilidad social y política. ¿La razón? Tiene que ser así, porque la fe cristiana se anuncia y se vive en la historia, conscientes de nuestras propias limitaciones, pero animada por una firme esperanza: el reino de Dios y su justicia.

Capítulo 3

La nueva sociedad en Jesucristo (2.1-3.21)

Los capítulos 2 y 3 de Efesios identifican y describen a la iglesia como una realidad alternativa o la nueva sociedad en Cristo conformada por personas que provienen de pueblos y culturas históricamente enemistados entre sí: judíos y gentiles. En Cristo y por Cristo la reconciliación de estos pueblos y culturas es una realidad histórica innegable, y la iglesia, como cuerpo de Cristo,[1] es la señal visible de esa nueva sociedad a la que se le presenta como «el grandioso proyecto de Dios en lo tocante a la humanidad» (Kobelski 2004:445).

La iglesia, entonces, tiene una dimensión, no solo privada, sino también pública, porque su presencia en la historia va más allá de la esfera religiosa de la experiencia humana. Dicho de otro modo:

> Ciertamente, la carta a los Efesios se ocupa de la organización interior de cada una de las casas de los creyentes (Ef 5.21-6.9), pero, al mismo tiempo, el texto afirma que *ekklesia* es la casa de Dios. A los receptores de la carta se les dice que ellos no son ya extranjeros ni huéspedes, sino ciudadanos, compañeros, de los santos y miembros de la casa de Dios (Ef 2.19; Gá 6.10; 1Ti 3.14-15). A pesar de que la *ekklesia* se reúne en casas individuales y utiliza, al mismo tiempo, la casa como lugar de

---

[1] De la iglesia, como cuerpo de Cristo, se afirma: «A través de la sangre de Cristo, el propósito de Dios fue reconciliar a la humanidad en un solo cuerpo a través de la cruz (Ef 2.11-22). Este cuerpo es el cuerpo de Cristo, la iglesia (Ef 1.23), Cristo es la cabeza permanente de este cuerpo y al mismo tiempo el que por la presencia del Espíritu le da vida, De esta manera, Cristo quien es cabeza de su cuerpo, dándole poder, dirigiendo y juzgando (Ef 5.23; Col 1.18), y es también uno con su cuerpo (1Co 12.12; Ro 12.5)» (wcc/Faith and Order 1998:13).

evangelización y modelo de su propia organización, la iglesia, tiene también claramente una dimensión pública. La casa de Dios se extiende mucho más allá de cualquier residencia particular, incluso más allá de cualquier ciudad, para abrazar a todo el mundo (Ef 2.10). La iglesia es una entidad dedicada a extenderse sobre judíos y gentiles; en esencia, ella pretende transformar la sociedad (MacDonald 2004).

Pablo comienza describiendo la trágica condición humana alejada de Cristo, enfatiza la gracia de Dios e indica que el misterio de Dios oculto durante siglos ha sido finalmente revelado. Subraya que la iglesia es signo, señal y medio a través de la cual se hace visible el propósito liberador de Dios para toda la creación. En estos versículos:

> Pablo utiliza un gran lente angular mientras describe la redención de los creyentes de sus vidas antes de la conversión a su realidad presente y su esperanza futura. Pablo enfatiza que la ubicación del creyente cambia a medida que se mueve de un reino a otro, y comienza a vivir dentro de dos tiempos horarios, el presente y el eterno. Pablo explica el proceso de salvación de Dios y, al hacerlo, revela el carácter de Dios como amoroso, misericordioso, y lleno de gracia y bondad (Cohick 2020:140).

Desde la perspectiva teológica del autor de la carta, en la iglesia los muros de separación que dividían a pueblos y culturas se han roto definitivamente. Ahora, por la gracia de Dios, judíos y gentiles forman un solo pueblo en el que no existe ninguna forma de marginación o discriminación. Quienes forman parte de la iglesia son conciudadanos y miembros de la familia de Dios, nadie es forastero o apátrida, un extraño o un paria, un advenedizo o un indeseable. Todos tienen en Cristo la misma dignidad, el mismo valor, la misma responsabilidad y los mismos privilegios. A esta nueva humanidad, signo y señal de la acción histórica de Dios en favor de los seres humanos, el «Señor de la luz y la vida los ha conducido de una región de sombra de muerte a un mañana en expansión» (Simpson y Bruce 1957:46). En otras palabras, los miembros de esta nueva humanidad pasaron de una situación de muerte a una realidad de vida plena y abundante.

Una predicación que incomoda

La proclamación pública de la buena noticia del reino de Dios, la predicación cristiana, siempre es anuncio y denuncia. La iglesia anuncia la presencia del Mesías Jesús de Nazaret en la historia: su encarnación, crucifixión, resurrección, ascensión y la promesa de su regreso. Es una verdad pública que tiene que ser proclamada en la plaza pública, sin miedos ni ambigüedades, con coraje y coherencia. Una verdad pública que se proclama con palabras y que se expresa en el amor al prójimo. Pero, simultáneamente, es también denuncia. Denuncia profética pública de los pecados personales, sociales y estructurales. Denuncia profética pública que no entra en componendas con nadie, no se amilana ante ningún poder, y no se subasta en el mercado religioso.

En la carta a los Efesios, Pablo anuncia y denuncia que los poderes que oprimían a los habitantes de esa enorme metrópoli del primer siglo, centro de culto a Artemisa o Diana, lugar en el que la religión y el comercio iban de la mano, han sido derrotados por el Mesías crucificado y resucitado. Una realidad alternativa, radicalmente distinta a la sociedad predominante, se ha instalado en la historia: la iglesia, la nueva humanidad en Cristo, una nueva sociedad en la que todos tienen cabida, son acogidos, y se convierten en ciudadanos plenos del reino de Dios.

En Efesios se afirma que el «príncipe de la potestad del aire» (2.2) que instrumentaba a personas y estructuras de poder con el fin de sembrar injusticia y violencia, para controlar vidas y prácticas religiosas (culto de Artemisa y culto al emperador romano, entre otras), está vencido. Cristo en la cruz ha desmantelado su poder (Gá 2.13-15). El diablo y sus huestes, aunque todavía actúan «en los hijos de desobediencia» (2.2), saben que la vida ha vencido a la muerte y que sus acciones de maldad e injusticia son contrarrestadas por las fuerzas de la vida.

Cuando en la proclamación pública del Evangelio se anuncia y se denuncia esta realidad, es decir, Cristo es el Señor y el diablo y sus operadores sociales, religiosos, políticos, económicos y militares, han sido vencidos; las fuerzas del antirreino intentarán silenciar nuestra voz, comprar nuestra conciencia, amenazar nuestra integridad física e, incluso, asesinarnos. Sin embargo, la semilla sembrada seguirá creciendo, y nadie —ninguna fuerza social, política, económica, religiosa, militar— podrá detener su avance en todas las veredas de la vida. Ciertamente se trata de una proclamación pública que incomoda a los poderes acostumbrados a enseñorearse impunemente, sin que nadie cuestione su predominio. Pero la novedad del Evangelio desmantela y desestructura esas pretensiones y desnuda sus mentiras y medias verdades.

Los cristianos, cualquiera sea la realidad política o religiosa en la que se encuentren, con la proclamación pública del Evangelio en el poder del Espíritu, tienen que seguir incomodando a los poderes —personas y estructuras— que se creen dueños de la verdad y que persiguen y silencian a quienes se atreven a desdecir la ideología sobre la que asienta su posición privilegiada temporal, pasajera, no eterna. Nosotros sabemos que el poder último lo tiene Dios y que el diablo y sus agentes no tienen poder propio, sino un poder conferido, concedido y perecible. Solo Dios es el Señor soberano del universo y de la historia. En esa verdad descansa nuestra fortaleza y esa verdad tienen que movilizar todas nuestras acciones, todos los días y en todas las circunstancias, incluso cuando la vida está en peligro. ¡Cristo es el Señor!

La condición humana y la gracia de Dios (2.1-10)

En esta sección de la carta, además de una «descripción demoledora de la condición humana apartada de Dios» (Stott 1987:69), sujeta a poderes que esclavizan a las personas y contaminan todas sus relaciones, se denuncia la forma cómo estos poderes contrarios a la justicia divina operan activamente en la historia para oponerse al propósito liberador de Dios. El autor de la carta considera al «demonio como un agente personal que trabaja para estimular y apoyar el mal que practican los incrédulos» (Grassi 1986:232). Se afirma, además, que «Pablo al igual que Jesús, tuvo una conciencia intensa del carácter personal de los poderes del mal en el universo. Él reconoció una estrategia organizada del mal» (Mackay 1964:217).

Una atenta lectura de estos versículos indica que Pablo:

> …no nos da un retrato de alguna tribu particularmente decadente o de algún segmento degradado de la sociedad, o del extremadamente corrupto paganismo de sus días. No; éste es el diagnóstico bíblico del hombre caído que vive en la sociedad caída, en todas partes del mundo (Stott 1987:69).

En Efesios el pecado «aparece por doquiera como hecho cósmico. El universo es la escena de una revuelta abierta contra la autoridad de Dios. Se le disputa el señorío al Todopoderoso y un conflicto espiritual se enfurece y brama» (Mackay 1964:37). Esta realidad explica la razón por la que el capítulo 2 «está lleno de fuertes contrastes entre la debilidad humana y el resultado de la intervención del poder de Dios» (Grassi 1986:232). Los seres humanos, aunque físicamente vivos, están en realidad muertos, debido a sus «delitos y pecados» (2.1) y porque andan «siguiendo la corriente de este mundo, conforme al príncipe de la potestad del aire, el espíritu que ahora opera en los hijos de desobediencia» (2.2).

Efesios 2.1-10 describe, entonces, la condición del ser humano caído. Denuncia que las personas son esclavas de sus pasiones desordenadas y que el diablo controla sus vidas. Para el caso concreto de Éfeso, probablemente este diagnóstico de la condición humana sea una referencia a las prácticas paganas anteriores a su conversión de los cristianos de esa ciudad, prácticas religiosas paganas que giraban alrededor del culto a Artemisa y al emperador romano, entre otras ofertas del amplio mosaico religioso grecorromano.

De acuerdo con Pablo, el «universo se encuentra hendido. La historia y el corazón del hombre andan cuarteados. El hecho de su grieta y desacuerdo es nada menos que la ruptura decisiva y total en su realidad» (Mackay 1964:37). Pero es claro también que la «victoria del reino de Dios sobre el reino de Satanás libera a los cautivos, y el conquistador [Cristo] derrama sobre ellos misericordia y bondad» (Ninan 2015:1637). ¡Cristo ha vencido y solo él es el Señor, es la afirmación central de toda esta sección de la carta!

¡Pura gracia!

La salvación es pura gracia divina. La liberación de la pena, dominio y culpa del pecado no es resultado de ningún esfuerzo humano, de la buena voluntad de las personas o de los saberes y capacidades de las culturas y pueblos del mundo. Es gracia divina. Dios actuó en Cristo, muriendo en la cruz, para salvar a las personas y a toda la realidad creada de los efectos personales, sociales y cósmicos del pecado. Él, como se afirma en Efesios, nos «dio vida... cuando [estábamos] muertos en [nuestros] delitos y pecados» (2.1). Así andábamos antes de nuestro encuentro con Cristo: «...haciendo la voluntad de la carne y de los pensamientos, y éramos por naturaleza hijos de ira...» (2.2).

El Dios de la vida nos liberó integralmente de esa realidad que nos apartaba de él, de nosotros mismos y del prójimo. La nueva vida que actualmente disfrutamos no significa para nada un llamado a abstraernos de la realidad, ni una invitación a evadir nuestro compromiso ciudadano. La gracia de Dios es gracia que se comparte en el día a día del peregrinaje humano. Es gracia que se visibiliza en la práctica de las buenas obras en favor de todos. Es así, porque como se afirma en Efesios, somos «hechura» de Dios, «creados en Cristo Jesús para buenas obras» (2.10). Es cierto que las buenas obras no salvan, sin embargo, la práctica de las buenas obras es señal concreta de que somos «hechura» de Dios; es decir, visibilizan que somos nuevas personas en Cristo al servicio de Dios y del prójimo.

La salvación como pura gracia divina no depende, por tanto, de los modernos mediadores de lo sagrado (apóstoles, profetas, salmistas, etc.). Tampoco de las prácticas religiosas que estas personas promueven y difunden a través de diversos medios de comunicación: *siembra, confiésalo, reclámalo, tómalo, recíbelo*, etc. Menos todavía, de la adquisición de objetos o bienes religiosos, una suerte de amuletos «bendecidos», que cuentan, según los entusiastas promotores de estas prácticas, con una dosis especial de la presencia divina: *manto sagrado, rosa de Sarón, aceite ungido, escoba santa*, etc.

La salvación, nuestra salvación y la redención de la creación, descansa en la acción redentora del Dios trino y uno: El Padre que elige, el Hijo que redime, y el Espíritu que nos sella como propiedad de Dios (1.4-6, 13-14). Es, por tanto, ¡pura gracia! Gracia inefable como se confiesa en los himnos históricos que entonamos en las reuniones comunitarias: «Maravillosa gracia, de Cristo rico don» o «Sublime gracia del Señor que a mí, pecador, salvó».

La salvación, por tanto, es gracia que confesamos, compartimos y vivimos en el día a día de nuestra caminata personal, familiar, vecinal y ciudadana. Es gracia que se recibe como un don y se entrega como un don. Es gracia que nos convierte en *sacramento*, es decir, en señal visible o signo material de la acción redentora de Dios en la historia.

La condición humana (2.1-3)

Efesios 2.1-3 analiza o «examina la profundidad del problema humano» (Eaton 2020:710). En estos versículos se describe magistralmente la condición humana, personal y colectiva, sometida al pecado y en abierta rebelión contra Dios. El cuadro que describe Pablo en estos versículos es patético (Erdman 1975:45): «Y él os dio vida a vosotros, cuando estabais muertos en vuestros delitos y pecados» (2.1). Se precisa, además, que esta fue la condición en la que se encontraban anteriormente los creyentes de la ciudad de Éfeso: «en los cuales anduvisteis en otro tiempo, siguiendo la corriente de este mundo, conforme al príncipe de la potestad del aire, el espíritu que ahora opera en los hijos de desobediencia» (2.2). Es claro, entonces, que «la afirmación principal de esta sección es que Dios ha dado vida a los pecadores, los resucitó y los sentó con Cristo» (Hoehner 2002:306).

Los creyentes tienen ahora una nueva posición en Cristo, pasaron de muerte a vida, resucitaron para una nueva vida de servicio a Dios y al prójimo. En estos versículos se enfatiza, entonces, que los «creyentes no han hecho nada para merecer la exaltación con Cristo. Pero Dios los ha salvado y exaltado para demostrar su amor, gracia, misericordia y bondad hacia la humanidad ahora y en los siglos venideros» (Turaki 2006:1455).

Además, se afirma y denuncia que los creyentes, antes de conocer a Cristo, estuvieron bajo el dominio del diablo, viviendo de espaldas a la voluntad de Dios, esclavizados por vicios y malas prácticas que desfiguraban completamente su vida y sus relaciones. Más adelante en la carta, refiriéndose al tiempo presente, Pablo les pide a los creyentes que estén preparados para enfrentarse a las «asechanzas del diablo» (6.11), porque su lucha no es «contra sangre y carne», sino «contra los gobernadores de las tinieblas… contra huestes espirituales de maldad en las regiones celestes» (6.12).

Teniendo en cuenta estas referencias al «príncipe de la potestad del aire» (2.2), «a los principados y potestades en los lugares celestes» (3.10), a las «asechanzas del diablo» (6.11), a los «principados… potestades… gobernadores de las tinieblas de este siglo… huestes espirituales de maldad en las regiones celestes» (6.12), se puede deducir que para Pablo el diablo y sus huestes no son entes impersonales o simples estructuras de maldad, sin conciencia y sin capacidad de tomar decisiones.

Para Pablo, el diablo es un ser personal con capacidad de decidir y actuar en contra de la voluntad de Dios y que, para sus fines perversos contrarios a la gracia divina, instrumenta a los seres humanos y a las estructuras sociales y políticas.[2] No desconociendo el proyecto de violencia, destrucción y muerte del diablo y sus agentes humanos y angelicales, Pablo afirma claramente que la gracia divina otorga vida plena a las personas que aceptan el proyecto de vida del reino de Dios y se apartan del proyecto de muerte que el diablo y sus agentes humanos y espirituales promueven.

Del diablo y sus agentes se afirma, además, que:

> Estas fuerzas, no importa de qué manera se las interprete en su
> naturaleza última, son realidades que hay que tomar en cuenta

---

2 En cuanto a la naturaleza del diablo, Pablo en sus cartas se refiere «no sólo a los ángeles buenos y malos, a Satanás y a los demonios; usa [también] otro grupo de palabras para designar rangos de espíritus angélicos. La terminología es la siguiente: principado (*arche*, 1Co 15.24; Ef 1.21; Col 2.10), principados (*archai*, Ef 3.10; 6.12; Col 1.16; 2.15; Ro 8.38), autoridad (*exousia*, 1Co 15.24; Ef 1.21; Co 2.10), autoridades (*exousiai*, Ef 3.10; 6.12; Col 1.16; 2.15), potestad (*dynamis*, 1Co 15.24; Ef 1.21), potestades (*dynameis*, Ro 8.38), tronos (*thronoi*, Col 1.16), señorío (*kyriotes*, dominio, Ef 1.21), señoríos (*kyriotetes*, Col 1.16), gobernadores de las tinieblas de este siglo (Ef 6.12), huestes espirituales de maldad en los lugares celestiales (Ef 6.12), la potestad de las tinieblas (Col 1.13), todo nombre que se nombra (Ef 1.21)… » (Ladd 1982:401).

en la historia, porque las tales dominan en muchos aspectos cruciales en la historia humana. Ya sean o no mitológicas, estas fuerzas son devastadoramente reales. Las indicadas ejercen un mando potente en la humanidad. A cada momento trastornan las esperanzas humanas y se las llevan a la «vanidad de los deseos humanos» (Mackay 1964:45).

El diablo, según el pensamiento paulino; modela, controla y orienta los sentimientos, pensamientos y acciones de los seres humanos sujetos a su dominio: «…también todos nosotros vivimos en otro tiempo en los deseos de nuestra carne, haciendo la voluntad de la carne y de los pensamientos… lo mismo que los demás» (2.3). En otras palabras, este «pasaje en conjunción con otros (3.10, 15; 6.12), enseña que Dios ha permitido habitar en las regiones supramundanas a huestes sinnúmero, y que en los dominios más bajos los servidores de Satanás se hallan empeñados en sus destructivas misiones» (Hendriksen 1998:124). Para nada sería exagerado afirmar, entonces, que mientras seguir a Dios es vida plena, seguir al diablo es muerte y conduce a la muerte.

A la luz de lo señalado previamente se puede afirmar que, en este cuadro desgarrador de la condición humana, además de describir «*el reinado de la muerte*» (Ávila 2018a:178), Pablo «particulariza los poderes que operan en él: el mundo, el diablo, y la naturaleza humana caída» (Ávila 2018a:178). También a «uno de los "gobernadores de esta tiniebla" lo personifica y lo nombra. Lo llama el "príncipe de la potestad del aire, el espíritu que ahora obra en los hijos de desobediencia (2.2), y también, simplemente, el "diablo", contra cuyas astucias los cristianos deben mantenerse en guardia (6.11) …» (Mackay 1964:40).

Los creyentes de Éfeso, antes de escuchar y aceptar la buena noticia de salvación, eran esclavos de sus deseos y estaban bajo el juicio de Dios: «entre los cuales también todos nosotros vivimos en otro tiempo en los deseos de nuestra carne, haciendo la voluntad de la carne y de los pensamientos» (2.3). Una referencia que podría asociarse con el culto a la diosa Artemisa y al emperador romano, prácticas religiosas corrientes en la ciudad de Éfeso en las que, tal vez, más de uno ellos y su familia, participó activamente. Pablo se refiere, por tanto, a una realidad innegable que los convertía «en hijos de Ira, lo mismo que los demás» (2.3). Era una forma vida infructuosa para ellos y para el prójimo. Una forma de vida que les conducía a la muerte eterna. Nada bueno, decente, saludable, justo, y valioso, había en esa forma de vida.

Sin embargo, Dios en su misericordia, cuando los encontró, los liberó y les proporcionó una nueva vida en Cristo: «Y él os dio vida a vosotros, cuando estabais muertos…» (1.3). Cristo los liberó de la muerte espiritual y de la muerte eterna. Cambió completamente su vida para que anden, cada día, según la voluntad de Dios expresada en la búsqueda de la justicia, la paz y el bien común. Precisamente, esa es nuestra comisión y vocación, ser embajadores de la justicia, la paz y el amor de Dios para todos los seres humanos y para la creación, cuidando responsablemente de ella.

La condición humana

Pablo describe en esta sección de la carta, no al hombre creado ni al hombre redimido, sino al hombre caído, alejado completamente de Dios, que lucha permanentemente contra la voluntad de Dios. La descripción del ser humano caído es patética y dramática, pero real, y para nada exagerada. Las palabras que utiliza son francamente expresivas, reveladoras, y presentan un cuadro tan cotidiano de la conducta humana que sería difícil negar que, en afecto, así somos y así vivimos cada día.

Cuando Pablo se refiere al hombre caído, manifiesta que los seres humanos en rebeldía contra Dios están «muertos… en delitos y pecados» (2.1), siguen «la corriente de este mundo» (2.2) y están dominados por el «príncipe de la potestad del aire, el espíritu que… opera en los hijos de desobediencia» (2.2). Los seres humanos caídos andan, según Pablo, «en los deseos de la carne, haciendo la voluntad de la carne y los pensamientos» (2.3) y, por tanto, son «por naturaleza hijos de ira» (2.3), es decir, están bajo el juicio de Dios.

Esta descripción de la condición humana explica las razones por las que, históricamente, las personas y los pueblos están en permanente conflicto que se visibiliza en la violencia de la guerra y en la opresión y explotación de miles de seres humanos. La codicia, la ambición, las riquezas mal habidas, entre otras malas prácticas, son un piso común en toda nuestra historia. No se necesita explicar en detalle que por el dinero somos capaces de asesinar al prójimo, y que la ambición y la codicia están detrás de los conflictos bélicos que arrasan pueblos, destruyen la casa común, vulneran derechos humanos fundamentales, y desprecian la vida de miles de personas indefensas.

Para Pablo, la acción de Dios es Cristo, es la única posibilidad que tienen las personas y los pueblos para salir de esta realidad de violencia y muerte que todo lo destruye, desfigura y distorsiona. Desde su perspectiva, la iglesia es señal y signo concreto de lo que Dios está haciendo para recomponer todo lo que el pecado personal, social y estructural ha generado o provocado a lo largo de la historia.

Pablo declara enfáticamente que Cristo «es nuestra paz» (2.14), porque solo en él y a través de él, personas y pueblos, históricamente enemistados entre sí (como los judíos y los no judíos), conforman la realidad alternativa o la nueva humanidad que se está forjando en Cristo, la iglesia, cuerpo de Cristo. Es en la iglesia donde se experimenta la novedad de vida en la que desaparecen todas las malas prácticas que dividen a las personas y los pueblos. Es así, porque la iglesia, como pueblo del Espíritu, afirma y vive la justicia en lugar de la injusticia, la verdad en lugar de la mentira, la reconciliación en lugar de los conflictos, la paz en lugar de la violencia, la integridad en lugar de la corrupción.

La acción salvífica de Dios (2.4-9)

Una confesión histórica de los evangélicos ha sido la afirmación de que la salvación se obtiene solo por la gracia de Dios. La salvación es, entonces, expresión de la gratuidad e imparcialidad de su amor. Para los evangélicos, por lo tanto, la salvación es un regalo que Dios nos otorga sin que seamos merecedores: «Pero Dios, que es rico en misericordia, por su gran amor con que nos amó, aun estando nosotros muertos en pecados, nos dio vida juntamente con Cristo (por gracia sois salvos)» (2.4-5). En la acción salvífica de Dios:

> El acto central de la reconciliación, que derriba los tabiques de
> separación y que de esta manera realiza el plan cósmico de Dios
> para la salvación, es la muerte de Jesús. Este punto se acentúa
> una y otra vez. Los que estaban lejos han sido puestos cerca
> "por la sangre de Cristo" (v. 13). Se ha derribado el tabique de la
> ley y se ha creado "un solo hombre nuevo" en lugar de los que
> existían antes (Senior 1985:277).

Dios nos ha salvado en Cristo, no porque seamos buenas personas o
por nuestras buenas acciones en favor de otros, sino por pura gracia.
No merecíamos su amor, porque estábamos en desobediencia y
andábamos completamente alejados de él, siguiendo nuestros deseos
e impulsos; sin embargo, Dios nos amó gratuitamente y nos mostró
su gracia dando su vida en la cruz: «Porque por gracias sois salvos
por medio de la fe; y esto no de vosotros, pues es don de Dios; no por
obras, para que nadie se gloríe» (2.8-9). ¡Salvos por gracia! Una gracia
que es:

> …la acción gratuita y radical de Dios, inmerecidamente otor-
> gada a quienes se encuentran esclavos en el ámbito de la muerte
> y la bajo la ira de Dios. Es perdón y absolución al culpable; es
> amnistía y oferta de reconciliación al rebelde (Ávila 2018a:190).

Se trata de una gracia que se recibe gratuitamente y se tiene que dar
gratuitamente; es decir, compartir con otras personas el mensaje
de liberación integral de todas las opresiones que Cristo nos ofrece
y nos concede. ¡Esa es la tarea irrenunciable de la iglesia y de los
creyentes en cualquier realidad histórica! Habiendo experimentado
la gracia inmerecida de Dios, es decir, «habiendo sido liberados [del]
cautiverio al pecado por medio de [nuestra] inclusión a la iglesia»
(Fowl 2012:74), esa gracia se tiene que compartir con el prójimo que
anda «muerto en delitos y pecados… siguiendo la corriente de este
mundo» (2.1-2). El llamado es, entonces, a dar de gracia lo que de
gracia se ha recibido.

En consecuencia, si Dios por su gracia nos ha salvado en Cristo, es
nuestra responsabilidad guardarnos de todo mal, practicar el bien, amar
al prójimo, procurar la paz, luchar por la justicia, y ser diferentes a las
personas que no conocen el amor y la paz de Cristo. Cada día estamos

desafiados a vivir como cristianos en todos los espacios en los que caminamos y, con nuestras palabras y estilo de vida, anunciar la buena noticia de salvación a nuestra familia, amistades, vecinos, compañeros de estudio y de trabajo. ¡La gracia de Dios es gracia que se recibe y que se comparte! Es el fin de todo egoísmo, mezquindad e indiferencia.

La obra de Cristo (2.10)

¿Cuál fue el logro de Cristo en la cruz? ¿Qué estaba en juego en la cruz? ¿Por qué Cristo tuvo que morir en la cruz por todos nosotros? La respuesta a estas preguntas afina nuestra comprensión de la obra de Cristo, es decir, el significado y las consecuencias de su muerte en la cruz para el perdón de nuestros pecados. La muerte de Cristo en la cruz no tuvo solo consecuencias personales, sino también, consecuencias comunitarias: «Porque somos hechura suya, creados en Cristo Jesús para buenas obras, las cuales Dios preparó de antemano para que anduviésemos en ellas» (2.10).

La muerte de Cristo en la cruz fue necesaria para la salvación de los seres humanos y para la derrota del pecado en sus dimensiones personal, social, estructural y cósmica. Cristo con su muerte en la cruz liberó a las personas, a las sociedades y a la naturaleza, de la pena, poder y dominio del pecado. En otras palabras, se trata de una salvación integral, tanto de las personas como de la creación.

La salvación, por tanto, es un acto gratuito e imparcial del amor de Dios cuyo objetivo es que las personas sean liberadas y transformadas por él, dejando a un lado las malas prácticas que afean y desfiguran toda la vida, se ocupen en realizar buenas obras en favor del prójimo, sean o no creyentes. Buenas obras en las que se expresen claramente la reconciliación, la paz, el perdón y la justicia de Dios en todas las relaciones humanas, dentro y fuera de la comunidad cristiana.

Es necesario puntualizar, nuevamente, que la salvación es gracia de Dios, no el resultado de las buenas obras o de una conducta decente de las personas. Pero se espera que la persona que ha sido liberada del pecado, por la gracia de Dios, practique buenas obras como señal visible de que han nacido de nuevo. En otras palabras: «¡La salvación no es *por obras* (2.9), pero sí *para buenas obras* (2.10)! Estas no son optativas: forman parte del propósito para el cual fuimos *creados en Cristo Jesús* (2.10), y Dios las preparó de antemano para que las pongamos en práctica» (Padilla 2019:1536).

La salvación entonces, no se limita a la paz personal o al ámbito privado de la vida humana, sino que se relaciona también con el servicio al prójimo, a todas las personas, mediante la práctica de buenas obras orientadas al bien común. Buenas obras que dan cuenta de la justicia del reino de Dios. En consecuencia, quien afirma ser salvo en Cristo, tiene que estar involucrado, necesariamente, en buenas prácticas en beneficio del prójimo, creyente o no creyente. ¡Salvos por gracia para la práctica de buenas obras!

Las buenas obras

La salvación es pura gracia divina, sin embargo, esa gracia divina que operó en nosotros para transformar nuestra vida y reconciliarnos con Dios, con el prójimo, con nosotros mismos y con toda la realidad creada, se tiene que visibilizar en la práctica de las buenas obras orientadas al bien común y al establecimiento de la justicia para todos. Es cierto que las buenas obras no salvan ni nos convierten en mejores personas. Pero sí es cierto que las buenas obras grafican, patentizan, visibilizan la acción transformadora de Dios en la vida de las personas que han experimentado la gracia de su perdón y su justicia y, como consecuencia de ello, sirven desinteresadamente al prójimo. Las buenas obras, por tanto, dan testimonio del poder de Dios que actuó y actúa en la vida de los cristianos que son hechura divina, «creados en Cristo Jesús para buenas obras» (2.10).

En las sociedades humanas actuales, donde violencias de todo signo atropellan y pisotean la dignidad de cientos de personas indefensas, los cristianos se tienen que distinguir por sus acciones de bien en favor de los desvalidos y los desamparados, procurando la paz asentada en la justicia. ¿Una tarea fácil? No es una tarea fácil para nada, especialmente, porque quién apuesta públicamente por la paz y la justicia, tarde o temprano, tendrá que enfrentarse con las fuerzas de la muerte y sus operadores económicos, políticos, empresariales y religiosos. Una confrontación en la que las amenazas, la persecución, la cárcel y el martirio, serán una realidad cotidiana, porque los agentes del mal acostumbrados a ejercer poder sin oposición y sin reclamos, no toleran a quienes se atreven a denunciarlos y a encarar sus prácticas de muerte.

Las buenas obras, por tanto, no se limitan a la asistencia social esporádica o recurrente en favor de los pobres y de los oprimidos. Las buenas obras tienen también un contenido y un alcance social y político específico, porque apuntan a denunciar y a desmantelar todas las violencias que desfiguran y pisotean la dignidad de todos los seres humanos como creación de Dios. Las buenas obras se relacionan entonces con todas las acciones de justicia, paz y reconciliación que buscan construir sociedades más humanas, justas y equitativas; es decir, sociedades en las que todas las personas —cristianos y no cristianos— tengan los mismos derechos, responsabilidades y oportunidades. Las buenas obras, por tanto, además de visibilizar la identidad cristiana en nuestros marcos temporales de compromiso cristiano, dan cuenta del ejercicio responsable de nuestra ciudadanía.

Una nueva sociedad (2.11-22)

En la carta a los Efesios, Pablo se refiere a la nueva sociedad, no tanto como una construcción humana o un logro de la sabiduría humana, sino como una obra de Dios hecha posible por la muerte de Cristo en la cruz. En esta nueva sociedad todos son bienvenidos, no porque comparten los mismos ideales políticos, la misma opción electoral o la misma cultura, sino porque en Cristo han nacido de nuevo y disfrutan de una calidad de vida distinta a la que tenían antes de ser confrontados con la buena noticia de salvación.

La reconciliación (2.11-13)

Judíos y no judíos, antes de Cristo, vivían separados, sin ninguna posibilidad de formar un solo pueblo. Los separaban religión, cultura y costumbres ancestrales. Sin embargo, a pesar de estos problemas, humanamente imposibles de resolver, Dios obró en Cristo para romper estas barreras, formando un pueblo nuevo, una nueva sociedad: la iglesia, el pueblo de Dios: «Pero ahora en Cristo Jesús, vosotros que en otro tiempo estabais lejos, habéis sido hechos cercanos por la sangre de Cristo» (2.13).

Judíos y no judíos, históricamente enemistados entre sí, por la gracia de Dios son ahora parte de una nueva realidad, radicalmente distinta en su composición social y en sus relaciones, a la sociedad predominante. La iglesia, el cuerpo de Cristo, es señal patente de esta nueva sociedad que Dios está forjando en todas las realidades humanas. Es así porque:

> …la unidad que Dios desea para todo el universo, según el primer capítulo de Efesios, se hace visible históricamente en una comunidad donde la reconciliación de judíos y gentiles con Dios y la reconciliación de los dos pueblos entre sí es posible sobre la base de la obra de Cristo (Padilla 2012:229).

La reconciliación lograda en la cruz y que se hace visible en la iglesia como señal y signo de la nueva sociedad:

> …consiste tanto en la pacificación de los poderes hostiles a Dios, como en el restablecimiento de la paz entre judíos y gentiles. Se trata de la paz del reino mesiánico que Cristo representa… porque en la cruz él reconcilió la enemistad entre ambos (Ridderbos 2000:2389).

La iglesia en su acción misionera, cuando predica la buena noticia de salvación, tiene que preguntarse entonces: ¿Qué barreras separan a las personas y a los pueblos y por qué resulta difícil encontrar consensos mínimos que les permitan vivir en paz en lugar de andar separados y en conflictos sociales y políticos permanentes? La iglesia está llamada a ser embajadora y artesana de la paz de Dios en sociedades humanas que viven en conflictos históricos. La iglesia no puede renunciar a su vocación histórica de ser embajadora y artesana de la paz, porque si se pone al servicio de las fuerzas de la muerte, deja de ser la nueva sociedad de Cristo y se convierte en legitimadora y justificadora de la antivida, del antirreino. En síntesis: «La iglesia es signo e instrumento de lo que Dios se propone hacer con toda la humanidad y con toda la historia» (Senior 1985:276).

La misión reconciliadora de la iglesia

La iglesia, la comunidad de reconciliados, tiene como una de sus tareas permanentes e innegociables, ser portadora y portavoz visible del mensaje de reconciliación en Cristo a todos los pueblos y culturas en la realidad histórica particular en la que se encuentra. Es una tarea, una vocación, un desafío cotidiano, buscar indesmayablemente que personas, pueblos y culturas enemistadas entre sí, experimenten el milagro de la reconciliación, es decir, vivan en paz, luego de sentarse a dialogar sinceramente, perdonarse mutuamente e implementar acciones de justicia restaurativa o reparadora.

Es cierto, y no puede negarse, que se trata de un asunto que exige paciencia, tolerancia, diálogo y respeto entre todos los actores individuales y colectivos. Y en ese proceso, las iglesias pueden y deben actuar como mediadoras y facilitadoras, siendo justas y equitativas en el trato con todos los involucrados, agredidos y agresores, víctimas y victimarios, deudos y culpables. Tiene que ser así, porque es un proceso que demanda transparencia, justicia y honestidad en cada tramo, y esto requiere ser neutrales e imparciales cuando se busca que todos sean escuchados y tratados con respeto, comprensión y sin prejuicios.

Las iglesias en su mensaje y en su práctica han enfatizado más la reconciliación de las personas con Dios. Ese es un ángulo de la misión reconciliadora de las iglesias. El otro ángulo, no siempre comprendido ni implementado, es el de la dimensión social y política de la reconciliación, es decir, la participación activa de los creyentes y las iglesias en los procesos de reconciliación, luego de periodos de violencia, dictaduras violadoras de derechos humanos y destrucción de las instituciones democráticas.

Es casi seguro que a más de un creyente y a más de una iglesia, les «asusta» y despierta sospechas, cuando otros creyentes e iglesias se comprometen con estos procesos de reconciliación bajo la bandera de la verdad, la justicia, el perdón, la reconciliación y la paz. Sin embargo, esto es lo que precisamente exige la coherencia del testimonio cristiano; es decir, la búsqueda activa del bien de todos, aunque esta tarea signifique e implique caminar al lado de personas e instituciones no cristianas, pero que, sin embargo, son amigas de la vida y de la justicia.

La paz de Dios (2.14-17)

¿Qué afirma Pablo acerca de la iglesia en esta sección de la carta? ¿Cómo explica la unión de personas de pueblos históricamente enemistados entre sí para formar una realidad alternativa, la iglesia, cuerpo de Cristo? Pablo nos dice en estos versículos:

> Habiendo discutido la nueva unión de judíos y gentiles en Cristo a la luz de su desunión anterior… da ahora más explicaciones de cómo se logró esta unión. Esta es una sección importante para entender, porque da una idea de la profunda división entre judíos y gentiles antes de Cristo y lo que Dios hizo en Cristo para unir las dos entidades en una sola entidad (Hoehner 2002: 363).

De manera más precisa se indica que en estos versículos:

> Pablo desarroll[a] y expand[e] su discusión acerca de la salvación presentada en los diez versículos anteriores del capítulo. [Expone] su visión de la nueva vida del creyente en Jesucristo, salvado por la gracia, sentado con Cristo en los cielos, y creado para las buenas obras que Dios preparó. Pablo da forma a su argumento en torno a «ustedes» gentiles que eran tinieblas y «nosotros» judíos que estábamos bajo el poder de la carne (Cohick 2020:171).

El Dios de paz hizo posible esta nueva realidad, la formación de una nueva entidad, un pueblo nuevo, con personas de distintas experiencias culturales y religiosas. Cabe aquí, entonces, plantear las siguientes preguntas: Dentro de una realidad conflictiva, de separación entre seres humanos que habitan en un mismo territorio, de formas veladas o abiertas de violencia, como el racismo y la pobreza extrema, la marginación y la exclusión de miles de seres humanos, ¿qué podemos hacer los discípulos de Cristo como embajadores de la paz de Dios y como agentes de reconciliación? ¿Cómo tenemos que demostrar públicamente que somos un nuevo pueblo, una nueva sociedad, una nueva humanidad en Cristo? ¿Qué tipo de relaciones tienen que caracterizar la vida interna y el testimonio externo de la iglesia?

La paz de Dios, según Efesios, no es solamente una paz interior privada, sino una nueva realidad en la que todos los antagonismos que separan a los seres humanos desaparecen por la acción reconciliadora de Cristo. «Cristo mismo es el vínculo de unidad, el que ha logrado finalmente unir a judíos y gentiles» (Grassi 1986:234). Es así porque:

> …en Cristo Jesús ha aparecido una nueva realidad: una unidad basada en la fe en él, una comunidad a la cual uno se vincula sin que se tome en cuenta su raza, posición social o sexo. No es una mera unidad «espiritual», sino una comunidad concreta formada por judíos y gentiles, esclavos y libres, hombres y mujeres, todos ellos miembros de la solidaridad en Cristo (Padilla 2012:230).

¡Cristo es nuestra paz! Esta es la afirmación contundente de la carta a los Efesios: «Porque él es nuestra paz, que de ambos pueblos hizo uno, derribando la pared intermedia de separación» (2.14). Cristo ha creado en sí mismo, de dos pueblos antagónicos, judíos y gentiles, «un solo y nuevo hombre, haciendo la paz» (2.15). Además, «vino y anunció las buenas nuevas de paz» a todos los pueblos (2.17). La paz que Cristo ofrece no es la simple ausencia de guerra o el cese de la violencia, sino que tiene un alcance mucho más profundo. La paz de Cristo es bienestar integral, salud completa, vida plena y digna para todos. Es una paz integral cuyo horizonte apunta a la vida plena para todos los seres humanos. En otras palabras:

> …la paz de Cristo, el Evangelio de paz, pasa por la cruz y no por las armas. Es una paz dinámica que denuncia las injusticias… Ha abolido en su carne aquellas divisiones (raza, origen cultural, prejuicios sexistas, y las justificaciones para la soberbia de los poderosos) que crean enemistad. Por eso es anuncio de buena nueva, Evangelio en el sentido más profundo de la palabra: invitación a una vida vivida y compartida en plenitud (Jn 10.10). No es una «paz estática», en el sentido de algo fijo,

> inmóvil: es una paz siempre nueva, porque es parte de la nueva
> creación de Dios. Es la paz que el mundo no da, que no se puede
> imponer por las armas (Míguez 2000:9).

En consecuencia, como la nueva sociedad en Cristo en la que no tiene lugar ninguna forma de exclusión o marginación (social, cultural, política, religiosa), con nuestra palabra y con nuestra forma de vida, tenemos que dar testimonio de la gracia de Dios. Una gracia que siempre se orienta a la búsqueda de la paz en todas sus dimensiones: personal, interpersonal, social, política. Los creyentes son, por lo tanto, embajadores y artesanos de la paz de Dios en las sociedades en las que se encuentran como agentes de reconciliación.

Ser artesanos de la paz, sin ceder un milímetro al llamado de ser embajadores de la paz de Dios, no es nada fácil, particularmente en sociedades humanas en permanente tensión y conflictos debido a razones sociales, culturales, políticas o religiosas. Dentro de esa lamentable realidad, se puede constatar, sin embargo, que un número creciente de personas, tanto creyentes como no creyentes, trabajan incansablemente por la paz. Ellos han comprendido que la paz es el fundamento para construir nuevas relaciones entre las personas y para construir una nueva realidad asentada en la justicia.

¿Cómo lograr la paz en un mundo que parece amar la violencia, legitimarla y justificarla social, cultural, política y religiosamente? ¿Mediante el uso de la fuerza y de las armas o imponiéndola de arriba hacia abajo haciendo uso de la fuerza pública? ¿O mediante el amor traducido en buenas prácticas que respetan la dignidad de todos los seres humanos como creación de Dios? La propuesta cristiana siempre fue y sigue siendo que, ninguna forma de violencia, visible o encubierta, conduce al perdón, la justicia, la reconciliación y la paz. Es así, porque para los cristianos, Cristo con su muerte en la cruz señaló el camino de la paz y les encargó ser portadores y portavoces de esa paz.

La paz de Cristo, sin embargo, no es lo que caracteriza la vida cotidiana de las sociedades contemporáneas en las cuales campea la violencia, la injusticia y la impunidad. A pesar de esa realidad, las iglesias tienen que seguir proclamando la paz y vivir en paz con todos los seres humanos, sabiendo de antemano que el logro de la paz será una tarea personal y colectiva, siempre pendiente e inacabada. Y será así, porque no en todos los casos los seres humanos y las sociedades tienen la paz deseada y evocada, debido particularmente a las distintas formas de violencia que existen y que son justificadas, lamentablemente, incluso, por personas que se presentan a sí mismas como cristianas.

La realidad de violencia e impunidad que caracterizan a nuestros países jamás debe doblegar a los creyentes y, menos aún, silenciarlos frente al cuadro desgarrador de violación sistemática de los derechos humanos fundamentales que sufren, especialmente, las mujeres, los niños y los ancianos indefensos y vulnerables, y los pueblos originarios. La paz de Cristo lograda y expresada en la cruz, y visibilizada en la formación de una nueva humanidad (la iglesia), exige a los creyentes no negociar ni subastar en ningún momento su compromiso con la paz en todas las dimensiones de la vida humana.

Artesanos de la paz

En los últimos años, cuatro temas de claro trasfondo bíblico (la verdad, la justicia, el perdón y la reconciliación), forman parte del discurso público de muchos de los actores sociales, políticos y religiosos en distintos contextos históricos. Ha sido así porque en diversas regiones del mundo, luego de períodos de violencia política, dictaduras militares o conflictos internos, se formaron comisiones de la verdad con el encargo de investigar y de esclarecer las graves violaciones a los derechos humanos y de proponer una política de reparaciones a las víctimas. Cada una de estas comisiones de la verdad tuvo como ejes transversales estos cuatro temas: verdad, justicia, perdón y reconciliación. Cuatro temas que las iglesias y los creyentes tienen que considerar a la luz de su responsabilidad misionera como artesanos de la paz de Dios.

Los informes de las comisiones de la verdad, valiosos en sí mismos, no tienen por qué ser, sin embargo, necesariamente, el punto de partida para la misión reconciliadora de las iglesias evangélicas, aunque seguramente habrá coincidencias con su enfoque, sus preocupaciones y sus expectativas. La comprensión y la práctica evangélica de la reconciliación, no se fundamenta necesariamente en las políticas de Estado, la agenda de las organizaciones de Derechos Humanos, las legítimas preocupaciones de la sociedad civil organizada, o los justos reclamos de los familiares de las víctimas de la violencia. Es así, porque si bien todas estas instituciones o sectores sociales, tienen una opinión particular y un genuino interés sobre este tema, no representan ni resumen la perspectiva bíblica sobre la reconciliación.

Sin embargo, se tiene que señalar que todo esfuerzo humano en pro de la reconciliación es una señal de la gracia común de Dios que preserva en todo tiempo el mundo que ha creado, pero como toda empresa humana, tendrá sus limitaciones, ya que a lo sumo sólo logrará establecer una paz social limitada o un cese de hostilidades temporal. ¿Significa esto que tenemos que despreocuparnos por la reconciliación y dedicarnos únicamente al rescate de almas incorpóreas a las que las desconectamos de su marco temporal concreto? No. Y es así, porque la iglesia jamás debe quedarse callada o ser amordazada por las diversas violencias que atropellan la vida y la dignidad humana, y jamás debe renunciar a su vocación de ser embajadora de la paz de Dios.

Pero la realidad de la condición humana debe advertirnos que ningún orden social y político puede compararse con el reino de Dios, y que la reconciliación por la que luchamos activamente los cristianos no se agota en el plano histórico, las conquistas políticas o la lucha por los derechos humanos. Entre tanto, así parezca frágil y provisorio, los cristianos tenemos que trabajar para que la reconciliación —limitada o temporal— sea una realidad cotidiana en todos los campos de la vida humana. De esa manera, dejando a un lado la pasividad y la indiferencia, estaremos cooperando para que el mundo sea un espacio habitable para todos los seres humanos, sean estos evangélicos y no evangélicos.

Los discípulos de Jesús de Nazaret, insertados en marcos temporales concretos y habiendo sido convocados para ser embajadores de la palabra de reconciliación y ministros de esta (2Co 5.18-20), tienen que entender que su mensaje y su práctica respecto a la reconciliación, tiene que apuntar, no únicamente al logro de una paz social relativa, sino a la construcción de la paz integral que el evangelio propone y produce. No se trata, entonces, del simple cumplimiento de una agenda humana jalonada por factores externos o por intereses temporales. De lo que se trata es de cumplir todos los días y todas las horas, no solamente en «los ratos libres», con el mandato bíblico de ser en todo tiempo embajadores de la reconciliación, artesanos de la paz de Dios.

Las iglesias y los creyentes tienen, entonces, tareas irrenunciables e impostergables: Ser artesanos de la paz, agentes de reconciliación, portavoces de la justicia. La paz de Dios que tuvo un alto costo —la muerte de Cristo en la cruz— exige que seamos cada día en la familia, el vecindario, el lugar de trabajo y el centro de estudios; es decir, tanto en lo privado como en lo público, personas e instituciones de paz. De esa manera seremos amigos de la vida y de la justicia del reino de vida del Dios de la vida.

Un pueblo nuevo (2.18)

Cristo, con su muerte en la cruz, creó un pueblo nuevo, una nueva sociedad. Un pueblo nuevo en la que tanto judíos como no judíos tienen cabida y son iguales en valor, dignidad y responsabilidades, expresando de esa manera la reconciliación que Cristo produce en personas y pueblos históricamente enemistados entre sí: «porque por medio de él los unos y los otros tenemos entrada por un mismo Espíritu al Padre» (2.18). Se trata de una reconciliación que se visibiliza en la vida comunitaria de la iglesia que tiene que estar modelada por el amor, el perdón y la justicia, y no por el odio, el rencor y la injusticia. Pero, además, Pablo enfatiza que todos los creyentes, cualquiera sea su trasfondo cultural (judíos, gentiles) tienen acceso al Padre en igualdad de condiciones (2.18), sin ninguna preferencia, porque todos han sido sellados por el Espíritu Santo (1.13-14), y todos son hijos de Dios convocados por su gracia para formar parte de la nueva sociedad en Cristo (la iglesia). El Espíritu entonces, según Pablo, nivela lo que la sociedad desnivela e iguala lo que la sociedad desiguala. El Espíritu es, por tanto, Espíritu de reconciliación, unidad, justicia y paz.

De acuerdo con Pablo, la reconciliación se fundamenta en la acción histórica del Dios trino y uno en favor de la paz, desmantelando las enemistades y formando una realidad alternativa (la iglesia), cuyos principios y práctica de vida tienen que ser radicalmente distintos a los que caracterizan a la sociedad circundante. En la construcción de esta nueva realidad, «el Padre, el Hijo y el Espíritu trabajan juntos por la paz y la reconciliación» (Ninan 2015:1639).

Teniendo en cuenta la «dimensión horizontal» (Turner 1994:1231) de la reconciliación, los creyentes nunca tienen que callar frente a los actos de injusticia, a las diversas violencias que afectan a nuestro prójimo y a la impunidad rampante con la que actúan las personas que se creen dueñas del poder y de los recursos naturales de nuestros países (empresarios, políticos, funcionarios públicos). Los creyentes están llamados a servir al prójimo indefenso y, por eso mismo, nunca tienen que legitimar, defender o justificar ninguna forma de violencia oculta o abierta en contra del prójimo. ¡Somos artesanos de la paz! Esta vocación, ser artesanos de la paz, no es circunstancial o eventual, sino permanente e impostergable.

¿Cuál es la tarea personal y colectiva entonces? A los creyentes se les ha delegado la hermosa tarea de ser portadores de su paz. La paz de Cristo se comparte, pero también se lucha cada día para que sea una realidad visible en la vida personal, familiar y ciudadana. A nosotros, como discípulos de Cristo, se nos ha encargado ser instrumentos de la paz, ser artesanos de la paz en nuestra familia, vecindario, centro de trabajo, lugar de estudios, y en nuestro país. Sin embargo, la experiencia de nuestros países nos enseña y advierte que no siempre es una tarea fácil ser embajadores de la paz en sociedades acostumbradas a la violencia, la injusticia institucionalizada y la impunidad.

La familia de Dios (2.19a)

En la carta a los Efesios, utilizando una bella figura del lenguaje, Pablo se refiere a la iglesia como la familia de Dios: «Así que ya no sois extranjeros ni advenedizos, sino conciudadanos de los santos, y miembros de la familia de Dios» (2.19). ¿Qué tenía en mente Pablo cuando utilizó esta imagen o figura del lenguaje para referirse a la iglesia? Pablo está refiriéndose a la constitución de una nueva realidad al interior de las sociedades humanas: la iglesia como familia de Dios. Una familia que tanto en su composición social como en su acción hacía afuera, tiene que dar cuenta que es radicalmente distinta a las sociedades humanas divididas históricamente por razones étnicas, lingüísticas, religiosas y culturales; y caracterizada, además, por prejuicios de distinto signo (religiosos, raciales y culturales) que separan a las personas y familias. En la iglesia, como familia de Dios, todos son bienvenidos y desaparecen los prejuicios y enemistades, porque todos son uno en Cristo y están llamados a preservar esa unidad (4.3), viviendo en paz dentro y fuera de la comunidad de fe.

Pero, además, ¿qué significa y qué exige ser y actuar como familia de Dios en nuestras realidades particulares de testimonio cristiano? Si la iglesia es la familia de Dios, esta afirmación presupone que los creyentes tenemos un Padre en común, y que todos somos miembros de una misma familia en las mismas condiciones y en pie de igualdad. En otras palabras, ninguna forma de exclusión o marginación, como tampoco ninguna sombra de preferencia o de favoritismo, debería existir en el seno de la iglesia, la familia de Dios, el cuerpo de Cristo. Tendría que ser siempre así, porque del «laboratorio secreto de la gracia divina», de la acción histórica del Dios trino y uno, emerge «un nuevo tipo de hombría, por el cual un parecido familiar distinto modifica las antiguas distinciones raciales» (Simpson y Bruce 1957:64). Aparece así en la historia un pueblo nuevo, una realidad alternativa, una nueva humanidad en Cristo.

La tarea siempre pendiente es ser una familia y comportarnos como una familia. Esto no es posible cuando existen al interior de las iglesias distintas formas de exclusión y marginación, como considerar a las mujeres menos importantes y capaces que los hombres para ocupar posiciones visibles de liderazgo, o cuando por cuestiones del color de la piel o del nivel de educación alcanzado se denigra o se ningunea a miembros de las iglesias. La paz, la reconciliación, el amor, el perdón, la honestidad, la justicia, la imparcialidad, la responsabilidad, entre otros valores, tienen que ser los rasgos distintivos de la iglesia como familia de Dios. En tal sentido, toda forma encubierta o visible de marginación, exclusión y ninguneo, tiene que ser puesta a un lado o expectorada, porque la unidad de la familia exige que todos los miembros sean valorados y tratados en pie de igualdad, con iguales derechos, deberes y oportunidades.

En consecuencia, a diferencia de la sociedad circundante, la iglesia tiene que ser completamente distinta en su palabra y en su testimonio. Esto exige, además de valores y principios totalmente diferentes a los que existen en otros espacios sociales, tener una clara identidad y una forma de vida radicalmente distinta a la que predomina en las sociedades humanas corroídas por distintas formas de violencia, corrupción e injusticia institucionalizada que vulneran la dignidad de aquellos que son considerados como menos importantes. ¡Ese es el desafío cotidiano para todos!: Tener una forma de vida ejemplar, digna, modeladora y responsable en todos los planos de la existencia humana: personal, familiar y ciudadana.

La iglesia: familia de Dios

Imaginarse a la iglesia como una familia exige preguntarse qué tipo de familia es la iglesia actualmente: ¿Una familia desintegrada, disfuncional, violenta? Uno esperaría que como signo y señal visible de la nueva sociedad en Cristo la iglesia sea portadora de justicia, paz, unidad, reconciliación en una realidad en que la injusticia, la violencia, la desintegración y las enemistades son el pan de cada día. La realidad indica, sin embargo, que no siempre en todos los casos la iglesia está siendo un lugar de esperanza y, menos aún, está siendo luz en medio de las tinieblas. ¿Qué está pasando? ¿Cuándo la iglesia dejó de ser portadora de vida y canal de esperanza y paz?

Las luchas intestinas para acceder a los lugares de poder religioso y mantenerse en ese lugar comprando voluntades y conciencias, la corrupción visibilizada en la malversación del dinero común o en la utilización del dinero ajeno para fines personales y familiares, el abuso en el ejercicio del liderazgo favoreciendo a los amigos y conocidos, el nepotismo permitiendo que familiares ocupen puestos de poder, entre otros males, están también presentes en el seno de la iglesia. La integridad y la justicia no son marcas visibles de su testimonio hacia adentro y hacia afuera. Las prácticas mundanas se han introducido en todos los niveles del liderazgo y en el día a día de la vida congregacional. ¡Es difícil ser familia en un ambiente tóxico así!

Para ser una familia y vivir como una familia, se requiere romper y abandonar todas esas malas prácticas; adoptando buenas prácticas que conduzcan a construir una iglesia sana, ejemplar, modeladora, como expresión concreta de la gracia de Dios. ¿Cómo construir una iglesia que no solo se presente como una familia, sino que se comporte como familia en todas sus relaciones y en todos los servicios que brinda al prójimo?

La tarea no es nada fácil. Entre otras razones, porque para ser una familia saludable, además de tener un liderazgo limpio, se requiere también tener como miembros a personas cuyas vidas se asientan y sean guiadas por el Espíritu de vida. Dicho de otro modo, personas que en lugar de la mentira digan la verdad, que antes de ser hipócritas sean auténticas, que dejen a un lado la injusticia y toda forma de violencia, que buscan la paz en lugar de la discordia, que apuesten por la unidad renunciando a todo chisme y comentarios insanos, que siembren vida antes que semillas de maldad. ¿Es esto posible? Claro que sí. Para que esto ocurra debemos dejar que el Espíritu y la Palabra modelen nuestra vida personal y familiar, privada y pública, alimenten nuestra caminata cotidiana con su amor y su paz, y alumbren nuestros pasos en todas las dimensiones de nuestro peregrinaje personal y colectivo. Y, además, las iglesias tienen que ser cada día un espacio saludable de acogida y ternura, antes que un espacio tóxico de rechazo y violencia. Que la iglesia sea y actúe como una familia demanda, por tanto, coherencia de vida. Dicho de otra manera, sus palabras y sus acciones tienen que estar en sintonía, es decir, romper con toda hipocresía o doble vida.

Las dos ciudadanías (2.19b)

¡Ciudadanos del reino de Dios y ciudadanos del país en el que vivimos!: «Así que ya no sois extranjeros ni advenedizos, sino conciudadanos de los santos...» (2.19). Esta es la doble ciudadanía que tienen los creyentes cualquiera sea el país al que pertenezcan. La «ciudadanía en la polis de Dios trasciende las fronteras políticas urbanas y provinciales» (Kobelski 2004·446), porque la iglesia está situada en múltiples realidades sociales, políticas culturales y religiosas y su composición social es multicultural, multiétnica y multilingüe. Además, porque en la iglesia, la interculturalidad, antes que una palabra o una teoría de modo, es una realidad cotidiana ¡Miembros de la comunidad mesiánica y miembros de la polis (ciudad)! ¡Creyentes y ciudadanos! ¡Vecinos y portadores de vida!

Sin embargo, parte del problema que aún subsiste en un sector de las iglesias, es que con mucha frecuencia se acentúa una de las ciudadanías en desmedro de la otra. Así, por ejemplo, se subraya tanto la ciudadanía celestial, dejándose a un lado las responsabilidades ciudadanas que los creyentes tienen en sus respectivos contextos de misión y acción pastoral. Cuando hacemos esa diferencia no tenemos en cuenta que en ningún momento Pablo resaltó una de las dos ciudadanías en desmedro de la otra, ni valoró sobremanera una y despreció a la otra.

Ante este problema tenemos que plantearnos, con insistencia y en cada situación, la siguiente pregunta: ¿En el día a día de nuestro peregrinaje cristiano, necesariamente, tenemos que optar por una de nuestras ciudadanías y rechazar a la otra o ningunearla? La respuesta es, por supuesto, ¡claro que no! Ambas ciudadanías son importantes y en el ejercicio responsable de las mismas se visibiliza nuestra identidad y compromiso cristiano.

Como discípulos de Cristo, cuando obedecemos todos los mandamientos, somos también buenos ciudadanos; es decir, cuando no robamos, somos honestos, somos responsables, pagamos nuestros impuestos, y trabajamos por el bienestar de nuestro vecindario. Si somos fieles discípulos de Cristo, tendremos una vida ejemplar como ciudadanos de nuestro país, nos esforzaremos por conocer nuestros derechos ciudadanos y cumpliremos íntegramente con todas nuestras responsabilidades ciudadanas sin ninguna excusa o pretexto.

Además, como creyentes, jamás debemos separar nuestra condición de vecinos de nuestra identidad cristiana. Las dos ciudadanías son expresión de la gracia de Dios. Una de ellas indica que somos parte del cuerpo de Cristo con una identidad y misión específica en el contexto histórico en el que nos encontramos. La otra expresa que el cuerpo de Cristo está inmerso en la realidad histórica y está comprometido con la práctica de las buenas obras en favor del prójimo.

Ciudadanos de la polis

Uno de los mayores problemas que tienen los evangélicos y que aflora y se agudiza en periodos electorales, o cuando está en juego la democracia, es su comprensión del ejercicio ciudadano y de la relación Iglesia-Estado. De un lado se enfatiza, con la Biblia en las manos, la obediencia o la sujeción incondicional a las autoridades temporales, y se justifica y legitima todas las acciones de los gobernantes como si éstas fueran expresión de la voluntad divina y, por tanto, incuestionables. De otro lado, se subraya que la obediencia a las autoridades temporales tiene límites y, cuando los gobernantes cruzan la esfera de su competencia y, antes de sancionar el mal, actúan injustamente y violentan la ley, entonces, los creyentes luego de reprender públicamente estas acciones tienen el recurso de la desobediencia civil.

Pero ese no es todo el problema. Cuando se acentúa demasiado la ciudadanía celestial, además del riesgo de abstraerse de la realidad y de creer que uno puede ser apolítico, la iglesia y los creyentes renuncian y niegan su vocación de ser sal de la tierra y luz del mundo. En otras palabras, su palabra y sus acciones no tienen ninguna relevancia histórica, y pasan a ser considerados como personas e instituciones fanáticas, fundamentalistas y contrarias a los procesos de transformación social y política. Desde otra mirada, existe también el peligro de comprometerse tanto en los movimientos sociales y en los partidos políticos que, a la larga, uno pierde su especificidad cristiana y se convierte únicamente en un activista social o militante político, sin nada distinto que aportar desde su compromiso religioso o la cosmovisión cristiana de la realidad y del cambio social y político.

Los riesgos, de uno y de otro lado, están allí y no se tienen que desconocer o tratar como si fueran asuntos descartables. Lo concreto es, sin embargo, lo siguiente: ¿Cómo tiene que expresarse mi compromiso y militancia cristiana en las otras dimensiones de la vida, distintas al campo religioso y, específicamente, en el ejercicio responsable de mi ciudadanía terrenal?

Una vía es el ejercicio de la ciudadanía, sabiendo de antemano y estando consciente que la ciudadanía plena va más allá de ejercer el derecho al voto en las elecciones políticas periódicas. El ejercicio de la ciudadanía plena demanda exigir transparencia en la gestión pública, rendición de cuentas, acceso a la información, cumplimiento de las promesas electorales y uso responsable de los fondos públicos.

La otra vía es la participación activa en los movimientos sociales, los partidos políticos o las iniciativas ciudadanas en favor del bien común y el cuidado de la creación. Esta participación requiere, además de vocación de servicio y transparencia e integridad, capacidad de trabajar lado a lado con personas que tienen otras creencias y opciones de vida, así como conocimiento de la realidad y competencias para la gestión de recursos humanos y económicos.

En síntesis, ser ciudadanos de la polis, además de ciudadanos del cielo, forma parte del testimonio cristiano integral y nos compromete a ser modelos de servicio al prójimo, más allá del terreno religioso. Para caminar en esa vereda, donde también Dios está presente, se requiere coherencia de vida; es decir, ser la misma persona en la iglesia y fuera de ella. Y se requiere, además, una clara identidad cristiana visibilizada en la solidez ética que tiene que caracterizar todas nuestras acciones privadas y públicas. En la vereda de lo público, nuestra palabra no tiene que estar desconectada de nuestra conducta. Uno tiene que recordar, además, que está llamado a ser «luz en el Señor», andar «como hijos de luz» y no ser partícipe «en las obras infructuosas de las tinieblas, sino más bien» reprenderlas (Ef 5.8, 11). El desafío será, entonces, ser en todo momento creyentes y ciudadanos.

Un templo santo (2.20-22)

En estos versículos, Pablo «cambia el enfoque de un nuevo pueblo creado a partir de dos [pueblos] (judíos y gentiles), a creyentes edificados juntos como un templo apto para la adoración del único Dios» (Cohick 2020:195). Habiendo discutido previamente sobre la nueva relación que judíos y gentiles tienen actualmente en Cristo, «discute la causa de esto, a saber, la nueva realidad presentada como un templo santo en el que mora Dios» (Hoehner 2002:396). Los efesios convertidos a la fe en Cristo han experimentado su poder liberador para ser, de hecho, ya no extranjeros ni apátridas, sino miembros plenos de una nueva realidad insertada en la historia: una nueva humanidad en Cristo.

Según la carta a los Efesios, la nueva humanidad en Cristo, la iglesia, está edificada «...sobre el fundamento de los apóstoles y profetas» (2.20). La referencia es a la revelación de Dios a través de los profetas del Antiguo Testamento y de los apóstoles del Nuevo Testamento. El enlace con los apóstoles y profetas se encuentra en la información y enseñanza que la iglesia necesita, sobre el mensaje de los apóstoles y profetas, para no perder su identidad como pueblo de Dios, cuerpo de Cristo y comunidad del Espíritu Santo. Una identidad que jalona el cumplimiento de su vocación en la historia: ser una nueva sociedad en Cristo. Es importante, por tanto, no olvidar lo siguiente:

> El edificio de la nueva humanidad tiene en Cristo la piedra angular, que le da solidez, es cierto. Pero los profetas del Antiguo Pacto, los que denunciaron el formalismo de la Ley y el olvido de su esencia que es la bondad, los que clamaron por justicia para pobres y sufrientes, los que anunciaron la continuidad de la Promesa, son parte del fundamento de este edificio (Míguez 2000:12).

Cristo es la piedra principal (angular) de la iglesia.[3] Para comprender qué intentó comunicar Pablo a los lectores de la carta con esta expresión, «la principal piedra del ángulo Jesucristo mismo», es importante tener en cuenta la siguiente observación:

> Surge una imagen interesante, sacada de la ingeniería civil y de la arquitectura, fruto de la observación de la cultura urbana. El gran edificio, la piedra principal, (literalmente se dice «la piedra angular») es el elemento más importante en una construcción.

---

[3] En relación a Cristo, como la piedra angular, se puntualiza que: «En el edificio antiguo, la "piedra angular" era muy valorada porque unía todo el edificio. Esto es precisamente lo que Jesucristo hace por su iglesia a la que Pablo describe como un nuevo templo» (Turaki 2006:1456).

Para comprender esto es necesario pensar en las construcciones antiguas, con puertas grandes en forma de arco. En el centro del arco se colocaba la «piedra angular», que daba soporte a toda la construcción. Cristo Jesús es esa piedra, punto de unión y cohesión de todo el edificio» (Bortolini 2005:42).

Para Pablo, entonces, el fundamento inconmovible de la iglesia es la persona y la obra de Cristo. Cristo es el centro y la piedra angular de nuestra fe. Él es el cimiento inconmovible de la iglesia como la nueva sociedad de Dios. La iglesia no tiene otro mensaje que proclamar en las distintas avenidas sociales, culturales, religiosas y políticas en las que camina como embajadora de la gracia y la justicia de Dios. Su mensaje se puede sintetizar en estas palabras: ¡Cristo es el Señor!

La iglesia, como pueblo de Dios, está llamada a obedecer y servir exclusivamente a Cristo y, como consecuencia de ello, a servir al prójimo buscando activamente el bien común. En tal sentido, como pueblo separado para el servicio a Dios y al prójimo, los creyentes tienen que ser instruidos en la fe, para que su testimonio personal, familiar y ciudadano, sea conforme a los principios del Evangelio. De manera que, tanto en la vida privada como en la vida pública, un cristiano debe ser coherente con el mensaje que proclama y consecuente con las implicancias prácticas de ese mensaje en todas las veredas en las que camina como pregonero y portavoz de la buena noticia de salvación.

Aquí cabe preguntarse: ¿Qué problemas se presentan cuando intentamos ser diferentes a los demás en nuestra forma de tratar al prójimo, en nuestra práctica de justicia, en nuestra insistencia en decir la verdad y a vivir en paz con todos? Como pueblo santo, apartado para el servicio a Dios, no tenemos otra opción que la obediencia a Dios y, por tanto, a cumplir con todos sus mandamientos cualquiera sea la realidad material en la que nos encontremos.

De la iglesia se afirma también que es un edificio («...todo el edificio bien coordinado, va creciendo para ser un templo santo en el Señor», 2.21), una construcción diseñada por Dios y, como tal, cada miembro tiene una función específica orientada al crecimiento en armonía de todo el cuerpo de Cristo y al fortalecimiento de la unidad (cf. 4.1, 16). La referencia a la iglesia como un edificio no es, por tanto, una mera figura del lenguaje, sino la afirmación de que es una realidad visible en la que todos sus integrantes «se ayudan mutuamente, según la actividad propia de cada miembro… para ir edificándose en amor» (4.16).

La cara pública de ese edificio, la iglesia, descansa entonces en su capacidad de guardar la unidad que ya tiene en Cristo y de andar según su identidad como pueblo de Dios en medio de las dificultades y complicaciones de la vida humana. Esa unidad, siendo tanto un don del Espíritu como una tarea de la comunidad de creyentes, se va forjando cada día en medio de las complejidades del peregrinaje humano, porque el Espíritu continúa obrando en la iglesia. En otras palabras:

> El fundamento está constituido por los apóstoles y profetas, dos "ministerios" importantes en las comunidades primitivas, sobre todo las fundadas por Pablo (cf. 1 Corintios 12.28) Sobre esta base, y buscando la cohesión con la "piedra angular", el edificio va siendo construido siempre, sin parar. En este sentido, el pueblo de Dios es siempre una cantera de obras, un proyecto inacabado que está siendo construido. Y el mismo pueblo de Dios se transforma en santuario del Señor. Esta idea no puede ser abandonada ni menospreciada, sobre todo en los tiempos en que se insiste mucho en los templos materiales. La Biblia siempre nos aclaró que la verdadera morada de Dios (de la Trinidad) es el cuerpo de las personas que constituyen el pueblo de Dios (Salmo 114.2; Juan 14.23; 1 Corintios 6.9). El arquitecto de ese proyecto nunca terminado y siempre en crecimiento se llama Espíritu Santo (Bortolini 2005:43).

A la iglesia se la presenta asimismo como «morada de Dios en el Espíritu». Esta realidad explica por qué, previamente, se había afirmado que, como «familia de Dios», su responsabilidad es crecer en armonía para ser «un templo santo en el Señor». No es poca cosa afirmar que la iglesia es morada o habitación de Dios en el Espíritu, porque esto exige, además de limpieza de corazón, limpieza de manos todos los días. Dicho de otro modo, exige ser santos, es decir, íntegros, probos, tanto en los sentimientos como en los pensamientos, así como en el día a día de nuestra conducta privada y pública. De esa manera, siendo limpios en todas las dimensiones de la vida, daremos cuenta de que, en efecto, somos morada del Espíritu de vida, antes que una cofradía religiosa incoherente e incapaz de ser lo que se afirma con las palabras, pero se niega con la práctica de vida. La iglesia, como «morada de Dios en el Espíritu», tiene entonces el encargo irrenunciable de ser señal patente de la presencia de una nueva realidad en el seno de la historia. Una nueva realidad que, con su palabra y su testimonio, actúa como fermento de cambio en las sociedades humanas en las que está situada.

Una realidad alternativa

La carta a los Efesios afirma enfáticamente que la vocación irrenunciable de la iglesia, como señal y signo visible de la presencia de Dios en la historia, es ser una realidad alternativa a la sociedad circundante. Una realidad alternativa que va a contracorriente de la sociedad predominante y, cuyas palabras y estilo de vida, contrastan abiertamente con las palabras y el estilo de vida del mundo. Su palabra no es cualquier elucubración producto de la autosuficiencia y el orgullo humano, sino palabra que interpela y que desnuda las motivaciones egoístas y las prácticas de muerte que caracterizan a nuestras sociedades. Y su estilo de vida, un llamado a ser ejemplar y modelador, tiene que leudar todos los espacios y recovecos de la experiencia humana, transformando mentalidades y prácticas de vida contrarias al propósito liberador de Dios.

La cuestión crítica, sin embargo, es la siguiente: ¿Está la iglesia, con su palabra y con su ejemplo, leudando y transformando las sociedades humanas o, más bien, se encuentra al servicio de intereses egoístas y de las fuerzas contrarias a la vida? Para leudar y transformar la realidad, primero se tiene que ser ejemplo visible de compromiso firme con la vida, la verdad, la justicia, la reconciliación y la paz. En tal sentido, los cristianos tienen que recordar que son, personal y colectivamente, embajadores de la reconciliación, antes que portavoces de la muerte, la mentira, la injusticia, las divisiones o la violencia. La iglesia, por lo tanto, como una comunidad reconciliada y reconciliadora, no puede estar de lado de todo aquello que atenta contra el propósito de Dios de reconciliar todas las cosas, las que «están en los cielos, como las que están en la tierra» (1.10).

La iglesia, como una realidad alternativa, tiene que dar señales claras de que es una nueva humanidad aceptante, acogedora, inclusiva, niveladora, horizontal y liberadora. Una comunidad de pecadores perdonados en la que todos son iguales, valiosos y catalizadores de relaciones justas y equitativas, y en la que el ejercicio del poder está al servicio del prójimo y no de intereses subalternos. Una comunidad sin hendiduras, fraccionamientos o con luchas intestinas por el liderazgo o ninguneos y discriminaciones de ninguna naturaleza. Una realidad alternativa cuyo mensaje de paz y justicia se grafica en la conducta privada y pública ejemplar de todos sus miembros.

El llamado de Pablo y la misión cristiana (3.1-13)

En estos versículos «se explica el papel del apostolado de Pablo en el plan de Dios para el universo» (MacDonald 1999:1530). Dos temas destacan en esta sección de la carta. En primer lugar, el llamado y las características particulares de la comisión encomendada a Pablo como embajador de Cristo a los gentiles. Él se ve a sí mismo «como un comisionado para llevar el evangelio a los gentiles» (Marshall 2004:385). En segundo lugar, el misterio o secreto eterno de Dios, escondido durante generaciones que, sin embargo, ahora es revelado mediante Pablo y la iglesia: la nueva sociedad que Dios está forjando en Cristo en la que desaparecen todas las barreras que separan a las personas. Una nueva sociedad que incluye a los gentiles, derribando así las barreras de raza (Martin 1992:1113).

Pablo es consciente de ser el «portador de un gran misterio ahora revelado: la gracia de Dios en Cristo constituye un nuevo organismo de creyentes, judíos y gentiles, son herederos de la gran promesa de Dios» (Cohick 2020:201). En esta sección de la carta, Pablo «describe este misterio, así como su responsabilidad de darlo a conocer» (Hoehner 2002:417) En relación con este misterio revelado a Pablo

(«…por revelación me fue declarado el misterio…», 3.3; «mi conocimiento en el misterio de Cristo», 3.4), se tiene que precisar que su significado es completamente distinto al que usualmente se le asigna en el idioma español:

> En castellano un "misterio" es algo oscuro, secreto, enigmático. Lo "misterioso" es inexplicable, hasta incomprensible. La palabra griega *mysterion*, sin embargo, es diferente. Aunque aún es un "secreto" ya no está celosamente guardado sino a la vista… Pero en el cristianismo no hay "misterios" esotéricos reservados para una élite espiritual. Por el contrario, los "misterios" cristianos son verdades que, aunque están más allá del descubrimiento humano, han sido reveladas por Dios, y por lo tanto pertenecen abiertamente a toda la Iglesia. Más sencillamente, *mysterion* es una verdad escondida del conocimiento o comprensión humana, pero descubierta por la revelación de Dios (Stott 1987:112).

Este misterio, sin embargo, para los efesios no se trataba de algo que ellos no podían comprender:

> El tema central de este fragmento es la palabra "misterio". Para el pueblo de aquella región y de aquel tiempo, esa palabra no significaba en primer lugar algo incomprensible o fuera del alcance de nuestra inteligencia. En efecto, Pablo dice: "por la lectura de la carta, podéis entender mi conocimiento del misterio de Cristo" (3.4). "Misterio" por lo tanto, es algo que puede y debe ser comprendido y revelado, pero con esfuerzo. Entonces, ¿qué sería ese "misterio"? La palabra que más se aproxima, tal vez, es "proyecto". El autor está hablando, pues, del proyecto de Dios y del desarrollo que Él tuvo con ese proyecto» (Bortoline 2005:44-45).

Misterio, por tanto, se refiere a la revelación dada «a sus santos apóstoles y profetas por el Espíritu» de que los gentiles serían «coherederos y miembros del mismo cuerpo» (3.6), es decir, miembros con los mismos derechos y responsabilidades en la nueva sociedad en Cristo.[4]

---

[4] Se precisa que «este misterio ya no está oculto. Más bien, se ha convertido en un componente principal de la proclamación cristiana. El Evangelio puede haber

De esa manera, dentro de las sociedades humanas, se gesta o incuba una nueva realidad o comunidad, basada en el perdón y la justicia de Dios. La expresión visible y concreta de esa nueva realidad es la reconciliación de dos pueblos, dos culturas, dos razas enemistadas entre sí durante siglos: judíos y gentiles. La iglesia patentiza y concretiza, con su mensaje y con su testimonio, con su palabra y con sus acciones, la realidad de esa reconciliación: ¡judíos y gentiles, por la gracia de Dios, forman ahora una nueva humanidad o una nueva sociedad en Cristo!

El siguiente es un valioso sumario de la primera parte de la carta, es decir, de su mensaje específico a los efesios:

> La primera mitad de Efesios concluye con un canto de alabanza a Dios que reconoce su soberanía sobre todo el universo y la iglesia (3.20-21). Dios tiene la voluntad y el poder para hacer mucho más de lo que los creyentes piden o esperan de él, y ese poder ya está obrando en la vida de los creyentes… Pablo ha estado explicando el plan eterno de salvación de Dios, y aquí declara el propósito del plan: traer gloria y honra a Dios. La gloria de Dios se manifiesta en la iglesia cuando aquellos que han experimentado la salvación viven juntos en unidad, sirven juntos en armonía y adoran a Dios juntos sin discriminación (Turaki 2006:1459).

Así es y así tiene que ser siempre, porque la iglesia como señal y signo de la presencia de Dios en la historia, cuando camina en unidad y sin ningún tipo de fisuras, tiene una cara pública limpia que da cuenta de que en efecto es una nueva realidad al interior de las sociedades humanas. Precisamente ese el centro de la exposición de Pablo en el capítulo cuatro de la carta: La unidad en la diversidad. Una unidad que se vive en el día a día de las diversas realidades humanas personales, familiares y ciudadanas. En otras palabras, Pablo en la segunda parte de la carta (4.1-6.20), «trata con las implicaciones prácticas de lo que ha estado enseñando en la primera mitad [de la carta]» (Turaki 2006:1459).

---

requerido revelación divina para darse a conocer, pero ahora ya no está oculto» (Fowl 2012:110).

El riesgo de la obediencia (3.1)

Los creyentes tienen que ser conscientes que el seguimiento no es un camino libre de dificultades, problemas, y riesgos personales. En algún momento las dificultades se presentarán y pondrán a prueba la paciencia, fidelidad y esperanza de los creyentes. La experiencia de Pablo da cuenta de esa realidad. Él fue consciente de los riesgos de la obediencia a Cristo y estuvo dispuesto a permanecer fiel a su llamado en medio de las tempestades de la vida. Esta realidad explica la razón por la cual comienza hablando, no de los efesios, sino de sí mismo y de su condición de prisionero por causa de Cristo:

> Cuando comienza Efesios 3, Pablo cambia de un relato de la situación de los efesios a un relato de su propia situación. Aunque Pablo es el centro de la discusión en 3.1-7 y 8-13, esta es realmente una discusión sobre la gracia de Dios y la relación de Pablo con su gracia (Fowl 2012:103).

El autor de la carta expresa que se encontraba en una prisión romana. Estaba privado de su libertad, no porque hubiese cometido algún delito o por ser un sedicioso, sino por causa de su servicio a Cristo, es decir, por anunciar el Evangelio a los no judíos o gentiles. Su condición de prisionero se debía a que no había dejado de cumplir con el encargo de predicar la buena noticia de salvación, es decir, estaba prisionero por su obediencia incondicional a Jesucristo: «…Yo Pablo, prisionero de Cristo Jesús…» (3.1; cf. 4.1; 6.20).

Aunque privado de su libertad, sin embargo, no dejó de seguir cumpliendo con la tarea que Cristo le había encomendado. Tenía plena conciencia de su misión como embajador de Cristo entre los gentiles. Estaba convencido de que se trataba de un encargo que tenía que cumplir a pesar de los riesgos que podían presentarse en el camino, entre los cuales se incluía la persecución, la prisión, el martirio y la muerte. Él «estaba convencido de que la totalidad de su vida, incluyendo su penosa prisión, estaba bajo el señorío de Cristo» (Stott 1987:110). La misma convicción se espera que tengan los cristianos, cualquiera sea la realidad material en la que se encuentren como embajadores de la gracia de Dios, y que jamás se dobleguen ante ningún poder humano.

Coherederos en Cristo (3.2-7)

Pablo tenía la convicción de que Cristo le había encomendado la misión de anunciar la buena noticia de salvación a los no judíos: «del cual yo fui hecho ministro por el don de la gracia que me ha sido dado según la operación de su poder» (3.7). Su tarea como embajador de la buena noticia de la salvación era un don, un regalo de amor concedido por Cristo. Esta conciencia le condujo a ser responsable en el cumplimiento fiel de esta comisión. De su firme convicción se subraya que él «ni siquiera se considera digno de haber sido llamado a ser siervo de Dios. Se consideraba un don nadie a quien Dios había llamado asombrosamente para tener el privilegio de predicar a Cristo» (Turaki 2006:1458).

Tenía conciencia además de que los gentiles, junto con los judíos, formaban parte de la nueva sociedad en Cristo: «que los gentiles son coherederos y miembros del mismo cuerpo, y copartícipes de la promesa en Cristo Jesús por medio del evangelio» (3.6). Este era el ministerio que le había sido revelado (3.2-3) y que se le había sido encomendado (3.7-8): «…me fue dada esta gracia de anunciar entre los gentiles el evangelio de las inescrutables riquezas de Cristo» (3.8). Ambos dones de la gracia divina, la revelación de este misterio y el encargo de anunciar este misterio, estaban íntimamente relacionados entre sí (Stott 1987:111-112), «porque una vez que había recibido su revelación especial de Dios, sabía que estaba bajo la obligación de hacer conocer a otros lo que le habían hecho conocer a él» (Stott 1987:112).

En consecuencia, como lo fue para Pablo, para nosotros también tiene que estar claro que la iglesia es la señal concreta de la nueva sociedad que Dios está forjando en medio de las sociedades humanas. De esta nueva sociedad:

> Lo primero que se afirma es la igualdad básica y fundamental en la nueva ekklesia. No hay ciudadanos de primera, segunda o tercera clase. Todos y todas participan con igualdad de derechos y estatus de las mismas prerrogativas y privilegios. En eso consiste la extraordinaria novedad de esta nueva humanidad creada por el Mesías Jesús… Esta igualdad fundamental se

> deja ver en las realidades esenciales que constituyen la nueva
> humanidad: son *beneficiarios de la misma herencia… miembros
> de un mismo cuerpo… y participantes igualmente de la promesa
> en Cristo Jesús mediante el evangelio…* Las tres realidades
> mencionadas constituyen pilares clave de lo que significa ser la
> nueva humanidad, la ekklesia (Ávila 2018a:245).

La iglesia como señal visible de la nueva sociedad en Cristo tiene que
ser, entonces, portadora de un mensaje público de paz, reconciliación
y justicia. Un mensaje que tiene que proclamarse y vivirse de manera
personal y colectiva en los ámbitos privado, familiar y ciudadano.
Un mensaje que tiene que proclamarse en la plaza pública. A la luz
de esta demanda, los creyentes siempre tienen que preguntarse,
cualquiera sea la realidad histórica en la que estén situados, qué
mensaje están proclamando con sus palabras y acciones personales,
familiares y ciudadanas: ¿Un mensaje de paz, justicia y reconciliación?
¿O un mensaje de violencia, injusticia y odio?

En una realidad de conflictos sociales, políticos y culturales de todo
tipo; de diversas violencias que afectan a las personas y sociedades;
de irrespeto a las normas básicas de convivencia social; los creyentes,
nunca tienen que olvidar lo siguiente:

> La constitución de una sola familia humana, entre gentes
> que en lo histórico se han apartado los unos de los otros, se
> hace posible… porque Jesucristo destruye la «enemistad», la
> «hostilidad» que los mantiene separados. Los judíos y gentiles
> se reconciliaron los unos con los otros, por cuanto ambos se
> reconciliaron con Dios. Por Cristo ellos llegaron a ser miembros
> del mismo cuerpo: el hombre nuevo, la nueva humanidad,
> el nuevo Israel quedan constituidos por la Iglesia cristiana.
> El sentido consiste claramente en que Dios se propone descu-
> brirse a sí mismo en una gran familia de pueblos hasta ahora
> separados por los odios históricos, las diferencias culturales, las
> condiciones sociales. El unificador es Jesucristo y el principio
> unificante es el Evangelio (Mackay 1964:75).

Esa es la tarea histórica y el desafío permanente de la iglesia: predicar
con palabras y con acciones la reconciliación en Cristo a todas las

personas, pueblos y culturas. Una reconciliación que conduce a la paz con Dios, con nosotros mismos y con el prójimo. Una reconciliación que exige perdón y justicia. Una reconciliación que apunta a la paz del reino de vida del Dios de la vida. Una reconciliación cuyo horizonte es una nueva creación.

Embajadores de Cristo (3.8-9)

Pablo tenía seguridad sobre la misión que se le había encomendado y a la que se consagró hasta el final de su vida. Sabía para qué estaba en el mundo. Había descubierto su vocación, su destino, su horizonte de vida. Tenía una razón por la cual vivir, una causa por la cual luchar, un compromiso irrenunciable que cumplir en todo tiempo. La tarea que Dios le encomendó fue predicar la buena noticia de salvación a los no judíos: «A mí, que soy menos que el más pequeño de todos los santos, me fue dada esta gracia de anunciar entre los gentiles el evangelio de las inescrutables riquezas de Cristo» (3.8).

Él fue «muy consciente de que no [había] hecho nada para merecer su posición de apóstol y que sus "privilegios" lo [habían] convertido en un servidor del evangelio y en un prisionero» (Ninan 2015:1640). Tenía plena conciencia de cuál era la razón de su existencia, sabía para qué vivía, había descubierto su vocación para la vida. Vivía para ser embajador de Cristo entre los no judíos, para anunciar la gracia de Dios a todas las personas, para comunicar la buena noticia de salvación en todas las avenidas del mundo: «y de aclarar a todos cuál sea la dispensación del misterio escondido desde los siglos en Dios, que creó todas las cosas» (3.9). Pablo fue consciente, por tanto, que, como un buen administrador de lo que Dios le había confiado, tenía el deber ineludible de ser portavoz y portador de la luz del Evangelio en todo lugar en donde la gracia de Dios le condujera. En síntesis, Pablo sabía que había:

> …recibido la tarea de dar a conocer ahora a la iglesia el misterio de Dios. El propósito de dicha acción es que ahora la iglesia por su nueva vida y existencia de conocer la sabiduría de Dios a quienes gobiernan el cosmos (seres espirituales y gobernantes de este mundo). Todo esto en conformidad con el propósito que Dios ha tenido desde la eternidad y que ha empezado

> a realizar por medio del Mesías Jesús, nuestro único Señor
> (Ávila 2018a:251).

Pablo comprendió que tenía un encargo especial y excepcional. Sabía que no se trataba de una tarea encomendada por autoridad humana alguna. Tenía conciencia de que su misión consistía en aclarar a las personas no judías cuál era el propósito de salvación de Dios para todos los seres humanos y para la creación entera. Para él, se trataba de una comisión que tenía que cumplirse, con responsabilidad, urgencia, y sin claudicaciones de ningún tipo en medio de las vicisitudes de la vida. La misma convicción deben tener los cristianos de todos los tiempos. La convicción de que tienen una misión que cumplir y que ningún poder humano o poder sobrenatural debe distraerles de ese encargo dado por Dios mismo.

La misión cristiana (3.10-13)

Pablo afirma que su misión y la misión de la iglesia es proclamar «la multiforme sabiduría de Dios… a los principados y potestades en los lugares celestiales» (3.10). Aunque la referencia parece ser solamente a los ángeles o a los seres celestiales en general, incluyendo a los demonios; sin embargo, los principados y potestades, son también los seres humanos que tienen cuotas de poder y ejercen poder en las sociedades humanas. Dicho de otra manera, Pablo, se refiere también a las estructuras de poder políticas, sociales, económicas, militares y religiosas que operan en las sociedades humanas de distintos signos ideológicos.

El propósito de Dios de liberar a los seres humanos de todas las opresiones tiene que ser proclamado entonces a los políticos, a los militares, a los empresarios y a los líderes religiosos; es decir, a todos los poderes terrenales. De manera más precisa se puede afirmar:

> Pablo ha recibido la tarea de aclarar y dar a conocer a la
> iglesia el secreto eterno de Dios. El propósito de dicha acción
> es que ahora la iglesia dé a conocer la sabiduría de Dios a
> quienes controlan y gobiernan el cosmos (seres espirituales y
> gobernantes de este mundo). Todo esto en conformidad con
> el propósito que Dios ha tenido desde la eternidad y que se
> cumple y realiza en el Mesías Jesús … El verbo y la acción

principal es «dar a conocer». El contenido de tal conocimiento es *la multiforme sabiduría de Dios*. El medio, instrumento o vehículo de dicho conocimiento es *la iglesia*. Los receptores del mensaje son *los principados y potestades en los lugares celestiales*. Todo esto se ajusta y realiza conforme al propósito eterno que (Dios) hizo. Y el eje, centro y cabeza de tal plan es Cristo Jesús, nuestro Señor (Ávila 2008:114).

Para el cumplimiento de esta misión personal y comunitaria, además de la seguridad de que Cristo está a nuestro lado («en quien tenemos seguridad y acceso con confianza por medio de la fe en él...», 3.12), se requiere fortaleza para continuar sin desmayar y sin claudicar («por lo cual pido que no desmayéis a causa de mis tribulaciones por vosotros, las cuales son vuestra gloria», 3.13). Se puede afirmar, por lo tanto, que la solidaridad cristiana es más que palabras y buenas intenciones, porque descansa en la confianza que los creyentes tienen en Dios que les ha llamado para ser parte de su familia, la iglesia, y les ha comisionado como embajadores de su paz en todas las avenidas del mundo. En Cristo, todos los creyentes tenemos acceso al Padre. En él somos uno y compartimos, no solamente una fe y una misión común, sino también las alegrías y los sufrimientos que son el día a día del peregrinaje humano.

La misión cristiana

La misión cristiana de proclamar públicamente a todas las personas, pueblos, naciones y culturas, la buena noticia del reino de Dios no es un encargo cualquiera, producto o resultado de las decisiones humanas, tampoco una agenda de conveniencias particulares de individuos o instituciones religiosas. Es un encargo o comisión divina que se tiene que comunicar con gratitud, urgencia y responsabilidad. Un llamado irrevocable o irrenunciable. Una tarea impostergable, siempre pendiente, inacabada.

Particularmente, si se tiene en cuenta el mensaje de la carta a los Efesios, se trata del anuncio de que en Dios todos son bienvenidos a formar parte de la comunidad mesiánica, la iglesia, la nueva humanidad que él está forjando en Cristo. Una nueva humanidad en la que se patentiza la realidad de nuevas relaciones entre personas, pueblos y culturas enemistados históricamente entre sí. Una comunidad en la que desaparecen todas las barreras que en las sociedades humanas separan a las personas: racismo, exclusión, discriminación.

Los misioneros son todos, mujeres y hombres de todas las edades, de distintos trasfondos sociales y culturales, con diferentes idiomas y códigos de comunicación. A todos ellos se les ha dado el mismo encargo. Ninguno de ellos es más importante que los otros. Todos son protagonistas y tienen una responsabilidad compartida. En consecuencia, la misión cristiana no es tarea exclusiva de especialistas, expertos o estrategas, sino la tarea común de toda la comunidad mesiánica. Una tarea que se cumple en realidades históricas concretas y distintas sea en tiempo de paz o de conflictos, en situaciones de pluralidad religiosa o cultural, en contextos abiertos al diálogo o de mentalidad cerrada.

La misión cristiana no tiene, por lo tanto, una sola expresión o vía de comunicación. Existen distintas formas de proclamación del evangelio, sin embargo, el mensaje es único y de alcance universal: Cristo es el Señor. A todos somos deudores y ningún terreno social, cultural o religioso, está vedado para el anuncio del evangelio. Todo lugar en el que se encuentran los seres humanos son terreno de misión para los creyentes y las iglesias impulsados por el Espíritu de vida. Las palabras son importantes para la comunicación del evangelio, pero además de las palabras, los gestos de solidaridad para con el prójimo son excelentes vehículos de anuncio del evangelio en todo lugar y en todo tiempo.

En consecuencia, la fe que obra por el amor (Gá 5.6), se convierte así en una manera concreta de anunciar y vivir el evangelio en todas las realidades humanas. Esta verdad la comprendieron y practicaron los primeros misioneros cristianos como Pablo y, de esa forma, su estilo de vida tuvo un impacto notable en las sociedades en las que ellos proclamaron la buena noticia del reino de Dios. ¿No debería ocurrir lo mismo en este tiempo?

Jesucristo y nosotros (3.14-21)

En este párrafo de la carta «Pablo retoma el tema con que lo inició (3.1) pero no terminó: su oración por los Efesios» (Padilla 2019:1538). La oración pastoral por los creyentes de Éfeso contiene tres pedidos en favor de ellos: a) que por la acción de Dios los creyentes experimenten la presencia de Cristo como una realidad permanente en sus vidas, b) que la presencia de Cristo haga posible que comprendan todas las dimensiones de su amor, c) que sean llenos de la plenitud de Dios (Padilla 2019:1538).[5] ¡Qué bella oración intercesora! ¡Qué hermoso corazón pastoral! ¿No tendríamos que orar así también nosotros, tanto por cada creyente, como por toda la comunidad de creyentes? Tendría que ser siempre así, porque la iglesia es una familia, una comunión, un compañerismo que se fortalece cuando cada uno se interesa por el otro y cuando todos sirven, según sus dones, a todo el cuerpo de Cristo.

Una oración pastoral (3.14-19)

Esta sección de la carta es en realidad una oración: «Por esta causa doblo mis rodillas ante el Padre de nuestro Señor Jesucristo» (3.14). Una oración que da cuenta de que el amor de Cristo se expresa también mediante la solidaridad cristiana. Oración solidaria en la que se le pide al Señor: «para que os dé, conforme a las riquezas de su gloria, el ser fortalecidos con poder en el hombre interior por su Espíritu» (3.16). El horizonte de la oración de Pablo es que los discípulos sean maduros en la fe, crezcan en todas las dimensiones de la vida cristiana, y se comprometen más con Cristo (3.17-18). De manera específica pide que sean capaces: «de conocer el amor de Cristo, que excede todo conocimiento» (3.18) para que sean «llenos de toda plenitud de Dios» (3.18).

Así, orando de esa manera, se expresa el amor por el prójimo, sea o no una persona amable, comparta o no nuestra fe en Cristo. La razón es la siguiente:

---

5   En referencia a esta oración se destaca lo siguiente: «Esta es la segunda oración de Pablo en Efesios (1.15-23)… En el presente contexto (3.14-21), el enfoque de su oración es que los efesios puedan conocer el gran amor de Cristo que supera todo conocimiento. Justo antes de esto, Pablo había desarrollado la doctrina del misterio de la iglesia donde los creyentes judíos y gentiles constituyen "una nueva persona", el cuerpo de Cristo» (Hoehner 2002:471).

> El amor de Dios, que ocupa un lugar central en la Epístola a los
> Efesios, y que constituye el tema central de la Biblia, es interés
> apasionado y muy devoto por las gentes que por naturaleza no
> son ni amables ni amantes, que son en sí mismos desmerece-
> dores y aún pecaminosos. El ágape es el modo de Dios para con
> el hombre, su anhelo para con él, la busca de su bien y siempre
> el deseo de quitarlo de su rebelión pecaminosa, de modo que
> Él llegue a ser su Salvador convirtiendo al hombre en su hijo
> (Mackay 1964:79).

La oración de Pablo nos recuerda que el Señor nos ama profundamente y nos otorga en su amor mucho más «de lo que pedimos o
entendemos, según el poder que actúa en nosotros» (3.20). Así actúa
Dios y de esa manera nos concede su amor en tiempos de paz y de
conflictos, durante los momentos de alegría y de tristeza, cuando
estamos preocupados o llenos de esperanza. Los creyentes, por tanto,
tenemos que unirnos a la oración de Pablo: «…a él sea gloria en la
iglesia en Cristo por todas las edades, por los siglos de los siglos»
(3.21), y junto con él, comunitariamente, exclamar: «Amén» (3.21).

Un solo Señor (3.20-21)

En la historia de la iglesia, en más de una ocasión, personas o grupos
de personas han intentado apropiarse de la iglesia para instrumentarla
en favor suyo o para legitimar a un régimen político. Han pretendido
ser los señores de la iglesia y convertir a los fieles en sus súbditos.
Sin embargo, los cristianos que tuvieron que arriesgar sus vidas
para preservar la pureza de la iglesia, nunca se inclinaron ante estos
señores temporales o se vendieron a quienes exigían lealtad absoluta.
Prefirieron las amenazas, el sufrimiento, el destierro, la prisión o la
muerte, antes que negar a Cristo.

Los cristianos de todas las épocas siguieron de esa manera, con su
firmeza y lealtad al Señor en situaciones de adversidad, la confesión
histórica de la iglesia que Pablo sintetiza claramente en Efesios 3.20-
21. En estos versículos sostiene que mediante su poder que actúa en
nosotros, Dios hará «todas las cosas mucho más abundantemente de lo
que pedimos o entendemos» (3.20) y, por esa razón, alaba a Dios con

estas palabras: «… a él sea gloria en la iglesia en Cristo Jesús por todas las edades, por los siglos de los siglos. Amén» (3.21).[6]

Acerca de esta doxología se afirma que en ella Pablo:

> …combina dos expresiones bastante comunes relacionadas con el tiempo y la eternidad. Pablo declara que la gloria de Dios se extiende «por todas las generaciones» y «por los siglos de los siglos» … Como criaturas atadas al tiempo que no tienen vida en sí mismas, sino que comparten la inmortalidad por medio del Hijo, esta alabanza a Dios y Padre es oportuna, incluso festiva y llena de gozo. Los horizontes se desvanecen en el infinito, y la gloria de Dios está allí (Cohik 2020: 237).

Para él no había duda de que la iglesia tiene un solo Señor: Cristo. A ese Señor, la iglesia y los creyentes le deben lealtad absoluta y jamás tienen que inclinarse ante ningún otro señor, quienquiera que sea, y cualquiera sea el bien material que les ofrezca. El ejemplo de Pablo grafica claramente estas palabras, ya que él se vio siempre a sí mismo «como servidor del evangelio, no como su amo» (Fowl 2012:115).

En esta oración en la que Pablo «expresa su profunda confianza en el poder y generosidad de Dios para responder favorablemente su petición» (Ávila 2008:125) tiene que descansar la confianza irrenunciable de los creyentes y de la iglesia en todas las circunstancias. Tienen que estar seguros de que ningún poder humano (político, militar, económico o religioso) o ningún principado o potestad que actúa en la historia (el diablo y sus operadores humanos o seres espirituales), podrá silenciarlos, incluso, durante los momentos de persecución, sufrimiento y martirio. Es así, porque Cristo, cabeza de la iglesia, es el Señor soberano de la historia, que camina con ellos en todos los recodos de la vida y que jamás los abandona. La fidelidad de Dios es, entonces, el paraguas bajo el cual los creyentes tienen refugio seguro.

---

6 Este «"amén" no sólo concluye su doxología y oración, sino que también concluye las secciones doctrinales de la epístola. Es una respuesta verdaderamente adecuada al poderoso mensaje que Pablo ha impartido en estos tres capítulos [de la carta]» (Hoehner 2002:496).

Principados y potestades

Este es un tema crucial, siempre actual, y con frecuencia evadido en toda discusión sobre la misión de la iglesia y la acción pastoral. La cuestión es, ¿quiénes son «los principados y potestades en los lugares celestiales» mencionados en Efesios 3.10, o «los gobernadores de las tinieblas y las huestes espirituales de maldad en las regiones celestes» mencionados en Efesios 6.12? ¿Se trata solo del diablo y sus agentes que actúan al interior de la historia y fuera de ella («en los lugares celestiales» o «en las regiones celestes»), instrumentando a las estructuras de poder de los gobiernos en favor de su proyecto de muerte?

Dos preguntas son importantes plantearse, primero, y luego intentar responder a las mismas: ¿El diablo es un ser personal o una estructura de maldad? ¿Tiene personalidad o es una fuerza impersonal? La discusión para responder a estas preguntas continúa todavía entre los exégetas. Para unos es simplemente una estructura del mal o un poder que induce al mal. Para otros, se trata de un ser —una persona espiritual— que actúa, directa e indirectamente, para inducir a creyentes y a no creyentes, al mal y a la desobediencia, y que actúa también en las estructuras de poder de los reinos de este mundo.

Cabe, por tanto, una pregunta, si el diablo y sus operadores celestiales y terrenales, no actuaran en la historia, ¿cómo explicar las atrocidades en contra de la dignidad y la vida humana, así como la destrucción paulatina de los recursos naturales no renovables y de nuestra casa común? Uno puede preguntarse también, ¿cómo explicar las guerras sangrientas, las dictaduras atroces que violentan la dignidad humana, los genocidios y las violaciones sistemáticas a los derechos humanos fundamentales? ¿O será que esta realidad es solo consecuencia del pecado personal y social humano, sin intervención de las fuerzas de maldad que operan a través de las decisiones y acciones de seres humanos e instituciones humanas concretas?

En mi caso, no me cabe duda alguna que el diablo o el maligno, no es una mera fuerza o un simple poder impersonal, sino un ser personal espiritual, cuyo interés primario es quebrar las buenas relaciones que las personas tienen con Dios y con el prójimo, para alejarlo así del propósito de Dios: vida, justicia, paz, reconciliación, perdón, alegría, bondad, entre otros principios del reino de Dios. La «misión» del maligno es tentar, inducir, provocar, con el propósito de que las personas actúen en contra de la voluntad de Dios, violenten al prójimo y pisoteen los bienes de la creación. El diablo, con ese fin, instrumenta las estructuras de poder que existen en las sociedades humanas, para oponerse al propósito liberador de Dios, y tiene operadores humanos —sociales, políticos, económicos, religiosos, militares— que actúan para favorecer sus intereses orientados a la práctica del mal y al establecimiento de la injusticia en todos los campos de la vida humana. El pecado personal y el pecado social son dos de las armas que el diablo tiene a su favor para cumplir con su «misión» de oponerse al reinado de Dios, destruir la vida humana y la casa común de toda la familia humana.

De manera que, los principados y las potestades en los lugares celestiales, así como los gobernadores de las tinieblas y las huestes espirituales de maldad, son ciertamente poderes opuestos al propósito de salvación integral de Dios. Ellos son instrumentos del maligno que operan y actúan, no únicamente fuera de la historia, sino al interior de esta, mediante las fuerzas contrarias a la vida y las estructuras de poder político, económico, militar, etc.

El diablo, entonces, no está enclaustrado en los espacios celestiales o confinado a actuar fuera de la historia, sino que opera activamente en la historia y utiliza para sus fines perversos a personas y estructuras de poder. En otras palabras, el diablo es el poder que está detrás de los poderes humanos, un ser espiritual maligno que sabe disimular su presencia, una presencia que se visibiliza en todo aquello —personas y estructuras— que se oponen a la vida y a la justicia plenas.

Capítulo 4

La dimensión pública de la nueva sociedad (4.1-6.24)

La primera parte de la carta a los Efesios trata sobre el propósito reconciliador de Dios con la formación de una nueva sociedad en Cristo (1.1-3.21). En esta sección se sientan los principios teológicos en los que se sostiene esta nueva sociedad. En la segunda parte de la carta (4.1-6.24), más práctica, aunque no menos teológica que la primera parte de la carta (1.1-3.21), se afirma que el propósito liberador de Dios ya está en marcha en la historia, siendo la iglesia la agencia a través de la cual se visibiliza este propósito. Al respecto, se afirma que Pablo, «luego de orar para que la iglesia demuestre la gloria de Dios… explica lo que esto significa en la vida cotidiana y en las relaciones familiares» (Ninan 2015:1641).

En esta sección de Efesios, se acentúa, además, la «aplicación del evangelio de la reconciliación y de la unidad en la vida de la iglesia» (Turner 1994:1236) como una nueva humanidad o una realidad alternativa a la sociedad circundante. En síntesis, Pablo «exhorta a los creyentes a vivir conforme al propósito para el cual fueron llamados. Deben esforzarse por vivir en unidad, amor y paz tanto en el mundo como en el hogar. Sin embargo, también deben estar preparados para enfrentar el conflicto espiritual» (Turaki 2006:1459).

El propósito liberador de Dios, o la dimensión más pública de la nueva sociedad que él está forjando en Cristo, «se hace visible en la historia de tres maneras: la unidad de la iglesia (4.1-16), un estilo de vida según la enseñanza de Cristo (4.17-5.21), y relaciones interpersonales de sometimiento mutuo especialmente en el hogar (5.21-6.9)» (Padilla 2019:1538). Desde el capítulo 4 hasta el capítulo 6, paso a paso, se va explicando cada uno de estos asuntos con ejemplos prácticos y consejos pastorales con la finalidad que los efesios recuerden y no se olviden que la fe en Cristo demanda un cambio de mentalidad y de estilo de vida. Esta insistencia de cambio de cosmovisión y de práctica de vida parece responder al pasado pagano de los efesios que se habían convertido a la fe cristiana y que encaraban el desafío cotidiano de romper completamente con ese pasado.

El mensaje de toda esta sección de la carta se puede resumir en cuatro imperativos del vivir cristiano o del testimonio cristiano: a) andar en luz; b) imitar a Dios; c) aprender a Cristo; d) ser llenos del Espíritu (Mackay 1964:186-205). O también, se puede resumir como «un mandato: Viviendo una vida reconciliada» (Johnson 1986:376).

Particularmente, sobre Efesios 4.1-6.20, se menciona que esta sección de la carta:

> …contiene la parte moral y parenética que está basada en la cristología y eclesiología tan profundamente expuestas en la primera parte. Comienza con una exhortación a la unidad dentro de la diversidad (Ef 4.1-13) y una invitación a vivir conforme a la condición del hombre nuevo en Cristo (Ef 4.14-5.14). Siguen normas prácticas de conducta para los diversos componentes de la familia (Ef 5.15-6.9). Y concluye con una descripción de la vida cristiana (Pérez 1995:532).

Mujer-mujeres

Es innegable que al interior de las iglesias existen muchas prácticas de ninguneo y exclusión de las mujeres. Las razones que se dan para justificar estas prácticas casi siempre son las mismas, y no varían de contexto en contexto, sean iglesias evangélicas populares o iglesias evangélicas de clase media o alta: a) Jesús no tuvo ninguna mujer en el círculo de los doce apóstoles; b) Pablo enseña que la mujer debe aprender en silencio y, más aún, que ella debe someterse al hombre.

Cuando se indaga un poco más, uno se percata que lo está detrás, además de la desinformación y los prejuicios, es la mentalidad patriarcal que se visibiliza en prácticas machistas y, lo que es peor, justificada y legitimada con Biblia en mano. En consecuencia, si uno escribe o enseña acerca del protagonismo de las discípulas galileas de Jesús o de la presencia visible de mujeres en las comunidades paulinas, casi de inmediato se convierte en una persona sospechosa e infiltrada en el seno de la iglesia para enseñar «perversidades», un liberal en doctrina y teología, o un «izquierdoso» partidario del feminismo.

Habría que decirles a esas personas, sinceras o no, que para nada es liberalismo o feminismo y, menos aún, infiltración comunista, afirmar que, según la enseñanza bíblica hombre y mujer, mujer y hombre, son iguales en valor y dignidad, y que ambos son coherederos del reino de Dios. Y que, además, ambos tienen competencias y capacidades que deben estar siempre al servicio de Dios y del prójimo. En tal sentido, actuamos mal cuando menospreciamos y marginamos a la mujer, bajo el pretexto de que ella es de menor valía que los hombres y que su lugar, tanto en la iglesia como en la sociedad, es estar subordinada y ser dependiente de la voluntad del hombre, sea su padre, su esposo o el pastor.

La mujer, las mujeres, son tan discípulas del Señor como los hombres; ellas tienen también dones otorgados por el Espíritu, y su lugar de testimonio es, tanto al interior de la comunidad cristiana, como en la sociedad. Y es sí, porque ellas tienen las capacidades y las competencias necesarias para un ejercicio responsable, eficaz y eficiente de sus saberes y experiencias en cualquier espacio de la vida, sea un espacio religioso o uno secular.

Además, Cristo dio también su vida en la cruz por ellas, las empoderó con su Espíritu y las envió —igual que a los hombres— como embajadoras de su gracia en los distintos espacios donde ellas están presentes como creyentes, vecinas y ciudadanas. Su valor y su dignidad no dependen de ni la opinión ni de las decisiones de los hombres, sino que descansa en su condición de imagen de Dios y, por lo tanto, nadie tiene que amordazarlas, amedrentarlas o tratarlas como ripio social.

La unidad de la iglesia (4.1-16)

¿Es posible construir una realidad alternativa, radicalmente distinta a la sociedad circundante, con personas que provienen de distintos trasfondos sociales, políticos, culturales y religiosos? ¿Será posible forjar un solo pueblo, unido y sin fisuras, en medio de una diversidad de opiniones y puntos de vista opuestos entre sí?

En esta sección de la carta a los Efesios se responde a estas y otras preguntas, describiéndose los principios sobre los que se asientan las buenas prácticas que tienen que caracterizar a la iglesia como una realidad alternativa, en abierto contraste con las prácticas de vida habituales en la sociedad circundante. Se describe la dimensión pública de la iglesia como una nueva sociedad, y se afirma que sí es posible construir un solo pueblo en medio de la diversidad social, política, cultural y religiosa que caracteriza a las sociedades humanas. Se destaca también la unidad en la diversidad de la iglesia como una nueva humanidad, se subraya «la necesidad de preservar la unidad en la iglesia, ya que la iglesia es una con un solo Dios y tiene una sola esperanza para el futuro» (Marshall 2004:386) y se insiste que esto «no es incompatible con la rica y diversa provisión que Dios le ha dado a la iglesia en forma de diferentes dones para edificarla» (Marshall 2004:386).

Así es en efecto, porque en esta carta, «más que en otros documentos del Nuevo Testamento (exceptuando probablemente Juan 17), se enfatiza la unidad en la iglesia» (Marshall 2004:392) y a la iglesia se la describe y presenta, no en su dimensión local, sino en su dimensión más colectiva o universal. Esta realidad puede explicar por qué se afirma que «*ekklesia* en Efesios y Colosenses se refiere, más que a una congregación local, a la iglesia universal» (Ladd 1982:546). Y se sostiene, además, que en esta sección «tenemos la parte moral de la carta. Empieza rogando a los fieles que vivan conforme a la grandeza de la vocación cristiana. La exhortación a la *unidad del Espíritu* le hace prorrumpir en un panegírico de la misma unidad cristiana y los motivos en que se funda» (Leal 1965:703).

En cuanto a esta unidad se resalta que en esta sección de la carta:

> ...se busca la madurez cristiana, que sabe respetar la diversidad
> y sólo es completa cuando reconoce y acepta las cualidades,

servicios y funciones de los otros miembros del cuerpo. La inmadurez está descrita con la imagen de la persona que se deja llevar por las olas del mar o como veletas que lleva el viento. El cuerpo, del cual Cristo es la cabeza, no es consecuentemente, algo hecho y acabado, pero sí es un proyecto que se construye con la ayuda de todos, según la capacidad de cada persona (4.15-16) (Bortolino 2005:54).

Consecuentemente, aunque a Efesios se le puede describir como la «epístola de la unidad» (Grassi 1986:237), sin embargo, no se debe perder de vista que se trata de una unidad que no es resultado del esfuerzo y de la sabiduría humana, sino de una unidad que tiene como fuente al Espíritu (Grassi 1986:237). La unidad cristiana, por tanto, es un don de la gracia de Dios. Un don que tiene que ser preservado mediante el cultivo y la implementación de buenas prácticas que den cuenta de que la *ekklesia* es en efecto la nueva sociedad en Cristo, radicalmente distinta a las sociedades humanas en las que está presente como avanzada del reino de Dios, como señal visible de su acción liberadora. Se espera, entonces, que el comportamiento de los discípulos «esté a la altura de las *responsabilidades* que su nueva relación con Dios les ha impuesto y de las *bendiciones* que este efectivo *llamamiento*... ha traído sobre ellos» (Hendriksen 1998:199).

Este llamado implica que personal y colectivamente, tanto en privado como en público, los cristianos tienen que dar cuenta de su identidad y presencia como una realidad alternativa a la sociedad predominante. Aunque, ciertamente, se tiene que precisar que «el pensar y sentir unánime, que consiste en estar orientados hacia lo mismo, no en pensar exactamente lo mismo, presupone que uno se ha apartado de la ambición en todas sus formas» (Schlier 1991:238). Las preguntas quemantes que se plantean a la luz de esta afirmación son, entre otras, las siguientes: ¿En serio todos nosotros, sin excepción, hemos dejado a un lado todas nuestras ambiciones personales y colectivas? ¿Es cierto que no nos interesa, para nada, tener poder en cualquier nivel de la estructura religiosa? ¿Actuamos siempre, tanto en privado como en público, limpiamente o tenemos las manos limpias? ¿No utilizamos el poder para favorecer a nuestros familiares, amigos o a nuestro círculo de confianza?

Unidad en la diversidad

La iglesia, pueblo de Dios en misión, la nueva humanidad en Cristo, una realidad alternativa a la sociedad predominante tiene una composición social diversa y el desafío permanente de ser una comunidad reconciliada y reconciliadora, en un contexto histórico en el que están presentes distintas formas de exclusión, marginación, ninguneo, racismo y otras formas de violencia en contra del prójimo indefenso y postergado. La unidad cristiana, unidad en la diversidad, constituye tanto un don de la gracia de Dios como un desafío permanente: «…solícitos en guardar la unidad del Espíritu en el vínculo de la paz» (Ef 4.3). La pregunta que brota de este desafío es la siguiente: ¿Cómo ser un solo pueblo, señal y signo concreto de reconciliación, con personas que provienen de distintos trasfondos sociales, culturales y religiosos?

Únicamente en Cristo y por Cristo es posible esta unidad en la diversidad. Las distintas experiencias y saberes, capacidades y competencias de cada miembro de la iglesia, potenciados por la presencia santificadora del Espíritu que concede dones y afina los caracteres, hace posible esta realidad aquí y ahora. Una realidad que apunta a «perfeccionar a los santos… para la edificación del cuerpo de Cristo» (4.12), para que ya no «seamos niños fluctuantes, llevados por doquiera de todo viento de doctrina» (4.14), sino que «siguiendo la verdad en amor, crezcamos en todo en aquel que es la cabeza, esto es, Cristo» (4.15).

En consecuencia, no se trata de un simple logro humano, producto de una buena estrategia, un excelente manejo de relaciones interpersonales, o un afinado plan operativo anual. La unidad en la diversidad es una gracia de Dios que, sin embargo, todos estamos llamados a guardar, evitando cualquier apetito por el poder, divisiones o intereses subalternos. La tarea colectiva será entonces buscar en todo momento el bienestar comunitario, servir a todos según nuestros dones, dejar a un lado las murmuraciones y las habladurías, y ser íntegros en el ejercicio del poder delegado.

De esa manera, actuando como un solo cuerpo, apuntando en la misma dirección, respetando los acuerdos, valorando la tarea del prójimo, y no entorpeciendo la función del otro, la unidad cristiana será un testimonio ejemplar para uno mismo y para los demás, para el frente interno (la iglesia) y para el frente externo (la sociedad). En realidad, se trata de una responsabilidad personal y colectiva permanente, porque es la forma visible de andar «como es digno de la vocación con que [fuimos] llamados» (4.1). No es entonces un ideal, una utopía, una quimera, un sueño o una entelequia. La unidad en la diversidad es obra del Dios trino y uno, que nos eligió, salvó y santificó, para vivir aquí y ahora como primicias de la nueva humanidad en Cristo.

La dignidad del Evangelio (4.1)

Una persona que se encuentra privada de su libertad y que tiene las carencias propias de la situación en la que se encuentra, difícilmente daría palabras de ánimo a quienes están fuera de una prisión disfrutando plenamente de su libertad. Este no fue el caso de Pablo. Condenado injustamente, encerrado en una prisión siendo inocente, tuvo palabras de ánimo y de exhortación cristiana para los creyentes de Éfeso: «Yo, pues, preso en el Señor, os ruego...» (4.1). Instó a los discípulos de Éfeso a mantenerse unidos en Cristo. Les exhortó a tener buen testimonio delante de los demás. Les exigió que vivan de acuerdo con los principios de la fe que habían asumido. Esperaba que sean capaces de andar conforme a los valores del reino de Dios. ¡El misionero estaba preso, privado de su libertad, pero el mensaje no estaba preso, y tampoco estaban presas la acción pastoral y el compromiso misional!

Para Pablo, la prisión, antes que un lugar para hundirse emocionalmente o derrumbarse moralmente, fue un espacio de testimonio cristiano. Él se veía a sí mismo, no como un prisionero más del Imperio Romano, sino como un prisionero por causa de su fe en Cristo. Para él estaba claro que su condición de prisionero, antes que un obstáculo para seguir anunciando la buena noticia de salvación era una oportunidad para proclamar y afirmar su fe en Cristo, tanto a creyentes como a no creyentes. Esto explica por qué, cuando exhorta a los discípulos a que se comporten como corresponde a su llamado o a su vocación, «pasa de la doctrina a la tarea; de la teología que expande la mente a sus implicaciones terrenales y concretas en la vida de todos los días» (Stott 1987:140).

Andar según los principios irrenunciables de la fe en Cristo, «...como es digno de la vocación con que fuisteis llamados» (4.1), es la invocación que hace el autor de la carta. Es interesante notar que, para Pablo, el seguimiento a Cristo es una «vocación», es decir, un llamado, no una «profesión». Es un llamado asentado en la gracia de Dios que invita a los creyentes a ser fieles y dignos en el camino asumido con plena conciencia de que se trata de un peregrinaje irrenunciable. Es un llamado que no depende de intereses económicos o de otras ventajas materiales, sino de la gracia de Dios en Cristo, que exige coherencia de vida en cada tramo del camino.

Este peregrinaje personal y colectivo, como se explica luego, tiene que caracterizarse por valores como la «humildad, mansedumbre, longanimidad, y un deseo por promover la unidad y la paz (vv. 1-3)» (Hodge 1954:197). Pablo exhorta entonces a los creyentes a no conformarse a los valores y el estilo de vida característico de la sociedad de ese tiempo, y los anima a «caminar en la dirección que corresponde a su llamado» (Foulkes 1999:116). Bajo el paraguas de esta invocación pastoral, se puede afirmar que «la ética cristiana (el imperativo) se deriva directamente de la obra redentora que Dios ha efectuado por medio de su Hijo Jesús (el indicativo)» (Ávila 2008:131).

A la luz de este llamado pastoral-misional, los discípulos de este tiempo y de todos los tiempos, tienen que comprender que la dignidad del evangelio exige tener una conducta privada y pública, completamente distinta a la conducta de los no creyentes. Esta es la razón de fondo por la que, a diferencia de los no cristianos, los discípulos de Cristo tienen que decir la verdad antes que mentir, buscar la paz antes que ahondar los conflictos, amar la justicia antes que practicar la injusticia, ser íntegros antes que corruptos, ser honestos antes que ladrones.

Estas buenas prácticas, indudablemente, dan cuenta de que el evangelio tiene una dimensión pública inocultable que, paulatinamente, leuda y transforma las relaciones sociales y la vida pública de las sociedades humanas en las que los discípulos están presentes como testimonio visible de la gracia y la justicia de Dios. Se trata de buenas prácticas que visibilizan la llenura del Espíritu (5.18) y el fruto del Espíritu (4.9), dando cuenta así de que la iglesia es, efecto, «morada de Dios en el Espíritu» (2.22).

Las buenas prácticas (4.2-4)

Andar dignamente, conforme a la vocación cristiana (4.1), exige tener buenas prácticas o un testimonio visible, completamente distinto al de las personas no cristianas. Demanda cultivar buenas prácticas como las que se mencionan en esta sección de la carta (4.2-4). Buenas prácticas que visibilizan la acción transformadora de Cristo en la vida personal y familiar, privada y pública, de los creyentes.

En este pasaje es especialmente importante la mención a la unidad como un regalo del Espíritu y como una tarea permanente de los creyentes. Esto implica que, diariamente, los creyentes tienen que hacer el esfuerzo personal y comunitario por preservar la unidad cristiana en medio de los diversos puntos de vista que existen en el seno de las comunidades de discípulos. Pero ese es el desafío y la tarea que corresponde a todos los creyentes como expresión visible de su condición inocultable de una nueva sociedad en Cristo.

Las virtudes que aquí se mencionan (humildad, mansedumbre, tolerancia, paciencia), descansan en el amor, no en las habilidades o destrezas humanas, y no vienen como consecuencia de las cualidades innatas de las personas o son producto de la sabiduría humana. Es así, porque se trata de «virtudes engendradas en la vida cristiana por la obra del Espíritu» (Ávila 2008:132), son un don de Dios, y la alfombra sobre la que reposa y se articula la unidad cristiana. Dicho de otra manera, la «unidad obrada por el Espíritu [es] conservada por medio de él» (Schlier 1991:242), ya que el «*Pneuma* es el poder que crea y conserva la unidad» (Schlier 1991:243). Cuatro verdades se pueden afirmar acerca de la unidad:

> Depende de la caridad (*amor*) de nuestro carácter y conducta (v. 2) … Surge de la *unidad* de nuestro Dios (vv. 3-6) … Está enriquecida por la *diversidad* de nuestros dones (vv. 7-12) … Demanda la *madurez* de nuestro crecimiento (vv. 13-16) (Stott 1987:141-142).

La unidad, don de Dios y tarea permanente de la iglesia, parece una ilusión o una utopía en sociedades fragmentadas por una diversidad de problemas históricos de largo aliento (racismo, etnocentrismo, marginación, exclusión, pobreza, etc.). Así fue en la sociedad grecorromana del primer siglo. Y así son buena parte de las sociedades contemporáneas en las que existen diversas violencias que vulneran y pisotean la vida y la dignidad humana.

De esta exhortación pastoral-misional se afirma, además, que tiene:

> ...una relevancia especial cuando recordamos las muchas barreras, prejuicios, antagonismos y odios entre los diversos grupos étnicos que componían aquellas sociedades en Asia Menor y las Iglesias en su seno (romanos, griegos, judíos, iraníes, indígenas anatolios). Además, las diferencias de carácter religioso (judíos y paganos), social (ciudadanos romanos, libres y esclavos) y cultural (griego y bárbaro; romanos vs. culturas indígenas de Anatolia) exacerbaban las enemistades entre unos y otros. Las realidades políticas eran otro elemento conflictivo (conquistador y ciudadano del Imperio vs. conquistado y oprimido) que hacían entonces, como hoy día, prácticamente imposible llevar a cabo relaciones humanas significativos (Ávila 2018b:30).

Considerando las divisiones sociales y culturales que existen en nuestras sociedades, y que no se pueden negar, la iglesia tiene el desafío de unir lo que está desunido, reconciliar lo que está fragmentado, y lograr la paz en medio de los conflictos. Tiene el desafío de expresar visiblemente lo que el Evangelio de la paz en Cristo logra en medio de sociedades en las que todavía existen personas y sectores sociales tratados como menos importantes o desechables, por quienes tienen en sus manos el poder político, económico, militar y religioso.

Para cumplir con este encargo, dar cuenta de que la iglesia es señal concreta de la nueva sociedad en Cristo, se tiene que recordar el lazo que une a todos los creyentes y que en Efesios se subraya con siete palabras que comienzan con la expresión «un»: un cuerpo, un Espíritu, una esperanza, un Señor, una fe, un bautismo, un Dios y Padre (4.4-6). Así se tiene que expresar, con la fuerza de la unidad en medio de la diversidad, la centralidad del llamado a estar unidos en Cristo (Turner 1994:1237).

A la luz de la carta a los Efesios queda claro entonces que, si bien la unidad es don del Espíritu, es también una tarea permanente de la iglesia, una tarea insoslayable, urgente y cotidiana en realidades humanas de luchas por el poder, conflictos históricos y violencias de todo signo. Es una unidad que se tiene que cuidar cada día a través de la construcción de relaciones sanas, auténticas, responsables y armoniosas en el seno de la iglesia (Martin 1992:1115). Es importante, por lo tanto, recordar que la unidad fue establecida por Cristo con su sacrificio en la cruz y que, aunque no es la iglesia la que crea la unidad, sin, embargo, está llamada a preservarla en todo tiempo (Schreiner 2001:339).

La familia en Cristo (4.5-6)

La vida cristiana comienza cuando una persona escucha y acepta la buena noticia de salvación, se arrepiente de sus pecados personales y sociales, experimenta la gratuidad del amor de Dios, y se integra a una comunidad visible de discípulos: la iglesia, la nueva humanidad en Cristo. La vida cristiana implica una ruptura radical con toda práctica de pecado y la adopción de un nuevo estilo de vida asentado en los principios del evangelio como el perdón, la justicia, la reconciliación y la paz.

La vida cristiana implica también reconocer que todos los creyentes tienen «un Señor, una fe, un bautismo» (Ef 4.5). Y, por esa razón, no pueden andar peleados ni divididos en ninguna circunstancia. Confesar a un solo Señor implica, además de no reconocer a otro señor, hacer el esfuerzo de vivir como miembros de una misma familia, sabiendo que no siempre nos comportamos como se espera que sea la conducta de los creyentes. Implica asimismo reconocer que tenemos una misma fe en Dios y que somos parte de una comunión más amplia, la iglesia, en la que todos tenemos los mismos derechos y las mismas responsabilidades.

El cuerpo de Cristo, la iglesia, como pueblo de Dios, afirma y confiesa a un Padre en común: «un Dios y Padre de todos, el cual es sobre todos, y por todos, y en todos» (4.6). De esta declaración se deduce que Dios es Padre de todos los creyentes sin excepción. Él no tiene hijos favoritos, hijos predilectos o hijos consentidos, porque todos los miembros de la comunidad de discípulos, sin ninguna forma de exclusión o marginación, le tienen a él como Padre y son sus hijos en igualdad de condiciones. Pero, además, no tenemos que olvidar que Dios no es propiedad de nadie o el «tótem» particular de un pueblo, una cultura o una iglesia, porque él siempre es «sobre todos». En tal sentido, acierta quien ha afirmado que no «hay templo, ni sacramento, ni oración, ni iglesia, ni doctrina, ni experiencia que lo contenga... [porque] él puede destruir todo templo —o experiencia, o iglesia o sacramento— que se transforme en ídolo» (Míguez Bonino 1995:112).

Dios también está «sobre todos» nosotros, es decir, nadie más que él es digno de nuestra adoración y obediencia. Él es el único Señor a quien tenemos que honrar y obedecer en todo tiempo. Dios, además, porque nos ama, dio su vida «por todos» nosotros. Esto significa que nuestra salvación tuvo un altísimo costo y que todos nosotros tenemos un inmenso valor, no solo por ser creación de él, sino, además, por ser miembros de su pueblo. Desde la perspectiva de Pablo, Dios en su misericordia, actúa a través de todos nosotros, porque todos somos instrumentos de su gracia y justicia, para proclamar la buena noticia de salvación.

Los dones del Espíritu (4.7-11)

Los dones son un regalo o un don de la gracia de Dios. No son propiedad privada de quienes lo poseen, sino dádivas de Dios para ponerlos al servicio de la comunidad de discípulos y al servicio del prójimo. Tiene que ser así porque «los dones espirituales no se dan para el beneficio de los líderes, sino que están destinados a ayudar a la iglesia a crecer física y espiritualmente hasta que alcance la madurez» (Turaki 2006:1459).

En este caso, no se trata de las habilidades extraordinarias mencionadas en otros pasajes (Ro 12.3-8; 1Co 12.1-31; 1P 4.10-11), sino de formas diversas de servicio cristiano para la edificación de la iglesia como cuerpo de Cristo. Es importante, por tanto, no olvidar que «la unidad de la iglesia se debe a la *charis*, la gracia de Dios que nos ha reconciliado con él; pero la diversidad de la Iglesia se debe a la *charismata*, los dones de Dios distribuidos entre los miembros de la Iglesia» (Stott 1987:149).

A cada uno de los miembros de la comunidad de discípulos, Dios en su misericordia, le ha concedido un don para que lo ponga al servicio de los demás: «Pero a cada uno de nosotros fue dada la gracia conforme a la medida del don de Cristo... y dio dones a los hombres» (4.7-8). Estos dones son, como se ha señalado, una gracia o un regalo de Dios, no un derecho o nuestra propiedad, ni un producto del esfuerzo o de la capacidad humana. Es decir, «son actos de gracia, porque los destinatarios no son elegidos por su virtud o por su mérito» (Ninan 2015:1642). Debido a que son un regalo de Dios, tienen que ser utilizados para el bien de todos y para la capacitación de los miembros de la comunidad de discípulos y, particularmente, para honrar a Dios y servir al prójimo.

En este pasaje se hace referencia a dones como los «apóstoles... profetas... evangelistas... pastores y maestros» (4.11). El énfasis está, no tanto en el esfuerzo o mérito humano, sino en la iniciativa de Dios que, voluntariamente y por amor, concedió estos dones a las personas («Y el mismo constituyó...», 4.11). Claro está, los cuatro o cinco dones o ministerios (servicios) mencionados en este pasaje,[1] no son los únicos dones que el Señor concede, si se lo compara con los otros pasajes del Nuevo Testamento que tratan de los dones (Ro 12.3-8; 1Co 12.1-31; 1P 4.10-11), y tampoco tienen más importancia o preeminencia que otros dones. No se establece en este pasaje ni en otros en los que se aborda el tema (Ro 12.3-8; 1Co 12.1-31) una jerarquía de los dones, como tampoco se enfatiza uno de ellos como más valioso o importante que el resto. Se trata más bien de una lista representativa de los dones que se otorga a los creyentes para ser utilizados en beneficio del prójimo. En síntesis, los «dones que aquí se mencionan no son capacidades especiales (como en el caso de los otros pasajes sobre dones), sino personas (4.11) con cuatro tipos de funciones especiales» (Padilla 2019:1539).

¡Cuánta necesidad tenemos actualmente de que estos dones o ministerios (y otros dones), concedidos por Cristo a la iglesia estén

---

[1] Unos opinan que solo se trata de cuatro dones o ministerios (apóstoles, profetas, evangelistas, pastores-maestros), mientras que otros sostienen que son en realidad cinco (apóstoles, profetas, evangelistas, pastores, maestros). Quienes optan por unir pastores y maestros como un solo don o ministerio afirman lo siguiente: «La construcción gramatical sugiere que *pastores* y *maestros* no se refiere a dos grupos diferentes sino a un solo grupo de personas que cumplen la función de pastorear la grey mediante la enseñanza de la Palabra» (Padilla 2019:1539).

presentes y se ejerciten sanamente, sin competencia o rivalidad, para la edificación de toda la comunidad de discípulos! Para que cada uno, cumpliendo con la tarea que el Señor en su gracia le ha concedido y asignado en el cuerpo de Cristo, dé cuenta de que forma parte de la nueva sociedad en Cristo, completamente distinta a la sociedad circundante, tanto en su forma de pensar como en su forma de actuar.

Los dones del Espíritu y la comunión cristiana (4.12-15)

Dios en su amor concede dones a su pueblo para que sean utilizados en beneficio de toda la comunidad de creyentes: «a fin de perfeccionar a los santos para la obra del ministerio, para la edificación del cuerpo de Cristo, hasta que todos lleguemos a la unidad de la fe y del conocimiento del Hijo de Dios, a un varón perfecto, a la medida de la estatura de la plenitud de Cristo» (4.12-13). Pero ¿el ejercicio de los dones del Espíritu beneficia a todos? Debería ser así, porque los dones tienen que estar orientados a la edificación de la comunidad de discípulos para que, en lugar de ser y de actuar como niños, sean y actúen como personas maduras en todo lugar y en todo momento. Se puede afirmar entonces que:

> La unidad y madurez cristianas, que se miden de acuerdo con el modelo de Jesús el Mesías, son objetivo y meta de los que sirven con la Palabra. Para lograr esas metas, la revelación, iluminación, proclamación y enseñanza de la Palabra que realizan los «dones» que Cristo ha dado a la iglesia (v. 11) es fundamental. La misma verdad se expresa, por medio de un contraste, en el siguiente versículo (14) y luego se reiterará de manera positiva y paralela en los vv. 15 y 16 (Ávila 2008:146).

Tenemos que preguntarnos, sin embargo, ¿hemos madurado, como creyentes, hasta ser semejantes a Cristo o parecernos cada día más a él? Una señal de madurez cristiana es dejar de ser y de actuar como niños; es decir, ser y actuar como personas que no tienen opinión propia, vacilantes y de doble ánimo, susceptibles de ser engañados o cautivados por otros, fáciles de ser instrumentados por otros en favor de sus intereses mezquinos. Tiene que ser así: «para que ya no seamos como niños fluctuantes, llevados por doquiera de todo viento de doctrina, por estratagema de hombres que para engañar emplean con astucia las artimañas del error» (4.14). Si dejamos de ser niños, siendo adultos en nuestra forma de pensar, sentir y actuar; estaremos, «siguiendo la verdad en amor» (4.15), y creciendo «en todo en aquel que es la cabeza, esto es, Cristo» (4.15).

Se trata entonces de un llamado a la madurez en Cristo. De acuerdo con Pablo, un cristiano es una persona madura cuando deja a un lado todo aquello que atenta contra la unidad del cuerpo de Cristo y, antes que buscar su propio beneficio, busca activamente el bien común o el bienestar de todos, sin ninguna excepción. En tal sentido, prácticas nocivas como los comentarios mal intencionados, los chismes, las habladurías, las conversaciones insanas, las difamaciones, la mezquindad, los celos, las peleas, las divisiones, la búsqueda del interés personal y de grupo, los resentimientos, entre otras malas prácticas, son señales visibles de inmadurez cristiana o de la conducta propia de una persona inmadura. A la luz de este pasaje, las preguntas para todos nosotros serán, ¿qué tan maduros somos en nuestra vida privada y pública, especialmente, cuando están en juego nuestros intereses y expectativas? ¿Buscamos incansablemente el bien de todos o solo nos importan nuestros intereses?

La iglesia: cuerpo de Cristo (4.16)

En Efesios 4.15 se afirma que Cristo es la cabeza de la iglesia: «...crezcamos en todo en aquel que es la cabeza, esto es, Cristo». Seguidamente se afirma que la iglesia es el cuerpo de Cristo y que cada miembro de ese cuerpo tiene que colaborar para que todos sean edificados en amor: «de quien todo el cuerpo, bien concertado y unido entre sí por todas las coyunturas que se ayudan mutuamente, según la actividad propia de cada miembro, recibe su crecimiento para ir edificándose en amor» (4.16). Cabe aquí entonces una pregunta necesaria e insoslayable: ¿Todos los miembros están ayudándose mutuamente o cada uno trabaja para su propio beneficio y para el beneficio de quienes piensan como él o ella?

La insistencia de Efesios 4.16 es que todo el cuerpo «bien concertado y unido entre sí», «según la actividad propia de cada miembro», apunte al interés común, antes que a los intereses personales o de un grupo en particular. Desde esa perspectiva, difícilmente una iglesia crecerá de manera armoniosa y será edificada sanamente, si todos los miembros de esta no trabajan en la misma dirección y apuntan al bien común. Cualquier atentado contra la unidad de la iglesia, sean palabras o acciones malintencionadas, afecta a todo el cuerpo y conspira contra el amor y la paz. Además, será un claro indicador de que la persona o las personas que actúan en contra de la unidad cristiana, no andan de manera digna conforme a la vocación cristiana (4.1).

Una pregunta a la que se tiene que responder con franqueza es la siguiente: ¿A qué se debe que no todos los miembros de una iglesia están cumpliendo con su función y están trabajando para que toda la comunidad de discípulos sea edificada en amor? La otra pregunta sería: ¿Cómo animar, exhortar y reprender en privado y en público a quienes, en lugar de aportar al interés común, se dedican a criticar y a obstaculizar cualquier intento de trabajar en beneficio de todos, conspirando así contra la unidad de la iglesia?

A pesar de estas actitudes y prácticas que atentan contra la unidad cristiana y manchan el testimonio de la iglesia, la tarea y el desafío personal y comunitario, ayer y hoy, continúa siendo seguir «la verdad en amor» (4.15) y la edificación mutua «en amor» (4.16). De esa manera se expresará visiblemente que somos la nueva sociedad en Cristo. ¡Esto es andar de manera digna, conforme al evangelio de Cristo, contribuyendo a la edificación del cuerpo de Cristo!

Los dones del Espíritu

Los dones del Espíritu, una gracia de Dios, están íntimamente conectados a la unidad en la diversidad de la iglesia como cuerpo de Cristo, y a la madurez cristiana. Cada miembro del cuerpo de Cristo tiene un don que debe ponerlo al servicio de toda la comunidad. Los dones no son únicamente para la edificación personal, sino también para la edificación del cuerpo de Cristo. Tampoco son para competir unos con otros, para vanagloriarse o creerse superior a los demás y, menos aún, para dividir a la iglesia y favorecer intereses subalternos.

La diversidad de dones expresa la multiforme gracia de Dios (1P 4.10) y los dones mencionados en Ef 4.11; Ro 12.3-8; 1Co 12.1-31, son solo una lista representativa y no la totalidad de estos. Además, la madurez cristiana no depende del don o de los dones que una persona tenga, sino de la capacidad de reflejar en su conducta privada y pública el fruto del Espíritu (Gá 5.22-23). Dicho de otro modo, de la capacidad de vivir «en el Espíritu» y de andar «también por el Espíritu» (Gá 5.25).

Los dones del Espíritu, por tanto, tienen que visibilizarse no solo al interior de la iglesia, sino también en el testimonio público. Tiene que ser así, porque la presencia de Dios no se limita al tiempo de culto comunitario ni a las prácticas religiosas, porque él está actuando, además, libremente en la historia. En consecuencia, los dones que él concede a la iglesia no son para el consumo privado o para la dimensión religiosa de la vida, son también para el logro de la justicia y de la paz en todas las dimensiones de la experiencia humana.

Dicho de otro modo, Dios en su multiforme gracia, empodera a los creyentes para que, con sus saberes y experiencias, capacidades y competencias, ejerzan una labor diaconal cuyo horizonte apunte al *shalom* divino. En tal sentido, profetas y maestros, pastores y activistas sociales (diáconos), son *sacramento* de Dios, señal visible de su presencia, para que el mundo sea un espacio de vida y justicia más habitable para todas las personas.

La nueva vida en Jesucristo (4.17-32)

Varias figuras del lenguaje se utilizan en este pasaje para ilustrar el cambio de vida que han experimentado o tienen que experimentar los creyentes («despojaos» [4.22], «renovaos» [4.23], «vestíos» [4.24]). El autor de la carta a los Efesios «exhorta a los creyentes a romper definitivamente con el estilo de vida pagano anterior a su conversión» (Padilla 2019:1539). En consecuencia, lo «que se espera de quienes se han despojado del viejo ropaje y se han puesto el nuevo, es una conducta que ponga en evidencia ese cambio en relación con Dios y en la relación con el prójimo» (Padilla 2019:1539). De manera más enfática se puede sostener que la iglesia, como una realidad alternativa, como la nueva humanidad en Cristo:

> ...tiene dos características principales. Primero, es «un» pueblo, compuesto por igual por judíos y gentiles, la familia única de Dios. Segundo, es un pueblo «santo», distinto del mundo secular, apartado (como Israel en los días del Antiguo Testamento) para pertenecer a Dios. Por consiguiente, como el pueblo de Dios ha sido llamado a ser un pueblo, debe manifestar su unidad, y porque son llamados a ser un pueblo santo, debe manifestar su pureza. La unidad y la pureza son dos características fundamentales de una vida digna del llamado de Dios a la iglesia (Stott 1987:141).

La nueva vida en Cristo exige, por tanto, abandonar la vieja humanidad con sus vicios e inconductas contrarias a la fe cristiana, y andar según los principios éticos de la nueva humanidad en las distintas realidades humanas en las que los creyentes se movilizan cotidianamente. La razón de esta exigencia de Pablo se explica de esta manera:

> Los lectores [de la carta] eran gentiles convertidos que habrían tenido una forma de vida muy diferente antes de su conversión y, por lo tanto, un elemento importante en el crecimiento de la iglesia [era] el abandono de su antigua forma de vida pecaminosa y la adopción de un nuevo patrón de conducta (Marshall 2004:386-387).

La exigencia de Pablo es un llamado a tener otra cosmovisión y una conducta personal y pública que se relacione íntimamente con esa cosmovisión. Dicho de otro modo, se trata de un llamado a romper completamente con las prácticas religiosas y culturales que colisionan con la fe cristiana (cultos a otros dioses, veneración a imágenes, fiestas religiosas paganas, participación en orgías y ritos de magia, etc.), como fue el caso de los efesios convertidos a la fe en Cristo, cuyo pasado estaba relacionado con el culto a Artemisa y el culto al emperador romano, prácticas religiosas predominantes en Éfeso a mediados del primer siglo. La tarea personal y colectiva de los creyentes consiste, entonces, en andar conforme a la vocación cristiana (4.1) todos los días, y no solo cuando nos conviene o en nuestros «ratos libres».

Interculturalidad, pluralismo religioso y fe cristiana

En las últimas décadas el mapa religioso latinoamericano y caribeño se ha ampliado y diversificado. La hegemonía religiosa absoluta que tenía la Iglesia Católica Romana, desde la conquista española y portuguesa, hasta mediados del siglo pasado, se ha resquebrajado notoriamente y el campo religioso tiene actualmente un variado menú de ofertas, entre ellas las iglesias evangélicas y otras confesiones no cristianas. ¡Estamos en tránsito a un creciente pluralismo religioso en la región!

La realidad descrita brevemente, para el caso latinoamericano y caribeño puede explicar por qué actualmente se afirma que estamos en una época en la que la pluralidad religiosa y la tolerancia están consideradas como fundamentales y en la que el consenso público exige el abandono del exclusivismo cristiano. Estamos pasando de los desafíos del multiculturalismo a los desafíos de la interculturalidad. Se trata de una nueva realidad en la que se exige convivencia, enriquecimiento e influencia equitativa, entre las diversas culturas, nacionalidades y religiones que están presentes en un determinado territorio o espacio geográfico. Bajo el paraguas de la interculturalidad se espera que el diálogo, la tolerancia y el respeto sea el piso común en el que se asiente la construcción de una democracia más abierta y plural, es decir, la construcción de un país de iguales, de todos y para todos.

Aunque en realidad, la pluralidad religiosa no es una novedad contemporánea. Así es en efecto, porque en el mosaico religioso del mundo grecorromano del primer siglo en el que múltiples ofertas religiosas se les ofrecía a los habitantes del Imperio Romano, la fe cristiana irrumpió como una nueva alternativa religiosa que tenía que competir con las otras ofertas religiosas que existían para las personas y familias. En el caso de Éfeso, una de las metrópolis más importantes y populosas de ese tiempo, predominaba el culto a Artemisa, la diosa asiática de la fertilidad y existían, además del creciente culto al emperador romano, otras religiones que captaban la atención y a las que se adherían los habitantes de esa ciudad y de las regiones aledañas.

La fe cristiana, por tanto, al interior de un campo religioso plural, siendo minoritaria, tuvo que hacer frente a las exigencias de una realidad sociocultural acostumbrada a tolerar y a coexistir con diversas creencias y prácticas religiosas. Los desafíos éticos que encararon los efesios que se convirtieron a la fe cristiana no fueron, consecuentemente, fáciles de sobrellevar en el día a día de sus relaciones familiares y sociales. Dos asuntos seguramente fueron los focos centrales en la preocupación de los misioneros cristianos, Pablo y sus acompañantes, cuando llegaron a Éfeso y comenzaron a proclamar la buena noticia del reino de Dios en ese paisaje religioso amplio y diverso:

a) Cumplir con su llamado y responsabilidad de predicar el Evangelio en la plaza pública a todos los públicos.
b) Proclamar la singularidad de Jesucristo como único camino de salvación en un contexto en el que existía un variado menú de opciones y ofertas religiosas.

Estos dos innegociables de la fe cristiana siguen siendo un desafío permanente para los creyentes en el mundo contemporáneo en el que la interculturalidad se impone como paradigma para todos y exige diálogo, tolerancia y respeto de todos y para todos. Por tanto, los cristianos tienen que responder varias preguntas en una realidad en la que se afirma que todas las religiones son caminos de salvación y en la que ninguna de ellas tiene el monopolio de la verdad:

a) ¿Tienen los evangélicos que dejar de seguir proclamando en todos los pueblos, sociedades y culturas del mundo, la singularidad de Jesucristo como único camino de salvación? ¿Es esta afirmación un punto innegociable de su fe e identidad religiosa?
b) ¿Tienen que dejar a un lado la naturaleza y la vocación misionera intrínseca de la fe cristiana, para no ofender a los no cristianos, y como un paso necesario y obligado para establecer una relación intercultural más sincera y fructífera con los adherentes de otras religiones?

Estas preguntas tienen tremenda actualidad, especialmente en un marco temporal en el que se afirma que se está pasando de una teología del pluralismo religioso a una teología pluralista. Una propuesta en la que se admite un pluralismo de vías de salvación, aceptándose la presencia reveladora y salvífica de Dios en las tradiciones religiosas no cristianas.

La realidad de la interculturalidad constituye no solamente un rasgo visible de la sociedad planetaria actual, sino también, y aquí parece estar el ángulo conflictivo para los evangélicos, comprender y aceptar que la democracia y la ciudadanía plena, demandan la coexistencia pacífica, tolerante y respetuosa de las minorías y de las mayorías, sean estas culturales, sociales, religiosas o políticas. Esta coexistencia democrática exige reconocer y aceptar la presencia de tradiciones religiosas distintas a la de los evangélicos, cuyas creencias y prácticas ancestrales o relativamente nuevas, pueden ser parcial o totalmente diferentes a las de la fe cristiana, y pueden colisionar con sus doctrinas irrenunciables.

La tarea y el desafío particular para los evangélicos, parándose firmemente sobre la alfombra teológica de la dignidad de todos los seres humanos como creación de Dios y de la universalidad del amor de Dios, consiste en caminar por todas las avenidas sociales, culturales, lingüísticas, religiosas y políticas de este tiempo, proclamando la buena noticia del reino de Dios. Una buena noticia que tiene como uno de sus pilares fundamentales la afirmación de que Dios ama a todos los seres humanos y que, por eso mismo, se trata de una buena noticia que tiene que proclamarse en medio del variado menú religioso y cultural que caracteriza a la aldea global contemporánea. Para que «en el nombre de Jesús se doble toda rodilla de los que están en los cielos, y en la tierra, y debajo de la tierra; y toda lengua confiese que Jesucristo es el Señor, para gloria de Dios Padre» (Fil 2.10-11). Y tiene que ser así, porque «en ningún otro hay salvación; porque no hay otro nombre bajo el cielo, dado a los hombres, en que podamos» ser salvos (Hch 4.12).

Los evangélicos tienen que recordar, entonces, que la misión no se realiza enclaustrados en las catacumbas o encerrados en las cuatro paredes de los templos, sino en medio de la gente y en la plaza pública. Una plaza pública pluralista en términos religiosos y culturales en la que los desafíos teológicos crecen cada día, y en la que se da tanto un encuentro como un desencuentro de cosmovisiones. Es en esa plaza pública que los evangélicos tienen que proclamar que el Dios de la Biblia es tanto universal como particular. Y en la que tienen que ser capaces de discutir de *tú a tú*, sin complejo de minoría, contra aquellos que afirman que Dios es universal y que la religión es particular, relativizando así a Jesucristo y menospreciando a la buena noticia del reino de Dios.

Es cierto que la interculturalidad exige diálogo, respeto y tolerancia. Es cierto también que todos tenemos que coadyuvar a construir un país de todas las sangres, de iguales, de todos y para todos. Sin embargo, reconocer esta realidad y las exigencias que ella trae consigo, no implica para nada dejar a un lado la identidad cristiana y abandonar los innegociables de la fe evangélica: Su naturaleza y vocación misionera, así como la proclamación pública de la singularidad de Jesucristo como único camino de salvación.

El diálogo interreligioso sincero y abierto, la tolerancia y el respeto a otras creencias y opciones de vida, no tienen que conducir necesaria e inevitablemente a la renuncia de nuestra identidad religiosa y al abandono de nuestra responsabilidad misionera, bajo el pretexto de una convivencia pacífica, la aceptación de varios caminos de salvación y la confinación de la fe cristiana al ámbito privado. La interculturalidad y pluralismo religioso no son en realidad una novedad en la historia. Los primeros misioneros cristianos encararon esa realidad con imaginación y creatividad, como en la ciudad de Éfeso frente al culto a la diosa Artemisa y el culto al emperador romano, no dejando de proclamar en la plaza pública a Jesucristo como Señor y no avergonzándose de ser seguidores de una religión cuyo Mesías fue un judío crucificado por el poder imperial.

El nuevo nacimiento (4.17-24)

El nuevo nacimiento tiene exigencias particulares. Una persona que ha nacido de nuevo por la fe en Cristo tiene que dar señales visibles de que Dios ha transformado completamente su vida. Así, por ejemplo, la práctica de la verdad y de la justicia al interior de sociedades en la que las diversas injusticias y las formas veladas y abiertas de mentira son prácticas corrientes en la vida privada y en la vida pública, siempre serán un desafío para los discípulos de Cristo en los diversos espacios sociales en los que transitan cada día.

Para Pablo estaba claro cuál tenía que ser la actitud del creyente. Ellos tenían que ser distintos a los demás, su mentalidad y forma de vida tenían que ser absolutamente diferentes a la que imperaban en la sociedad en la que vivían (4.17-21). Su llamado y exhortación fue clara y directa: «En cuanto a la pasada manera de vivir, despojaos del viejo hombre, que está viciado conforme a los deseos engañosos» (4.22). Como también fue clara y directa su invocación a cambiar de estilo de vida aquí y ahora: «…renovaos en el espíritu de vuestra mente, y vestíos del nuevo hombre, creado según Dios en la justicia y santidad de la verdad» (4.22-24). ¡Cambio de mentalidad y cambio de vida! ¡Cambio de cosmovisión y cambio de conducta privada y pública! Una renuncia completa a la anterior forma de vida y la adopción de los valores de la nueva vida en Cristo. Dicho de otra manera:

> …el autor llama a los cristianos a transformar sus hábitos mentales y su antigua forma de pensar. Los cambios significativos en la vida cristiana empiezan en el mundo del pensamiento. En este caso no se refiere tanto a ciertos pensamientos o ideas equivocadas o pecaminosas que deben abandonarse. El texto va mucho más allá y se refiere a un cambio de cosmovisión. Es decir, habla de una radical transformación de los valores, principios y creencias con respecto a la manera que entendemos a Dios, a nosotros mismos, a nuestro prójimo y al cosmos (Ávila 2008:153).

¡Cambio de cosmovisión y, consecuentemente, cambio de estilo de vida, es el llamado pastoral-misional! La invitación y exigencia es a diferenciarse del pensamiento y del estilo de vida de la sociedad de ese tiempo, dejando de andar «como los otros gentiles, que andan en la vanidad de su mente» (4.17) y que tienen «el entendimiento entenebrecido» (4.18). La razón fundamental es bastante clara: «Mas vosotros no habéis aprendido así a Cristo, si en verdad le habéis oído, y habéis sido por él enseñados…» (4.20-21).

Seguidamente, tratando sobre la diferencia entre la vida antes de Cristo y la nueva vida en Cristo, Pablo describe cómo tiene que ser la vida cristiana. Las palabras claves son «despojaos del viejo hombre», «renovaos en el espíritu de vuestra mente» y «vestíos del nuevo hombre». Se puede afirmar entonces que los discípulos de Cristo tienen que ser totalmente diferentes a los no creyentes en su forma de sentir, pensar y actuar. Tienen que dejar atrás todo lo relacionado con la vieja naturaleza, con el viejo hombre, para vivir conforme a los principios de la nueva vida que ahora tienen en Cristo. En consecuencia:

> Los cristianos deben despojarse, como si fuera un vestido viejo, de una forma de pensar vacía y estéril, y de su vieja cosmovisión (en aquello que ésta se opone a lo divino), que tienen como resultado un estilo de vida insensible y perverso que destruye la comunidad, crea divisiones, discrimina a sus semejantes, establece jerarquías entre los seres humanos en base a su raza, cultura, género, religión, nacionalidad o ideología. En pocas palabras, que deshumaniza y roba a las personas de su dignidad y valor (Ávila 2008:154).

Los creyentes tienen que comprender que su vida ha cambiado completamente y, por lo tanto, nada ni nadie tiene que estorbar o entorpecer la nueva relación que actualmente disfrutan con Cristo como expresión de su pertenencia a la nueva sociedad que él ha constituido. El desafío es dejar la pasada manera de vivir, despojarse del viejo hombre que está sujeto a los vicios propios del pecado (4.22), y vestirse del nuevo hombre para vivir en santidad, practicando la verdad y la justicia (4.24).

Ciertamente se trata de un asunto que exige, además de decisión y responsabilidad, la capacidad de examinar cada día la conducta privada y pública en todas las áreas de la vida. Examinarla, tratando de auscultar si estamos o no en tránsito a la madurez cristiana o si todavía seguimos andando como niños, fluctuando o dudando, incapaces de ser distintos en nuestros sentimientos, pensamientos y acciones a las personas no creyentes.

La conducta personal y pública de los creyentes (4.25-32)

En Efesios 4.25-32 se describen varias características que dan cuenta de que una persona realmente se ha despojado de la vieja naturaleza y se ha vestido de la nueva naturaleza que Cristo en su amor le ha concedido y que tiene que caracterizar la nueva vida que ahora posee en Cristo. En esta sección de la carta Pablo «da ejemplos prácticos de lo que significa "despojarse" de los caminos inmorales del viejo yo y "vestirse" de la nueva forma de vida caracterizada por la justicia y la santidad» (Ninan 2015:1643). En este pasaje en el que se trata sobre la conducta privada y pública de los discípulos:

> …se muestra con ejemplos concretos la manera en que se debe mantener la unidad que el Espíritu ha creado en la nueva humanidad en Cristo. El autor pasa de lo general a lo particular y enumera aquellos pecados que se deben evitar a toda costa. Son los que dañan y destruyen la armonía comunitaria, y así, entristecen al Espíritu Santo, que la ha hecho posible (Ávila 2008:154).

Se trata de pecados personales con efecto social o comunitario como la mentira, el enojo, el robo, las palabras que no edifican, la amargura, la ira y la malicia, entre otras malas prácticas que generan conflictos en lugar de armonía, desunión en lugar de unidad, muerte en lugar de vida. De acuerdo con Pablo, todas estas malas prácticas o inconductas personales y sociales, son una negación del proyecto de vida de la buena noticia del reino de Dios. Acerca de esta problemática concreta en la vida de la iglesia se afirma que:

> Todos estos males —la mentira, la ira, el robo, y las conversaciones corruptas— eran características básicas de la sociedad pagana del día de Pablo. Y todas ellas contristan al Espíritu Santo. Todas deben ser hechas a un lado, tanto como la vieja naturaleza de la cual son resultado. En vez de ellas han de funcionar la benignidad, la misericordia, y un espíritu perdonador, tal como Cristo mismo exhibió (Earle, Blaney y Hanson 1985:409).

Apartarse de la mentira (4.25)

Pablo subraya que el «primero de los viejos hábitos que es necesario abandonar es la tendencia a mentirse unos a otros» (Ninan 2015:1643). En otras palabras, mutuamente, los creyentes tienen que dejar la mentira y decir siempre la verdad: «…desechando la mentira, hablad verdad cada uno con su prójimo; porque somos miembros los unos de los otros» (4.25). Desechar es romper, arrojar lejos, apartarse complemente de todas las malas prácticas. Un cristiano, comprometido con la verdad, jamás debe mentir, ni para favorecerse a sí mismo ni para favorecer a otros. Un seguidor de Cristo tiene que ser limpio, honesto, íntegro, incorruptible y justo en todo tiempo.

¿Por qué tiene que ser así? Entre otras razones que se pueden enumerar, porque la mentira es todo lo contrario a la transparencia, honestidad, limpieza, integridad y justicia que se espera de una persona que ha nacido de nuevo por la gracia de Dios. Este llamado de atención pastoral, claro y directo, puede explicar la razón por la que el autor de la carta «ve en la "falsedad" un atentado a lo que constituye una nota esencial del cuerpo de Cristo: la unidad… la mentira, como postura, abre brecha en la unidad del cuerpo de Cristo» (Gonzáles 1988:198).

¿Por qué un creyente tiene que ser amigo de la verdad y romper con toda forma y práctica de mentira visible o encubierta? Porque la mentira no tiene solo un efecto personal o privado, sino también un efecto social y público. La mentira no afecta solamente a la persona que miente, sino que afecta también a su familia, a la iglesia a la que pertenece y a la sociedad en su conjunto. La mentira contamina todo, produce injusticia, y pretende justificar la corrupción. La mentira todo lo embarra, lo enloda, lo pudre, lo putrefacta. Esta es la razón por la que un auténtico discípulo de Cristo jamás tiene que comprometerse con prácticas de mentira, conductas indecentes y acciones de corrupción e injusticias encubiertas o visibles que tanto daño causan a las personas, instituciones y países. ¡Cuánto cambiarían nuestros países si los cristianos dejáramos de mentir y de participar en actos de corrupción!

¡Dejen de mentir, sean íntegros y probos en todo tiempo y lugar en el que se encuentren, es la exhortación pastoral-misional! Más aún, a la luz de la situación actual de nuestros países corroídos por la corrupción en todos los niveles, no mentir y ser íntegros y probos, ya es una gran contribución a la salud ética y moral de la sociedad y de la política.

Aprender a resolver el enojo (4.26-27)

Luego del llamado a desechar la mentira (4.25), se aborda un tema siempre actual y siempre difícil de enfrentar, como el enojo: «Airaos, pero no pequéis; no se ponga el sol sobre vuestro enojo, ni deis lugar al diablo» (4.26-27). Como señal visible de la nueva vida que disfrutan en Cristo, los cristianos tienen que aprender a manejar adecuadamente sus emociones (enojos), resolviendo a tiempo sus problemas, antes que los problemas les dominen completamente y rompan relaciones. De esa manera, aprendiendo a resolver saludablemente sus enojos, darán cuenta que son miembros de la nueva sociedad en Cristo. Pero, si los creyentes no resuelven los problemas a tiempo, deterioran y malogran sus relaciones, y esto es dar lugar al diablo en sus vidas.

Los creyentes tienen que estar en alerta, cuando se trata de pecados como el enojo, que tienen un efecto social concreto debido a que generan problemas interpersonales, porque el «diablo anda alrededor de la gente enojada, esperando poder utilizar la situación para su propio beneficio, provocando en ellos el odio o la violencia o abriendo una brecha en la comunión» (Stott 1987:179). Aquí es bueno recordar y reconocer que muchos de los problemas interpersonales, en la familia y en la iglesia, se generan debido a que no hemos aprendido a controlar ni a manejar de manera adecuada y responsable nuestras emociones y, particularmente, nuestro enojo. En más de una ocasión, debido a nuestro enojo, hemos dañado relaciones amicales, familiares e, incluso, provocado divisiones en la iglesia de la que formamos parte. Esta realidad lamentable y dolorosa, pero real e innegable en el día a día de las relaciones humanas, cambiaría significativamente si aprendiéramos a controlar nuestros enojos y rabietas a tiempo, ejerciendo dominio propio, y pensando en las consecuencias de nuestras palabras y acciones, antes de dejarnos llevar por nuestros arrebatos y pasiones.

A la luz de esa realidad inocultable que afecta todo y a todos, siempre tenemos que preguntarnos: ¿No sería mejor, mucho mejor, aprender a controlar nuestras emociones, enojos y rabietas, antes de dañar a otros o provocar rupturas innecesarias en la familia y en la iglesia? ¿Hemos comprendido que, en ocasiones, las personas se apartan de nosotros debido a nuestro carácter poco amigable, insoportable y tóxico? En tal sentido, además de sincerarnos, habrá que recordar que, en la experiencia o peregrinaje de los creyentes, la «madurez cristiana y la comunión de los santos no se pueden separar» (Mackay 1964:178).

Mentirosos y ladrones

Estamos acostumbrados a pensar que los mentirosos y los ladrones son, usualmente, personas de mal vivir, maleantes, resentidos sociales o antisociales. Y, con frecuencia, asociamos a ladrones y mentirosos con gente que entra y sale de la prisión o que anda metida en problemas debido a sus malas prácticas. Sin embargo, ladrones y mentirosos existen también en el mundo empresarial, el terreno político, la administración pública y las fuerzas del orden. El uso interesado de las leyes y de las posiciones de poder, dos malas prácticas en las que la mentira y el robo se unen para incrementar cuentas bancarias personales o familiares, dan cuenta de la realidad de la corrupción en el aparato del Estado y en otros espacios del tejido social.

Pero el problema de la mentira y el robo no se limita a estas personas y lugares fuera del espacio religioso. A los evangélicos nos resulta difícil aceptar y admitir que al interior de las iglesias existen también mentirosos y ladrones que expresan tanto la condición humana como el rostro humano de las iglesias. Esta realidad explica la mención a estas malas prácticas en la carta a los Efesios (4.25, 28). Indica que uno o más de los creyentes de esta ciudad, antes de su conversión, fue un ladrón y un mentiroso. Indica, además, que se trataba de problemas que aún subsistían al interior de la iglesia en esa Éfeso. Ante este problema real, Pablo les insta a dejar de mentir y de robar, porque ambas malas prácticas tenían y tienen un efecto personal y social que atentaba y atenta contra la unidad de la iglesia y el testimonio cristiano en la sociedad.

La pregunta para los discípulos de este tiempo, una pregunta que exige un examen de conciencia sincero, es si estas dos malas prácticas están presentes en la vida privada y pública de los creyentes, así como en el ejercicio del poder en las estructuras de gobierno de las iglesias. Desde la realidad de la condición humana, no sería nada extraño ni una novedad afirmar que en las iglesias la mentira y el robo se visibilizan en prácticas corrientes como el desvío de fondos, el mal uso de los gastos de representación y de los recursos económicos, nombramientos de amigos y compadres en cargos de confianza con un salario desmesurado o sin tener las calificaciones para ocupar esos espacios de poder e, incluso, en prácticas de nepotismo para favorecer a los familiares, entre otras malas prácticas.

Además, tampoco sería extraño ni una novedad, encontrar entre los miembros de las iglesias a personas y familias amigas de la mentira y del uso indebido del dinero ajeno. Pero también, la mentira y el robo se pueden asociar al pago de un salario injusto para los trabajadores y a no reconocer sus beneficios sociales, así como al acaparamiento de productos de primera necesidad cuando estos escasean en el mercado o cuando debido a huelgas de transportistas estos suben de precio. En otras palabras, existen distintas formas y modalidades de mentira y de robo que pueden disfrazarse acomodando las leyes a nuestro favor o aprovechándose de la necesidad del prójimo.

Ante esta realidad, expresión de la condición humana, de los cristianos como miembros de la nueva humanidad en Cristo, se espera que no sean mentirosos ni ladrones. Se espera también que la verdad y la justicia sean prácticas cotidianas en su vida privada y pública, personal y familiar, vecinal y ciudadana. De esa manera, con un estilo de vida distinto al que impera en la sociedad, contribuyan al bien común, a la paz social y a la construcción de un país sin corrupción y con justicia social. Los cristianos entonces, antes de mentir, tenemos que ser amigos de la verdad; y antes de robar, tenemos que ser personas honradas y trabajadoras. Así, siendo distintos a los demás, seremos modelos de ciudadanos íntegros, cuya forma de vida será un insumo valioso para el saneamiento ético y moral del país.

Dejar de robar (4.28)

Al igual que la mentira y el enojo, según Pablo, la sustracción del bien ajeno o apropiarse de lo que no nos pertenece, tiene, además de un efecto personal, un efecto social específico. Habiendo renunciado a su vieja naturaleza, una persona que antes robaba tiene ahora que trabajar con sus manos. Y, como una señal visible de su condición de hijo de Dios, tiene que compartir con el prójimo indefenso el fruto de su trabajo honesto y responsable.

El llamado pastoral-misional es el siguiente: «El que hurtaba, no hurte más, sino trabaje, haciendo con sus manos lo que es bueno, para que tenga qué compartir con el que padece necesidad» (4.28). Otra manera de expresar esta preocupación pastoral-misional, si el creyente deja de robar y se dedica a actividades limpias y honestas, sería la siguiente: «En lugar de vivir de la comunidad, como hacen los ladrones, comenzará a contribuir a ella» (Stott 1987:180).

No se trata entonces de trabajar solo para satisfacer las necesidades personales y familiares, sino también, para ayudar al prójimo en situación de indefensión y vulnerabilidad. Esto implica, entre otras cosas, romper con prácticas contrarias al amor cristiano como el egoísmo, la mezquindad y la búsqueda del interés personal. Tiene que ser así porque:

> Si el robo y el fraude destruyen el tejido social, el trabajo arduo en favor de los necesitados es la mejor manera de construir una nueva sociedad, de entretejer el *shalom* (…) Así, pues, de manera contundente, Efesios nos permite apreciar que el buen mantenimiento de la vida comunitaria depende de acciones concretas que distan mucho de los sentimientos e intenciones. Se deben ejercer medidas radicales que restituyan el daño cometido. No baste pedir perdón y otorgarlo. La verdadera metanoia (4.17-24) se manifiesta con hechos que restituyen el daño causado a otros, de una manera profundamente significativa. Así se construye la *ekklesia* de Dios; no con paternalismos sino con genuina solidaridad cristiana (Ávila 2018b:86-87).

Sin embargo, se tiene que reconocer que a menudo estamos dominados todavía por prácticas nocivas propias de la vieja naturaleza; robo, fraude, malversación, corrupción. Así éramos antes de conocer a Cristo. Vivíamos no solo falsamente, sino también, robando lo ajeno para favorecernos o para favorecer a nuestros compañeros de malas prácticas. Así no tenemos que ser actualmente, porque nuestra identidad en Cristo nos tiene que conducir a ser personas solidarias, generosas y honestas, antes que mezquinas o corruptas.

Tenemos que preguntarnos entonces, cada día, tanto personal como comunitariamente, ¿hemos roto con toda práctica de robo visible o disimulada, o todavía formamos parte de los círculos de corrupción?

El llamado a dejar de robar, sin exagerar o malentender lo que Pablo indica en esta sección de la carta a los Efesios, puede relacionarse también con las diversas prácticas de corrupción que actualmente imperan impunemente en nuestros países y que afectan a todo el tejido social. No se trata solo de la corrupción al más alto nivel (políticos, funcionarios públicos) sino también de la corrupción en los niveles intermedios (policías, trabajadores municipales o de entidades estatales) y en el pueblo de a pie (coimas, facturas falsas, instalación ilegal de servicios básicos, robo de señal de internet). Y, además, se puede mencionar las prácticas de corrupción al interior de las instituciones religiosas (desvío de fondos, uso indebido de gastos de representación, compra de votos en las elecciones para los cargos eclesiásticos, nepotismo, abuso de poder, etc.). Ante esta realidad, con firmeza uno tiene que decir, ¡basta, dejen de robar, no sean corruptos!

La corrupción

La corrupción es uno de los males y problemas contemporáneos que cruza todas las fronteras y está presente en todas las realidades humanas, incluyendo la dimensión religiosa de la vida. Las prácticas de corrupción no son, por tanto, un problema exclusivo de los funcionarios públicos y de los políticos. La corrupción es transversal a todas las relaciones humanas y afecta todos los niveles de la vida humana. Pero eso no es todo. Los altos niveles de corrupción dañan gravemente la economía de los países y frustran proyectos sociales en favor del bien común. Impide que se realicen obras públicas orientadas a disminuir las desigualdades en el acceso a una educación pública de calidad y un servicio de salud pública de alto nivel.

Ante este problema que afecta notablemente las relaciones sociales y políticas, la pregunta para los cristianos sería, ¿qué están haciendo para combatir visiblemente este flagelo? Desde el punto de vista del testimonio privado y público de los creyentes ya sería una enorme contribución a la salud moral y ética del país que los cristianos sean honestos, honrados, probos e íntegros en todas sus relaciones y responsabilidades, tanto dentro como fuera de las iglesias. De esa manera, siendo personas íntegras en el manejo del dinero público y honestos y honrados en el servicio público, se construirían modelos ejemplares de funcionarios que tanta falta hace en nuestros países en los que la coima o soborno son habituales.

«El que hurtaba, no hurte más, sino trabaje, haciendo con sus manos lo que es bueno...» (4.28) o ¡dejen de robar y sean honestos!, debería ser la marca distintiva de los cristianos en los lugares en los que tienen una responsabilidad pública al servicio de todos los ciudadanos. ¡No sean corruptos o corruptores!, sería otra manera de referirse a esta problemática que impide y dificulta el desarrollo de un país y afecta a los más pobres ¡Cuánto ganaríamos si tuviésemos funcionarios públicos probos e íntegros! Mucho, sin duda, y en este asunto parte de la responsabilidad la tienen los partidos políticos que cuando llegan al poder colocan en puestos públicos a sus militantes, familiares, amigos y a quienes financiaron su campaña electoral. Pero también los ciudadanos son responsables por elegir a políticos corruptos o por ser pasivos e indiferente ante este problema que afecta a todos. No robar sería, entonces, una gran contribución a la moral y a la ética pública.

El lenguaje del creyente (4.29)

La otra señal visible de la nueva vida que el creyente tiene actualmente por la misericordia de Dios se relaciona con las palabras o el lenguaje. De acuerdo con Pablo, la forma de hablar de los creyentes o su lenguaje cotidiano tiene que estar orientado a la edificación y no a la destrucción de las relaciones humanas o de las relaciones interpersonales. Los creyentes tienen que diferenciarse de la sociedad circundante, incluso en su manera de hablar. Cuando un creyente habla o conversa con otros, sean o no creyentes, sus palabras tienen que edificarle a él mismo y a la persona con quien conversa.

El llamado pastoral es el siguiente: «Ninguna palabra corrompida salga de vuestra boca, sino la que sea buena para la necesaria edificación, a fin de dar gracia a los oyentes» (4.29). La referencia directa es a la honestidad con uno mismo y con el prójimo, es decir, ser íntegros en todo tiempo, incluso, con las palabras y en nuestras conversaciones. Dicho de otro modo:

> El discurso deshonesto no es la única forma de expresión que debe evitarse. También debemos evitar cualquier cosa que caiga en la categoría de conversación malsana, es decir, cualquier tipo de conversación que sea dañina en lugar de útil. Nuestro objetivo debe ser edificar a otros, no derribarlos (Ninan 2015:1643).

El llamado de atención no es solo a dejar de hablar malas palabras y lisuras (obscenidades), o abandonar el lenguaje soez o las palabras con doble sentido. Tiene que ver también con las palabras ofensivas, la difamación, los chismes, los rumores, las palabras mal intencionadas y las conversaciones insanas. Dicho de otra manera, se apela a que los creyentes sean maduros, no solo emocionalmente, sino, además, en el respeto al prójimo, cuyo valor y dignidad como creación de Dios no tiene que ser menospreciada o menoscabada. Los creyentes, por tanto, tienen que utilizar sus palabras y su lenguaje para la práctica del bien y para la edificación de sí mismos y del prójimo, antes que para el mal que contamina y que destruye las relaciones humanas.

Las malas costumbres

Uno de los problemas más recurrentes en las relaciones personales, familiares y sociales, es el uso de palabras ofensivas, groseras e insultantes en el trato diario con el prójimo, no solo en la sociedad circundante, sino también al interior de las iglesias. En la carta a los Efesios, Pablo reconoce este problema y, por esa razón, exhorta a los creyentes con estas palabras: «Ninguna palabra corrompida salga de vuestra boca…» (4.29). Las palabras corrompidas, ofensivas o insultantes, no se refieren únicamente a las malas palabras, las lisuras o las palabras groseras y soeces. Tienen relación también con otras acciones ofensivas, tan corrientes en las relaciones humanas dentro y fuera de las iglesias, como las murmuraciones, los chismes, los rumores, la difamación o los comentarios malintencionados.

Estas malas costumbres o prácticas que lesionan la dignidad del prójimo y contaminan las relaciones en la familia, la iglesia y la sociedad, se relacionan con el mal uso de la lengua, la ligereza en el uso de las palabras y los problemas que se tienen para controlar las palabras que salen de nuestra boca. Razón tenía Santiago, entonces, cuando en la carta que lleva su nombre afirmaba que «la lengua es un fuego, un mundo de maldad. La lengua está puesta entre nuestros miembros, y contamina todo el cuerpo, e inflama la rueda de la creación, y ella misma es inflamada por el infierno» (Stg 3.6). Añadiendo, además, que «ningún hombre puede domar la lengua que es un mal que no puede ser refrenado, llena de veneno mortal» (Stg 3.8).

Pero el problema en sí no es tanto la lengua como un órgano del cuerpo humano, sino la inmadurez de las personas asociada con la tendencia humana de hablar mal del prójimo, sembrar rumores y diseminar chismes, además de los comentarios mal intencionados para dañar el honor del prójimo que nos cae mal o que está inter-firiendo con nuestros intereses subalternos. El insulto al prójimo por razones religiosas, raciales, étnicas, de contextura física o forma de vida, son también malas prácticas que no solo deben evitarse, sino además erradicarse completamente porque dañan la dignidad de la persona.

Las malas costumbres señaladas y otras que también ensucian la honra del prójimo, contristan al Espíritu Santo (4.30), porque atentan contra la dignidad de la persona humana, creyente y no creyente, creada a la imagen de Dios y, además, dañan la unidad de la iglesia creando problemas personales y familiares que se podrían evitar si uno fuera honesto y limpio en sus palabras. Para cambiar esta situación, Pablo aconseja a los creyentes de Éfeso que de sus bocas broten palabras «para la necesaria edificación» (4.29), antes que palabras que destruyan relaciones y contaminen la honra del prójimo. Una manera distinta de afirmar lo mismo, sería decir que nuestras palabras y conversaciones privadas y públicas sean edificantes, oportunas, limpias y de provecho para todos.

Finalmente, sería deseable, como señal concreta de una vida transformada por el poder del Evangelio, que todas nuestras palabras y conversaciones se orienten a la construcción de relaciones personales, familiares y ciudadanas, sanas y ejemplares, alejadas de cualquier mala costumbre que produce desunión en lugar de compañerismo, peleas en lugar de un clima de paz, o de irrespeto en lugar de respeto al prójimo. En realidad, esto es lo que se espera de los cristianos en sociedades caracterizadas por la fragmentación social, luchas intestinas por el poder, ambiciones personales y de grupo, discriminación y marginación de personas y de culturas ancestrales, entre otros males, producto de nuestras palabras y relaciones insanas, corrompidas, groseras e insultantes.

Contristar al Espíritu Santo (4.30-32)

La vida privada y pública de los creyentes tiene que estar bien lejos de las malas prácticas y de las reacciones insanas y tóxicas que no producen nada bueno y que dañan al prójimo. El llamado y exhortación pastoral-misional es bastante claro: «Quítense de vosotros toda amargura, enojo, ira, gritería y maledicencia, y toda malicia» (4.31). La palabra clave es: «Quítense», es decir, dejen a un lado, aléjense, rompan con todas estas malas prácticas.

Debemos preguntarnos entonces: ¿Hemos dejado a un lado toda amargura, enojo, ira, gritería, maledicencia o injurias, y toda malicia? Haríamos bien en examinar con cuidado cada día, tanto nuestras motivaciones como nuestra forma de hablar y de vivir. Tiene que ser así, porque probablemente aún queden rezagos de la vieja naturaleza en nuestras palabras y en nuestra forma de vida. Además, porque «cualquier ofensa contra otro miembro es una ofensa contra el Espíritu Santo, pues los cristianos constituyen todos juntos un templo vivo en el cual habita el Espíritu» (Kobelski 2004:448).

El autor de la carta expresa, además, que dejando a un lado estas malas prácticas, los creyentes tienen que ser: «...benignos unos con otros, misericordiosos, perdonándoos unos a otros, como también Dios os perdonó a vosotros en Cristo» (4.32). Las palabras clave en este caso son: «Antes sed...». Se trata de un llamado a la acción, a adoptar una nueva manera de ser y de vivir, a ser personas distintas a los demás. Para el autor de la carta, si no vivimos de esa manera, contristaremos o entristeceremos al Espíritu Santo de Dios con el que fuimos sellados (4.30).

Cada vez que nos comportamos de manera distinta a la forma de vida que se espera de un creyente entristecemos al Espíritu Santo. Se espera, por lo tanto, que nuestra forma de pensar, sentir y vivir esté conforme a los principios de la fe cristiana, entre ellos, la bondad, la misericordia y el perdón. Ayuda preguntarse entonces cada día: ¿Estamos sintiendo, pensando y actuando como creyentes?

En este pasaje se exhorta también a los creyentes a que en lugar de la maldad sean bondadosos, en lugar de la indiferencia sean misericordiosos, y que en lugar del odio y del rencor sean personas que perdonen. El llamado de atención es explícito: «Antes sed benignos unos con otros, misericordiosos, perdonándonos unos a otros, como Dios también os perdonó a vosotros en Cristo» (4.32). La bondad, la misericordia y el perdón visibilizan y dan cuenta del efecto transformador y liberador del Evangelio y, además, tienen una dimensión restauradora y reparadora que sana relaciones rotas y permite superar las diferencias que dividen.

De acuerdo con Pablo, tenemos que imitar a Dios, quien nos perdonó en Cristo. Él es nuestro modelo, nuestro ejemplo, nuestro paradigma. Es a él a quien tenemos que imitar y seguir cada día en todo lugar y circunstancia. Él es nuestro ejemplo supremo. Es interesante, además, notar que el énfasis recae en la expresión «unos con otros» (4.32) o «unos a otros» (4.32). Dicho de otra manera, se trata de un llamado a actuar voluntariamente, dando el primer paso, siendo ejemplo para los otros, siendo coherentes y consecuentes con la fe que confesamos. Se acentúa, además, que tanto la bondad como la misericordia y el perdón, tienen que venir de ambos lados: «unos con otros», «unos a otros».

Ser y vivir como cristianos

En América Latina y el Caribe hispano, católicos y evangélicos, estadísticamente somos la inmensa mayoría. Predominamos en el campo religioso y, para el caso de las iglesias evangélicas, tienen actualmente una incidencia pública creciente, sobre todo cuando se trata de periodos electorales en los que el voto evangélico es cada vez más importante. Sin embargo, caben plantearse varias interrogantes, por ejemplo, ¿cómo explicar que siendo una región mayoritariamente cristiana campee la corrupción y la impunidad, diversas formas de injusticia institucionalizada, una creciente y alarmante violencia en contra de la mujer, y violaciones sistemáticas a los derechos humanos, especialmente de los sectores sociales vulnerables e indefensos y de los pueblos originarios? ¿Cómo explicar la existencia de problemas históricos estructurales de largo plazo como la pobreza, la exclusión, la marginación y el racismo?

Una respuesta a estas interrogantes es que, tal vez, solo seamos cristianos de nombre, de estadística o culturales, sin un proceso de conversión y, menos aún, capaces de reflejar en nuestra conducta personal, familiar, vecinal y ciudadana los valores del reino de Dios y su justicia. Otra respuesta, amarrada a la anterior es que, quizá, pensemos que uno puede ser cristiano en los ratos libres, por conveniencia, por costumbre o por herencia familiar, por simple simpatía o pasatiempo. En otras palabras, nacimos en un país cristiano y en un hogar nominalmente cristiano, nos acostumbramos a separar lo privado de lo público, la ética privada de la ética pública, la vida personal y familiar del ejercicio ciudadano. Una realidad que explica las incoherencias, hipocresías y la doble vida de decenas de personas que asisten a un templo en los días de culto pero que, sin embargo, durante la semana mienten, difaman, roban, insultan, desprecian, son violentos y corruptos.

Andar cada día como cristianos no es un asunto fácil. Exige coherencia y consecuencia de vida en todas las dimensiones del peregrinaje humano. Implica ser amigos de la vida, portavoces de la justicia, artesanos de la paz, agentes de reconciliación, modelos de perdón e íntegros en las palabras y en las acciones. Una persona, por lo tanto, tiene que ser cristiana todos los días, en todos los espacios, en todas las circunstancias y jamás negar esta condición, incluso, ante el peligro de la persecución, el martirio o la muerte. Dicho de otro modo, uno no es cristiano en los ratos libres, por moda o por ventaja material.

Uno es cristiano porque Dios lo liberó de la pena, dominio y culpa del pecado, para que sea un comisionado o un embajador de la buena noticia del reino de Dios en su familia, barrio, lugar de trabajo o estudios, y en el espacio público. Un cristiano es ¡pura vida!, porque es amigo de la vida, y portador de vida plena. En consecuencia, ser y vivir como cristianos es un desafío cotidiano, porque exige ser la misma persona en todos los lugares en los que uno anda y jamás negar su condición de discípulo de Cristo, incluso cuando peligra la vida.

La vida pública de los cristianos (5.1-20)

Previamente se hizo un llamado a los discípulos a dejar a un lado las malas prácticas que atentan directamente contra el testimonio cristiano, cambiando de mentalidad y de conducta personal. En esta sección de la carta a los Efesios, se pasa de lo privado a lo público, de la ética personal a la ética social. Con este fin el autor de la carta:

> …ilustra su exhortación general con una serie de situaciones concretas en las que se debe trabajar cotidianamente para efectuar el cambio. Después de enunciar los principios que rigen la vida cristiana, se avoca a lo que significan en la práctica. La sociedad alternativa se construye en la vida cotidiana y allí es donde los cristianos deben actuar como nuevas criaturas» (Ávila 2008:165).

Una primera invocación se relaciona con la exigencia de ser «imitadores de Dios» (5.1) y con el llamado comunitario a «andar en amor» (5.2). A partir de esa invocación específica, paulatinamente, se va construyendo un discurso orientado a explicar en qué consiste y cómo tiene que expresarse la vida pública de los discípulos y de la iglesia. Una vida pública que visibiliza su llamado a ser una realidad alternativa a la sociedad circundante. Andar en amor, antes que un llamado a tener una ética privada destacada es un llamado a ejercer una ciudadanía responsable acorde con los principios del reino de Dios.

Andar en amor (5.1-2)

Seguir a Cristo, ser discípulo de él, exige andar como él anduvo. Esta es la demanda o la exigencia: «Sed, pues, imitadores de Dios como hijos amados (5.1). Una exigencia que está conectada con el llamado a: «andad en amor, como también Cristo nos amó…» (5.2). Imitar a Cristo, Dios hecho Hombre, no es nada fácil para nadie. Sin embargo, la demanda es precisamente esa, ser como Cristo cada hora, cada día, en todas las circunstancias en las que nos encontremos. Él es nuestro modelo y ejemplo. Este desafío, ya es en sí mismo, una tarea formidable que tiene que hacerse realidad en la cotidianidad de la vida personal, familiar y ciudadana.

Como se ha señalado, en el pasaje se subraya además que los discípulos tienen que andar en amor. En otras palabras, se puntualiza que la característica singular del seguimiento a Cristo es amar al prójimo sin ningún tipo de reserva o restricción. Amor que incluye al enemigo, a la persona que nos resulta difícil amar por nosotros mismos, amar a quien nos hizo daño. De acuerdo con el pasaje, el ejemplo más bello y único e irrepetible de amor es el sacrificio de Cristo en la cruz: «Y andad en amor, como también Cristo nos amó, y se entregó así mismo por nosotros, ofrenda y sacrificio a Dios en olor fragante» (5.2)

La cruz es el ejemplo más claro y contundente de amor sin reservas, de entrega voluntaria por el prójimo, de sacrificio que todo lo entrega por amor. Esa es la ofrenda que Dios espera: Amor hasta el sacrificio, hasta el final, hasta las últimas consecuencias. En otras palabras, se tiene que amar no solo al que piensa y vive igual que nosotros, sino también a quien tiene una opinión distinta y una opción de vida que no calza con la nuestra.

El amor cristiano, por tanto, es un amor horizontal, igualitario, inclusivo, acogedor. Un amor que incluye a todos y que no excluye a nadie. Un amor que se entrega voluntariamente y que no espera nada a cambio. Un amor que extiende las manos a todas las personas, amigos y enemigos, creyentes y no creyentes, porque eso es lo que espera Cristo de los creyentes como señal concreta de su pertenencia a la iglesia, la nueva humanidad. Un amor ejemplar que invita a ser distintos en todas nuestras relaciones y que exige una calidad de vida radicalmente diferente a la de los no creyentes.

Las malas prácticas (5.3-5)

Luego de recordarles que tienen que imitar a Cristo, andando en amor y amando hasta dar la vida por el prójimo, se exhorta a los creyentes de Éfeso a dejar a un lado las malas prácticas. Ciertamente no se enumeran todas las malas prácticas en las que incurren con frecuencia creyentes y no creyentes. Pero sí se nombran varias de ellas: «Pero fornicación y toda inmundicia, o avaricia, ni aún se nombre entre vosotros como conviene a santos; ni palabras deshonestas, ni necedades, ni truhanerías, que no convienen, sino antes bien acciones de gracias» (Ef 5.3-4).[2] Esto implica que Pablo conocía el peligro real al que estaban expuestos los creyentes de la ciudad de Éfeso y, con franqueza y responsabilidad pastoral, les pide que tengan cuidado y que no sean indulgentes con el pecado en cualquiera de sus formas o manifestaciones (Foulkes 1999:148).

Particularmente, llama la atención que cuando se enumera esta lista representativa de malas prácticas, se pida a los creyentes que «ni aun se nombre» pecados como la fornicación, las inmundicias sexuales y la avaricia porque no «conviene a [los] santos» contaminar las conversaciones comentando sobre estos pecados. Se afirma también que malas prácticas como las palabras deshonestas, las necedades y las truhanerías, «no convienen», es decir, no edifican ni los convierten en mejores personas. El llamado general, por lo tanto, es a expresar «acciones de gracias» a Dios en todo momento, antes que incurrir en malas prácticas.

Es interesante notar, además, que sobre tres malas prácticas (fornicación, inmundicia y avaricia) se precise que incurrir en ellas

---

 En otro pasaje de la carta se hace referencia también a otras malas prácticas en las que los creyentes no deberían incurrir: la mentira (4.25), el enojo (4.26-27), el robo (4.28), las palabras corrompidas (4.29), amargura (4.31), ira (4.31), gritería (4.31) maledicencia (4.31) y malicia (4.31).

implica no tener parte en el reino de Cristo (5.3).[3] Y resulta llamativo que, a la avaricia o al amor por los bienes temporales, se la identifique como idolatría. Esto es particularmente importante resaltar porque en la sociedad de consumo actual, la avaricia, es una práctica recurrente que conduce a despreciar el valor de la vida y la dignidad del prójimo. El lema actual de un número creciente de personas parece ser: ¡Consumo y luego existo! Sobre este asunto, tan contemporáneo, se enfatiza:

> El dinero es uno de los «dioses olvidados» ya que poca atención se les presta cuando se estudia la idolatría en el Antiguo Testamento… o en el Nuevo. Aquí aparece con una fuerza extraordinaria. Ya era una fuerza avasalladora en el primer siglo y lo sigue siendo ahora (Ávila 2018b:184).

Este llamado pastoral-misional remite a las palabras de Cristo en el Evangelio según Mateo: «Ninguno puede servir a dos señores; porque o aborrecerá al uno y amará al otro, o estimará al uno y menospreciará al otro. No podéis servir a Dios y a las riquezas» (Mt 6.24, cf. Lc 16.13). Y también a la advertencia que aparece en una de las cartas paulinas: «porque raíz de todos los males es el amor al dinero…» (1Ti 6.10). Todos sabemos, porque la experiencia histórica humana así nos advierte de las consecuencias trágicas del amor desmedido por los bienes temporales, la avaricia y la codicia, tan corrientes en nuestras sociedades: guerras, deforestación, contaminación de fuentes de agua, destrucción de recursos naturales no renovables, explotación de niños y de otras personas vulnerables.

Espiritualidad integral

A la luz del mensaje de Efesios, una espiritualidad integral no separa lo privado de lo público, lo sagrado de lo profano, lo secular de lo

---

3 Es posible también que estas tres malas prácticas estuvieran conectadas con el pasado pagano de los efesios, particularmente su participación en las festividades religiosas en honor a la diosa Artemisa, en la que no eran extrañas la «fornicación» y las «inmundicias sexuales».

religioso; tampoco delinea una mística de evasión de la realidad o una conducta religiosa ultramundana. Una espiritualidad integral no enajena a los creyentes de la realidad en la que están situados, sino más bien, los inserta en ella para que, desde adentro, den razón de su fe en todos los espacios de la vida humana.

Una espiritualidad integral no separa tampoco la razón de los sentimientos. Asume que creer es también pensar y, simultáneamente, afirma que creer es también sentir. Razón y sentimientos, pensamientos y emociones, caminan juntas, son compañeras inseparables, se abrazan en el seguimiento al Señor en todas las esquinas de la vida.

De los muchos temas teológicos conectados con la misión de Dios que podrían discutirse en el seno de las iglesias evangélicas, porque están íntimamente relacionadas con una espiritualidad integral, se proponen los siguientes debido a su relevancia para nuestro contexto histórico:

a) El arrepentimiento y las señales visibles de la transformación de la vida. Estas señales visibles tienen que traducirse en acciones sociales y políticas orientadas al bien común como, por ejemplo, la defensa irrestricta de la dignidad de todos los seres humanos como creación de Dios, la lucha frontal contra el escándalo de la pobreza y la extrema pobreza, el cuidado responsable de nuestra casa común, la denuncia pública de todas las formas veladas y abierta de exclusión y marginación.

b) El costo del seguimiento a Cristo en las relatividades del tiempo presente. Un costo que puede implicar para el discípulo ser perseguido, amenazado, silenciado, comprado o asesinado. ¿Por qué? Porque seguir a Cristo tiene como correlato una lucha frontal contra todos los poderes políticos, económicos, militares y religiosos que se oponen al propósito de Dios de reunir todas las cosas en Cristo, las que están en los cielos como las que están en la tierra.

c) La esperanza cristiana como crítica teológica y política a los reinos de este mundo y a todos sus operadores políticos y religiosos. Una esperanza que jalona la misión cristiana y que es el piso sólido sobre el que se asienta una espiritualidad integral.

En otras palabras, la esperanza cristiana nos recuerda que la meta de los cristianos no se agota en el plano histórico, sino que lo trasciende, porque espera «cielos nuevos y tierra nueva, en los cuales mora la justicia» (2P 3.13). Y nos recuerda, además, que la misión integral de la iglesia no finalizará hasta que el shalom de Dios sea plenamente instaurado.

Vivir como cristianos (5.6-14)

La vida cristiana tiene exigencias particulares. A los creyentes se les pide ser completamente distintos a los no creyentes en sus sentimientos, pensamientos y forma de vida. En este pasaje lo primero que se les pide a los creyentes es que no se dejen engañar: «Nadie os engañe con palabras vanas, porque por estas cosas viene la ira de Dios sobre los hijos de desobediencia» (5.6). Se les exige además que se aparten completamente de los hijos de desobediencia: «No seáis, pues, partícipes con ellos» (5.7). La razón es bastante clara: «Porque en otro tiempo erais tinieblas, más ahora sois luz en el Señor; andad como hijos de luz» (5.8). Su vida ha cambiado. Dejaron de ser tinieblas. Se trata, por lo tanto, de un llamado y una advertencia a que sean conscientes y responsables, viviendo de acuerdo con su llamado como discípulos de Cristo.

Pero el llamado y la exigencia es todavía más claro: «Y no participéis en las obras infructuosas de las tinieblas, sino más bien reprendedlas, porque vergonzoso es aún hablar de lo que ellos hacen en secreto» (5.11-12). Dos exigencias son claras: «no participéis» y «reprendedlas». La razón no descansa solo en que son contrarias a la vida cristiana, sino también a que son «infructuosas», sin fruto o que no conducen a nada bueno. De aquí se deriva que tiene que ser una ruptura total con toda forma de pecado, un alejamiento de toda mala práctica que contamine su condición de discípulos de Cristo, un rechazo a todo lo que sea contrario a la verdad y a la justicia.

A los creyentes se les convoca a andar en luz como hijos de luz, alejándose de toda forma de tinieblas, a no conciliar en ningún momento con las fuerzas de la muerte. Tiene que ser así, porque el pecado no tiene que dominarlos, y porque ellos tienen que rechazar todo aquello que tenga alguna relación con las tinieblas, es decir, con las distintas formas de pecado personal, social o estructural. En consecuencia, vivir como cristianos exige apartarse completamente de todas las prácticas enlazadas con el poder de las tinieblas.

El llamado para todos es: «andad como hijos de luz» (5.8) «comprobando lo que es agradable al Señor» (5.10). De ese llamado se deduce que toda forma de injusticia y violencia, visible o encubierta, no tiene nada que ver con la luz, sino con las fuerzas de la muerte y con las tinieblas. En consecuencia, para los creyentes, toda forma de injusticia y toda práctica de violencia no calza con el evangelio y tiene que ser confrontada y denunciada públicamente. ¡Andemos como hijos de luz! Este es el llamado de Pablo. Se trata de un llamado que demanda un compromiso a tiempo completo cuyo correlato es una ruptura con toda práctica de pecado personal, social y estructural.

Fe evangélica y espacio público

Efesios convoca a los creyentes a andar «como hijos de luz» y a no participar en «las obras infructuosas de las tinieblas» (5.8, 11). Una pregunta que emerge de esta invocación pastoral es la siguiente: ¿Cómo podemos andar como hijos de luz en el espacio público o cómo podemos ser cristianos en un terreno en el que campea la corrupción, las negociaciones bajo la mesa, el nepotismo y otros intereses subalternos? La pregunta más directa sería, ¿es posible seguir siendo creyente en ese terreno (lo público) poco conocido para los evangélicos y en el que, usualmente, la ética importa poco y el dinero corrompe?

Los últimos años el foco de estudio de los observadores del campo religioso latinoamericano, particularmente con respecto a la presencia evangélica en la plaza pública, se concentró en el análisis de la inesperada, sorpresiva e inocultable participación del sector menos democrático de estas iglesias en el debate sobre las políticas públicas en educación sexual y salud reproductiva. La presencia de los evangélicos ultraconservadores que años atrás afirmaban ser apolíticos y contrarios a la política en una extraña alianza con los sectores más ultraconservadores de la Iglesia Católica Romana, un «ecumenismo de conveniencia», captó rápidamente su atención y se pensó que todos los evangélicos eran intolerantes, nada dialogantes e irrespetuosos con quienes tenían (y tienen) una visión distinta a la de ellos sobre la vida, la familia y la democracia.

Sin embargo, durante los dos últimos años, emergió en la plaza pública un sector de evangélicos, principalmente jóvenes, más dialogantes, tolerantes y respetuosos, con las personas y sectores no evangélicos. El encuentro entre este sector, quizá minoritario de las iglesias evangélicas, con la sociedad civil, ocurrió en un contexto y coyuntura en la que las élites dominantes buscaban seguir controlando y erosionando a las frágiles democracias de la región. Las movilizaciones ciudadanas espontáneas en defensa de la institucionalidad democrática y la apuesta por la construcción de un país distinto, una patria de todos y para todos, en varios lugares de la región, dan cuenta de esa realidad.

La cuestión crítica, sin embargo, es que se trata en un más de un caso de jóvenes evangélicos que se encuentran huérfanos de apoyo pastoral o que no tienen relación con las iglesias debido a que no encuentran espacios para el diálogo y para pensar distinto. Ocurre que los pastores en estas iglesias no dialogan, sino imponen, y tiene una mirada política tradicional en la que se califica a la izquierda política como comunista y atea, y se privilegia a la derecha política como la única opción política-electoral para los creyentes.

La lección que se desprende de la emergencia en la plaza pública del sector más democrático de las iglesias evangélicas, un sector religioso que valora y vive los principios democráticos de diálogo, la tolerancia y el respeto; es que al interior de la comunidad evangélica no existe una sola opinión, opción y preferencia electoral, como tampoco una sola identidad o militancia política. Esta realidad indica que no todos los evangélicos son fundamentalistas, trasnochados, antidemocráticos o intolerantes. Existe un sector que no se cierra al diálogo, respeta las distintas opiniones sobre los asuntos públicos y está dispuesto a caminar colectivamente con quienes apuestan por el bien común y por un país de iguales. En consecuencia, se equivocan quienes asumen que los evangélicos votan por consigna o que el voto evangélico es uniforme. No es así. Entre otras razones, porque para el sector evangélico más informado social y políticamente, las opciones electorales y político partidarias, no son un asunto institucional, sino una opción personal que da cuenta de la libertad de conciencia de cada persona y del ejercicio pleno de su ciudadanía.

La sabiduría de Dios (5.15-17)

La persona sabia no es quien ha acumulado una enorme cantidad de conocimiento. La persona sabia es quien vive honestamente según lo que afirma o sabe, quien es coherente y quien no cambia de opinión cada vez que conviene a sus intereses. Esto es precisamente lo que se afirma en este pasaje: «Mirad, pues, con diligencia cómo andéis, no como necios, sino como sabios, aprovechando bien el tiempo, porque los días son malos» (5.15-16).

Ser diligentes, antes que necios, es saber distinguir lo bueno de lo malo a tiempo, y utilizar apropiadamente nuestros sesos o el cerebro. Es así, porque la persona necia, no sabe utilizar bien sus sesos y se deja dominar por sus impulsos. Además, andar sabiamente implica utilizar adecuadamente el tiempo que Dios en su gracia nos concede (Foulkes 1999:156), entre otras razones, «porque los días son malos», es decir, no todo en la sociedad es favorable a los creyentes.[4] En otras palabras:

> La verdadera sabiduría (que se contrasta con la necedad) consiste, en primer lugar, en hacer el mejor uso posible de *cada momento oportuno* (*kairós*) a pesar de estar viviendo cuando *los días son malos* (5.16), es decir, dominados por los poderes de las tinieblas. Consiste, en segundo lugar, en dar prioridad a la tarea de entender *cuál es la voluntad del Señor* (5.17)

---

4 Los días malos se refieren a «la totalidad del tiempo en que vivimos valorada desde una perspectiva moral… Un ambiente en el que *diablo, carne y mundo* representan una realidad integrada de maldad que opera en el mundo y batalla contra los cristianos» (Ávila 2018b:123-124).

no solo en términos generales (ver 1Ts 4.3), sino también en relación con los dilemas específicos que plantea la vida diaria (Padilla 2019:1540).

Andar sabiamente implica, además, según el consejo de Pablo: «…no seáis insensatos, sino entendidos de cuál sea la voluntad del Señor» (5.17). La persona insensata es precisamente quien no utiliza adecuadamente sus sesos o quien no razona como corresponde a una persona sensata. Pero a los creyentes se les pide, y se espera de ellos que, en todo momento, utilicen bien sus sesos o su capacidad de pensar y razonar. En otras palabras, se les pide que sean «…entendidos de cuál sea la voluntad del Señor» (5.17).

Teniendo en cuenta lo señalado, la inteligencia de la fe exige e implica, por lo tanto, saber distinguir la voluntad de Dios de los intereses meramente humanos y de todo aquello que no cuadra o se ajusta a los principios de la buena noticia del reino de Dios. A esta actitud y práctica de vida, parece referirse el autor de la carta a los Efesios, cuando expresa lo siguiente: «Mirad, pues, con diligencia cómo andéis…». Se trata entonces de una invocación pastoral que «tendría que ver con la misión profética de la iglesia como luz del mundo» (Ávila 2018b:124). Esta debería ser la conducta de los creyentes en cualquier realidad: prudencia, sensatez, discernimiento, responsabilidad.

Andar sabiamente

Los creyentes a menudo tienen que encarar o confrontar situaciones conflictivas que prueban su identidad cristiana y su compromiso con Cristo. La realidad material en la que peregrinan como testimonio viviente de la gracia de Dios está entretejida por pensamientos y prácticas de vida contrarias al evangelio de paz y a la ética del reino de Dios. Las malas prácticas que descansan en una mentalidad orientada a la desobediencia conspiran contra la buena conducta que se espera de los creyentes en todas las dimensiones de la vida. Esta realidad explica por qué en Efesios se insta a los creyentes a no participar «en las obras infructuosas de las tinieblas» sino más bien a «reprenderlas» (5.11). Se les recuerda, además, que antes eran «tinieblas», pero que ahora son «luz en el Señor», y tiene que andar «como hijos de luz» (5.8).

Andar sabiamente, por lo tanto, exige e implica discernimiento y obediencia en todo momento, sobre todo, «porque los días son malos» (5.16); es decir, el mal es una realidad cotidiana y los creyentes tienen que estar advertidos de ese hecho. La presencia del Espíritu de vida será entonces el piso firme sobre el que tiene que asentarse el testimonio cristiano para encarar la realidad del mal y evitar la seducción que este ejerce sobre las personas para que actúen en contra del propósito liberador de Dios.

Una persona sabia, como se afirma en Efesios, utiliza oportunamente la razón, para no actuar insensatamente (5.17). Dicho de otro modo, aprende a balancear los sentimientos con la razón, para no caer en decisiones apresuradas o dejar que el entusiasmo conduzca sus acciones. De esa manera, evita las malas prácticas que conspiran contra el testimonio cristiano. Así, en lugar de la deshonestidad es honesto, antes que las truhanerías es una persona íntegra, no es avaro sino generoso y solidario. Una persona sabia, por tanto, diferencia las tinieblas de la luz, y su opción de vida es «el reino de Cristo y de Dios» (5.5).

La vida en el Espíritu (5.18-20)

La vida en el Espíritu no tiene ninguna relación con alejarse o retirarse del mundo, para esconderse en una catacumba, y preservarse puro de las contaminaciones mundanas. La vida en el Espíritu, o ser una persona espiritual, para nada se relaciona con abstenerse de cualquier trato con las personas o instituciones no cristianas. La vida en el Espíritu se vive en el día a día de las relaciones humanas que establecen los creyentes y en las distintas veredas de la vida en la que caminan diariamente.

El llamado que se le hace a los creyentes entonces no es enclaustrarse o aislarse del mundo, sino a saber tomar decisiones y a emprender acciones que los conviertan en mejores personas aquí y ahora: «No os embriaguéis con vino, en lo cual hay disolución; antes bien sed llenos del Espíritu» (5.18). El vino conduce a una vida disoluta, desordenada, incontrolada. En cambio, la llenura del Espíritu o la vida en el Espíritu conduce a otra forma de vida, a una vida asentada en la Palabra de Dios y orientada por los principios de la fe cristiana (verdad, honestidad, integridad, justicia, perdón, entre otros). De manera que, «así como quienes se embriagan con vino quedan bajo el control de la bebida, los que se llenan del Espíritu quedan bajo el control del Espíritu de Cristo» (Padilla 2019:1540).

Para Pablo, la llenura del Espíritu se nota o se percibe, entre otras buenas prácticas, en estas acciones: «hablando entre vosotros con salmos, con himnos y cánticos espirituales, cantando y alabando al Señor en vuestros corazones; dando siempre gracias por todo al Dios y Padre, en el nombre de nuestro Señor Jesucristo» (5.19-20). En consecuencia, la gratitud a Dios, la comunión fraternal, la mutua edificación, el culto al Señor; son, entre otras, signos o señales claras de la llenura del Espíritu o de la vida en el Espíritu.

Es razonable afirmar, entonces, que la iglesia:

> ...es verdaderamente la Iglesia sólo cuando la adoración corporada, el entendimiento teológico y la unidad eclesiástica mueven a los cristianos al ardor misionero, inspirando su movimiento en cruzada más allá de los portales del santuario y camino de todas las fronteras del mundo (Mackay 1964:204).

La vida en el Espíritu, consecuentemente, no enajena a los creyentes del mundo, sino que los inserta en espacios sociales concretos para dar testimonio de la gracia de Dios en donde están presentes como embajadores de la buena noticia del reino de Dios, artesanos de la paz de Dios y pregoneros de la justicia divina. Aquí se tiene que subrayar, además, que una clara señal de la llenura del Espíritu es el sometimiento mutuo (5.21) entre mujeres y hombres de todas las edades, sometimiento mutuo que tiene que existir en todas las relaciones humanas al interior de la comunidad de discípulos y, particularmente, en el hogar cristiano.

La vida en el Espíritu

Uno de los temas clave en esta carta, relacionado con la presencia del Espíritu en la vida de los creyentes, Pablo lo enfatiza con estas palabras: «fuisteis sellados con el Espíritu Santo de la promesa, que es las arras de nuestra herencia…» (1.13-14). El Espíritu es el sello de nuestra pertenencia a Dios y al cuerpo de Cristo, la iglesia. El Espíritu patentiza y visibiliza que formamos parte de una nueva humanidad convocada para dar testimonio de la presencia liberadora de Dios en la historia.

De acuerdo con Pablo, el Padre nos «escogió en él antes de la fundación del mundo, para que fuésemos santos y sin mancha delante de él» (1.4), en el Hijo tenemos redención (salvación, liberación) «por su sangre» y el «perdón de pecados según las riquezas de su gracia» (1.7), y el Espíritu es la garantía de que pertenecemos a Dios y nos acompaña en nuestro peregrinaje humano como «hechura» de Dios, «creados en Cristo Jesús, para buenas obras» (2.10). De manera que, como pueblo del Espíritu, nuestra vocación en la historia es proclamar con palabras y con la vida la salvación en Cristo. Una salvación que reorienta la vida y la pone al servicio de Dios y del prójimo.

El Espíritu es, además, la persona de la Trinidad que nos acoge e invita a formar parte de la comunidad mesiánica, la iglesia, cuerpo de Cristo: «porque por medio de él [Cristo] los unos y los otros tenemos entrada por un mismo Espíritu al Padre» (2.18). En este bello pasaje trinitario se reitera la comunión del Dios trino y uno actuando para nuestra salvación, y se enfatiza el papel del Espíritu como el que nos acoge para ser «conciudadanos de los santos, y miembros de la familia de Dios» (2.19). De manera que, una iglesia jalonada por el Espíritu sabe reconocer la presencia del Espíritu tanto en el anuncio del Evangelio como en las consecuencias de ese anuncio: la conversión de personas, su ingreso al cuerpo de Cristo, y su testimonio personal y colectivo como señal de la presencia de Dios en la historia.

Pablo en esta carta acentúa también que la iglesia como «morada de Dios en el Espíritu» (2.22), tiene una identidad, vocación y destino histórico ineludible. Es señal y signo de la presencia de Dios en marcos históricos concretos y, como tal, tiene la exigencia de visibilizar el propósito salvífico de Dios en todas las dimensiones del peregrinaje humano. La vida en el Espíritu o la obediencia cristiana, por tanto, no se limita ni se confina al terreno religioso, sino que abarca todas las áreas de la vida. Es en la historia donde la iglesia tiene que expresar públicamente que su mensaje es un mensaje de vida, justicia y paz, antes que un mensaje de muerte, injusticia y violencia.

La vida en el Espíritu, entonces, no es un llamado a la inacción o a aislarse de la realidad, sino un llamado a comprometerse con la restauración de todas las cosas. Se trata de un compromiso que se visibiliza cuando se anuncia las «buenas nuevas de paz» a todas las personas, tanto a los que están «lejos», como a los que están «cerca» (2.17), porque la comunidad mesiánica —la iglesia— es una comunidad acogedora, aceptante, niveladora, en la que todos son bienvenidos y todos son «conciudadanos de los santos y miembros de la familia de Dios» (2.19).

Es el Espíritu, según Pablo, quien nos fortalece para que, «arraigados y cimentados en amor» (3.17-18), seamos plenamente capaces de dar cuenta de nuestra pertenencia al pueblo de Dios y seamos embajadores competentes de su gracia en la realidad histórica en la que vivimos. Una tarea siempre pendiente e inacabada que demanda de los creyentes que sean «luz en el Señor» (5.8), porque la exigencia permanente es andar como «hijos de luz» (5.8), no participando en las «obras infructuosas de las tinieblas» (5.11), sino más bien denunciarlas (5.11). De acuerdo con Pablo, se trata de un estilo de vida que indica que los creyentes andan, «no como necios, sino como sabios» (5.15); es decir, están llamados a ser íntegros en todas las veredas de la vida.

El Espíritu es también quien revela el misterio de la acción de Dios en la historia para conformar, mediante Cristo, una nueva humanidad en la que desaparecen todas las barreras sociales y culturales que dividen a las personas: «que los gentiles son coherederos y miembros del mismo cuerpo, y copartícipes de la promesa en Cristo Jesús por medio del Evangelio» (3.6). Pablo enfatiza esta realidad, un «misterio escondido desde los siglos en Dios», pero que es ahora revelado: «misterio que en otras generaciones no se dio a conocer a los hijos de los hombres, como ahora es revelado a sus santos apóstoles y profetas por el Espíritu» (3.5). La iglesia, por tanto, «como morada de Dios en el Espíritu» (2.22), visibiliza esa realidad, el cuerpo de Cristo como una nueva humanidad en la que todos son bienvenidos, acogidos, para ser «un templo santo en el Señor» (2.21).

La vida en el Espíritu, según Pablo, exige también preservar la unidad del cuerpo de Cristo, la iglesia (4.3-4), porque todos los miembros tienen un mismo Espíritu (4.4). Para Pablo, guardar la unidad, visibiliza nuestra vocación en la historia: «...os ruego que andéis como es digno de la vocación con que fuisteis llamados» (4.1). Guardar la unidad es una exigencia continua en sociedades acostumbradas a las divisiones, las peleas y la competencia feroz para enseñorearse sobre los demás. De acuerdo con Pablo, cada miembro del cuerpo de Cristo recibe de parte de Dios un don, no para competir o para vanagloriarse, sino para ponerlo al servicio de toda la comunidad de discípulos (4.11-16).

La intención de la diversidad de dones es que todo el cuerpo de Cristo siga «la verdad en amor» y sea edificada «en amor» (4.15-16). De esa manera, como una realidad alternativa a la sociedad circundante, su estilo de vida basado en el amor y en la práctica de la justicia, modelará nuevas relaciones al interior de la familia que, a la larga, actuará como fermento para transformar las relaciones sociales más allá del campo religioso (4.4-6). En lenguaje paulino sería el fruto del Espíritu: «bondad, justicia y verdad» (5.9).

La iglesia como cuerpo de Cristo y comunión del Espíritu, tiene que caracterizarse también por un estilo de vida que contrasta abiertamente con la práctica de vida de la sociedad circundante (4.17-32). De acuerdo con Pablo, seguir la conducta corriente entre los no creyentes e imitar sus malas prácticas, implica contristar o entristecer al Espíritu (4.30). Incurrir en ello sería desconocer y menospreciar nuestra condición de miembros del cuerpo de Cristo, y enlodar la realidad de que fuimos «sellados para el día de la redención» (4.30). En otras palabras, todo aquello que atenta contra el buen testimonio cristiano y enloda la vocación con que fuimos llamados (4.1), además de desfigurar nuestra condición de creyentes, entristece al Espíritu de vida. La exigencia, por tanto, consiste en estar «llenos del Espíritu» (5.17) para que, en lugar de andar de manera insensata, actuemos en forma responsable en cada dimensión de la vida, tanto en privado como en público.

Pablo recuerda además a los discípulos de Éfeso el lugar de la palabra de Dios como «la espada del Espíritu» (6.17) y de la oración como una de las armas espirituales que tienen los creyentes para la lucha cotidiana contra las fuerzas de la muerte: «…orando en todo tiempo con toda oración y súplica en el Espíritu» (6.18). La vida en el Espíritu, por tanto, no separa lo privado de lo público, lo secular de lo religioso, y se visibiliza también en el conocimiento adecuado y oportuno de la palabra de Dios y en la práctica continua de la oración. En otras palabras, se trata de una espiritualidad integral que no enajena a los creyentes de la historia, y espera un compromiso cristiano militante sostenido en la inteligencia de la fe y en una vida continua de oración. En síntesis, escuchar a Dios, dialogar con él, y vivir plenamente la fe en Cristo en todas las encrucijadas de la vida.

Las relaciones interpersonales (5.21-6.20)

La médula central de esta sección de la carta son varios principios prácticos de las relaciones internas en el seno de las familias cristianas de ese tiempo, sobreentendiendo la «igualdad de todos a los ojos de Dios» (Kobelski 2004:449), pero sin perder de vista que la «unidad social básica de la sociedad grecorromana era la familia, dentro de la cual quedaban incluidos padres, hijos y esclavos» (Kobelski 2004:446) y que, al interior de las familias existía una relación de subordinados a superiores.[5]

---

5 Acerca de este asunto es importante no olvidar que en el primer siglo a «pesar de las complejidades de la vida familiar, los padres eran muy valorados en el mundo grecorromano y los deberes de los niños hacia sus padres incluían la expectativa de que los niños cuidarían y respetarían a los padres hasta la vejez. La autoridad de los padres se compara[ba] con frecuencia con la autoridad divina (…) La centralidad de la

Aquí es importante subrayar que los tres pares de relaciones en la familia que Pablo menciona (esposo/esposa, padres/hijos, propietario/esclavo) son en realidad «categorías estilizadas que constituyen la estructura familiar [de ese tiempo] pero no son descriptivas de la propia vida de cada uno» (Cohick 2020:348). ¿Cuál es la razón para afirmar que estas categorías no son descriptivas? Las siguientes:

> …muchos creyentes en las iglesias del primer siglo vivían como viudas, viudos, huérfanos, y libertos o libertas; en otras palabras, ellos no encajaban en las categorías discutidas aquí. La mayoría de la gente era pobre, aunque no indigente. Cuando llegaban a la edad adulta, muchos habían perdido a uno o ambos padres. No era raro que el cónyuge muriera, ya fuera en el parto o por enfermedad, infección o accidente. Como tal, muchos de los que escucharon [la carta a] Efesios no encajaban en ninguna categoría en particular: podría ser un esposo divorciado que previamente perdió un hijo, una viuda libre sin hijos, un adulto soltero y sin padres sobrevivientes, o un hijo esclavo que no obedecía a un padre sino a un dueño (Cohick 2020:348).

Es importante no dejar de lado esta diversidad familiar de la sociedad grecorromana cuando se examina Efesios 5.21-6.20. Las familias del primer siglo, entonces, no eran solo padres e hijos que tenían la condición de ciudadanos, sino también incluían a esclavos; y, además, existían esposos divorciados, viudas libres, y esclavos con familias que dependían del *pater familias* o del amo cuya posición jerárquica era indiscutible. Particularmente, acerca de la sección 5.21-6.9 de la carta, se puntualiza lo siguiente:

> Entre los eruditos modernos, la lista de pares de exhortaciones que se encuentran en 5.21-6.9, se le domina *Haustafel* (tabla de Códigos Domésticos. Dos *Haustafel* similares están en Col 3.8-4.1 y 1P 2.13-3.7, pero solo la versión de Efesios comienza con

---

obediencia de los hijos a sus padres (junto con las esposas a los maridos y los esclavos a los amos) debe ser considerada cuando se busca comprender las implicaciones de que el cristianismo primitivo acogiera a miembros subordinados de un hogar no creyente» (MacDonald 2017:267).

un llamado a la subordinación mutua. En Ef 5.22ss, el llamado a la subordinación específica, de un grupo a otro, está indisolublemente ligado al orden recíproco proclamado en Ef 5.21. El único imperativo de 5.21 (*someteos los unos a los otros*), anticipa todo lo que Pablo está a punto de decir, no solo a las esposas, hijos y esclavos; sino también a los esposos, padres y amos; sobre el respeto específico por causa de Cristo, con aquellos con quienes conviven, ya sea por elección, nacimiento o por circunstancias históricas» (Barth 1981b:608-609).[6]

La palabra pastoral de Pablo es para todos los miembros de la familia, tanto de manera individual, como de manera corporativa, aunque para cada uno de ellos (esposa, esposo, hijos, amos y esclavos) se tiene indicaciones particulares. En esta sección de la carta:

El autor de Efesios dará en la parte moral o parenética normas concretas de conducta para los miembros integrantes de la familia: esposos, padres e hijos, amos y esclavos (Ef 5.21-6.9). Constituyen los denominados códigos domésticos o tablas familiares. Pretenden regular las relaciones de los diversos estados dentro de la familia cristiana; lo que indica la importancia de la familia en la iglesia primitiva (Pérez 1995:523).

A la luz de este pasaje, se puede comprender por qué, cuando el evangelio comenzó a penetrar en la estructura familiar de las sociedades grecorromanas, los «apóstoles parecen haber dado desde el principio instrucciones prácticas y detalladas acerca de la vida familiar cristiana y de la responsabilidad cristiana en lo que hoy llamaríamos relaciones laborales» (Stott 1987:206). Fue así, porque la fe cristiana no se concentra en la persona en soledad o se limita a la vida privada del individuo, sino que trata con el ser humano en sociedad, conectado con sus relaciones sociales cotidianas.

---

6   El término alemán *Haustafeln* (en plural), «frecuentemente traducido... como "códigos domésticos", se ha referido, desde la época del reformador Martín Lutero, a un número bastante amplio de textos del Nuevo Testamento que presentan advertencias dirigidas a grupos sociales particulares dentro de la iglesia» (Hering 2017:1). Los textos que contienen los llamados *códigos domésticos* son los siguientes: Ef 5.22-6.9; Col 3.18-4.1; 1P 2.18-3.7; 1Ti 2.8-15; Tit 2.1-10.

Lo señalado previamente explica la razón por la que, primero, se hace referencia al fundamento de las relaciones interpersonales: el sometimiento mutuo. Este sometimiento mutuo mujer-hombre, hombre-mujer, «no es forzado, sino que es un reconocimiento práctico de su igualdad ante los ojos de Dios... Es una manifestación en la tierra de la igualdad y humildad que prevalece entre la Trinidad en el cielo» (Ninan 2015:1645).

Para comprender adecuadamente todo lo que se afirma acerca de la familia en este pasaje de Efesios, se tiene que considerar la estructura familiar y las normas socialmente aceptadas y legitimadas de la sociedad patriarcal del primer siglo. En ese tiempo:

> ...las mujeres respetables estaban confinadas al espacio privado de sus casas. El espacio público era dominio de los varones. Las mujeres podían salir a dicho espacio solo si iban «debidamente» acompañadas de sus esposos o de un varón de la familia. No estaba bien visto que un varón hablara públicamente con una mujer (Conti 2003:55).

A la luz de ese trasfondo social y cultural, llama poderosamente la atención la propuesta liberadora de la carta a los Efesios.[7] Una propuesta liberadora que dignificaba e igualaba a personas que en la sociedad patriarcal de ese tiempo tenían poca importancia y estaban consideradas como descartables o desechables (mujeres, niños, esclavos). Aunque «a primera vista parece que Pablo sanciona una moral familiar de represión y de sumisión, tanto entre marido y mujer como entre padre e hijos» (Gonzáles 1988:201); sin embargo, en realidad no es sí, porque en las palabras de Pablo se encuentran elementos innovadores que, en cierto sentido, paso a paso desmantelan la mentalidad y las prácticas patriarcales. Y ciertamente es así, entre otras razones, porque:

---

[7] Acerca de esta sección de la carta se puntualiza que «Efesios (y Colosenses) aceptan el orden patriarcal, pero con rasgos distintivos. Inculcan los deberes recíprocos entre los esposos, padres e hijos, amos y esclavos. Y añadirán las correspondientes motivaciones teológicas: la fe actuará como elemento innovador, integrador y transformador de la familia. De esta manera imprime, en una ordenación entonces universalmente aceptada, un espíritu nuevo que informará las relaciones recíprocas entre los diversos estados de la familia cristiana» (Pérez 1995:523).

…las exhortaciones paulinas, sin desmontar por el momento —al menos aparentemente— la estructura social en cuyo seno se desarrollaba la vida de los cristianos primitivos, le imprimen una dinámica auténticamente revolucionaria que a la larga atentará seriamente contra aquella misma estructura (Gonzáles 1988:202).

Además:

Es también notable que a la luz de las costumbres y valores de las culturas grecorromana y judía, la mujer, los hijos y los esclavos reciban un lugar preponderante y un trato digno como personas, por el hecho simple pero profundamente significativo de referirse a ellos. Ya en la manera de plantearlo, Pablo trata como iguales a cada uno de los miembros de la familia (Ávila 2008:2005).

Esta propuesta liberadora, resalta más todavía, cuando se tiene en cuenta que en ese tiempo:

…el *pater familias* tenía un poder absoluto sobre la familia. La mujer, que llamaba a su esposo *kyrios*, ocupaba «una posición socialmente subordinada, políticamente nula y económicamente relativa» y dependiente… Los hijos, subordinados a sus padres, ocupaban una escala inferior a éstos y les debían una obediencia total. Los esclavos de la familia venían al final. Así era la sociedad grecorromana: patriarcal, jerárquica y piramidal. Y esa estructura era legitimada teológicamente como voluntad de los dioses. Así es como hoy día muchos creen que debe estructurarse la familia cristiana (Ávila 2018b:137).

Pero es también importante recordar lo siguiente acerca del impacto del evangelio en las relaciones familiares:

…la casa, que era tradicionalmente el lugar de las actividades femeninas, funcionaba en el cristianismo primitivo como una especie de cruce entre lo privado y lo público… en el cristianismo primitivo, la casa privada podía utilizarse como símbolo de una entidad pública… La casa actuaba como el lugar donde se realizaban muchas actividades cristianas primitivas y fue un modelo importante para la estructura y la ideología de la iglesia. Las acciones de las mujeres, que podían ser vistas como subversivas en el dominio público, perdieron parte de su carácter ofensivo en ese contexto doméstico (MacDonald 2004:284-285).

Esto es necesario recordar, sobre todo a la luz de las relaciones familiares vigentes en ese tiempo y de las regulaciones sociales, cultural y religiosamente validadas. Acerca de la mentalidad y práctica patriarcal de esos años se precisa también que:

> El esposo y la esposa solían ser socios desiguales en el sistema patriarcal del mundo grecorromano. El esposo era el benefactor y la esposa funcionaba como la parte inferior de la relación marital, a menos que llevara una gran dote al matrimonio. El patronato entre pares desiguales a menudo consistía tanto en autoridad como en reciprocidad que se reflejaban en el hogar. La esposa recibía su identidad, posición social y participación en la propiedad de su esposo y la familia de su esposo... El marido recibía autoridad y honor en el hogar, administraba su casa y obtenía sus herederos legales de la relación conyugal. Herederos que aportarían su parte a la economía familiar (Long Westfall 2016:20-21).

La forma como en la carta a los Efesios se aborda el tema de las relaciones internas en la familia implicaba, para este tiempo, una crítica abierta a las ideas tradicionales presentes en los códigos domésticos de la ideología patriarcal que excluían a las mujeres, no solo de la vida pública, sino también de posiciones visibles de liderazgo en la comunidad de discípulos. Las relaciones familiares en los cristianos, según Efesios, tenían que ser completamente distintas a las que existían en las familias no cristianas. A todos se les pedía, y se esperaba que así sea, sometimiento muto por causa de Cristo. Este llamado, además de liberador y transformador, sobre todo para las mujeres, representaba una crítica frontal a la ideología patriarcal que afirmaba que la mujer soltera era propiedad del padre y que la mujer casada pasaba de la tutela del padre a ser propiedad del esposo.

Es interesante notar también que, en las relaciones interpersonales en el núcleo familiar, especialmente en las relaciones conyugales, se enfaticen más «los deberes y no los derechos» (Foulkes 1999:161). Además, «contrario a lo que se presupondría del Pablo supuestamente patriarcal, el apóstol es más duro con los hombres que con las mujeres» (Neufeld 2006:155). En síntesis:

> …Efesios plantea la construcción desde abajo, a partir de los débiles (mujeres, hijos e hijas, esclavos y padres) de una nueva sociedad. A partir de las relaciones domésticas, de la casa como núcleo social fundamental, se opta por una estrategia de penetración social que hace de las familias cristianas su unidad de avanzada más poderosa para construir la «pax cristiana» que la fe en Jesús es capaz de crear (Ávila 2008:234).

Se puede afirmar también lo siguiente sobre esta parte final de la carta:

> En la última parte de la Epístola (5.22-6.24), se encuentra la frontera de las realidades. Aquí todos los miembros del cuerpo místico de Cristo, los ciudadanos de un Orden Nuevo tienen que actuar en la vida común, publica y privadamente, como parte de la familia humana, siempre teniendo conciencia de que en cualquier momento pueden quedar sujetos por el asalto de las fuerzas que no pueden gobernar, y aun por fuerzas cuyos sitios de poder consisten en el reino sobrenatural del mal (Mackay 1964:207).

Mujer-hombre, hombre-mujer

Una expresión frecuente en círculos evangélicos, cuando se refieren a una relación sentimental o matrimonial, es decir «mi idónea» o «mi idóneo», para resaltar que se trata de su esposo(a) o enamorado(a). El problema no es la expresión en sí misma, sino lo que está detrás de esa expresión; es decir, la autoimagen y la autocomprensión de ser hombre o ser mujer, así como de la relación mujer-hombre, hombre-mujer.

Aunque no ocurre en todos los casos, sin embargo, con frecuencia el uso del término idóneo(a) alude a «mi bendición», «la respuesta de Dios» o «el elegido o la elegida» por Dios, sin mayor explicación acerca del significado preciso del término. En realidad, lo que subyace en estas expresiones, aparentemente inofensivas o intrascendentes para las relaciones mujer-hombre, hombre-mujer es la mentalidad patriarcal de sumisión, subordinación, dependencia, obediencia absoluta e inferioridad de la mujer; así como la idea corriente de que el hombre es superior a la mujer y que él tiene la última palabra en la relación mujer-hombre, hombre-mujer.

Bajo el paraguas de esta realidad innegable, no es nada nuevo afirmar que las mujeres son marginadas y excluidas social, política, cultural, religiosa y económicamente en todos los países, cualquiera sea el régimen político o la ideología predominante. En América Latina y el Caribe hispano, las mujeres son acostumbradas a mantener una actitud sumisa y complaciente frente al «macho» así como a aceptar papeles secundarios y subordinados en la familia, las iglesias, y la sociedad. La práctica corriente de invisibilizar a las mujeres, entre otras razones, se debe a creencias y prácticas religiosas arraigadas social y culturalmente tanto en la iglesia como fuera de ella, que no reflejan la enseñanza bíblica sobre la relación mujer-hombre, hombre-mujer.

De acuerdo con los relatos de la creación (Gn 1.26-28; 2.18-25), el hombre (*ish*) no participó directamente, sino pasivamente en la creación de la mujer (*ishá*). En tal sentido, no se puede afirmar que él tenga primacía o sea de más importancia que la mujer. No se puede afirmar, por ejemplo, como se enseña actualmente, que el hombre sea «sacerdote, profeta y rey» para la mujer, y que ella tenga que ser sumisa y dependiente de él. La mujer tampoco tiene que verse a sí misma como «princesa» o «guerrera», según el lenguaje corriente en varios círculos evangélicos, sino como compañera y contraparte del hombre, como una ayuda correspondiente para él o como la persona que encaja perfectamente con él. Ella tiene que verse a sí misma, además, no primeramente como esposa o madre, sino como imagen de Dios, con capacidades y competencias propias, como para realizarse plenamente como ser humano completo y único.

La doctrina bíblica de la creación afirma, por tanto, que la mujer es contraparte o complemento del hombre. Ella es, por un lado, semejante a él y, por otro, no idéntica a él o diferente de él. Las palabras de Adán, cuando vio a la mujer, claramente enfatizan que reconoció a Eva como su contraparte perfecta que encajaba con él, y que la aceptó y recibió como tal: «Esto es ahora hueso de mis huesos y carne de mi carne; ésta será llamada Varona, porque del varón fue tomada» (Gn 2.23).

Particularmente, la expresión «ayuda idónea», la misma que aparece hasta dos veces en el pasaje (Gn 2.18, 20), y que proviene de la palabra hebrea *'ezer* (ayuda) *kenegdó* (idónea), no tiene el sentido de ayudante subordinada o sumisa, como si la mujer hubiese sido creada por Dios para ser una esclava doméstica o una propiedad exclusiva del varón. La descripción de la mujer como *'ezer kenegdó* no indica para nada que la mujer es inferior con respecto al varón, más bien, se refiere la relación mutua de dos personas que se complementan entre sí. Esto explica la alegría desbordante que tuvo Adán cuando Dios le presentó a Eva, un ser humano igual a él, pero a la vez distinta de él. Adán vio a Eva como su *'ezer kenegdó*, es decir, como su ayuda correspondiente, como su complemento o contraparte. No la vio como una persona inferior, subordinada o de menos valor y dignidad que él. Mujer y hombre son, entonces, iguales en origen, dignidad, valor, vocación y responsabilidad. Ambos se necesitan y se realizan plenamente, como seres humanos, valorando y respetando su condición de imagen de Dios.

Sometimiento mutuo (5.21)[8]

La libertad es un bien muy apreciado por todos los seres humanos. A nadie le gusta perder su libertad para depender de otra persona y,

---

[8] Así, por ejemplo, se afirma que: «Ef 5.21 establece el principio que debe regular las relaciones entre los diversos miembros de la familia cristiana y que traducidos literalmente sería "el temor de Cristo". En el lenguaje bíblico la expresión "temor de Dios" tiene el sentido de respeto, veneración, honor, y en último término se aproxima no poco al concepto de amor. En nuestro caso concreto, el "temor de Cristo" evoca sin duda el amor que nos merece quien vivió entre los hombres como modelo de sumisión, de espíritu de sacrificio y de amor» (Pérez 1995:535).

menos aún todavía, caer en las manos de una persona intolerante y autoritaria. Uno puede preguntarse entonces: ¿Pierde una persona su libertad cuando comienza la vida matrimonial? ¿Qué implica el sometimiento mutuo del hombre y de la mujer en la vida matrimonial? ¿Implica que la mujer tiene que vivir resignada, humillada, despreciada, marginada y sujeta la voluntad omnímoda del esposo?

En Efesios 5.21, un texto que trata sobre «las relaciones familiares» (Leal 1965:720), se les recuerda a los creyentes que, en el seno familiar, la mutua dependencia y la reciprocidad, es decir, «poner primero al otro y buscar su satisfacción y bienestar antes del propio» (Ávila 2008:203), son ingredientes fundamentales para la estabilidad del hogar y testimonio de vida para la sociedad no cristiana. Esto explica por qué Pablo les pide a todos los miembros de la familia (esposo, esposa, hijos, hijas, esclavos): «Someteos unos a otros en el temor de Dios». Pero ¿qué quiso comunicar Pablo a los efesios con la expresión *someteos*? Para responder a esta pregunta se tiene que recordar que la expresión «*hypotassomenoi allelous*, el someteos unos a otros… es una orden y es mutuo» (Neufeld 2006:149). Además, no se tiene que olvidar que la «igualdad esencial de cada miembro [de la iglesia] es producida por la experiencia común de gracia y perdón. Esta es la base de la sumisión mutua» (Taylor 1992:254).

Aparte de lo señalado hasta aquí, creo que es importante resaltar un asunto que, con frecuencia, no se toma en cuenta en el análisis y en la compresión de este texto «polémico» para algunos. Este versículo:

> …no es el comienzo de una nueva sección, sino una conclusión adecuada al contexto más amplio de la sabiduría que comienza en 5.17 y más particularmente a la sección que trata sobre la llenura del Espíritu en 5.18 (…) En este texto, uno de los resultados de la llenura del Espíritu, es la sumisión unos a otros (Hoehner 2002:717).

Desde otra mirada, pero tratando sobre el mismo tema, se precisa que:

> El participio [someteos] se vincula con el imperativo en 5.18, «sed llenos del Espíritu», y se asume (no se repite) en 5.22. El participio es pasivo o medio, y lo más probable es que Pablo acentúe el medio con su énfasis en la elección del creyente de

> someterse a otros en la vida de adoración de la comunidad, mientras los creyentes celebran sobria y gozosamente su nueva vida en Cristo. La sumisión es una virtud cristiana porque demuestra el debido respeto a Cristo y a los que están «en Cristo» (Cohick 2020:349).

Bajo el paraguas de lo expresado hasta este momento, con respecto a 5.21, se puede afirmar que todos los miembros de la familia, según Efesios, tienen que someterse unos a otros, de manera voluntaria, porque el «servicio mutuo y abnegado es la mayor demostración del poder extraordinario del Espíritu Santo» (Ávila 2008:203). En otras palabras: «Hombres y mujeres de todas las edades tienen que someterse mutuamente en respeto, amor y servicio, encontrando su unidad y paz, no en una falsa identificación, sino en una unidad plural» (Johnson 1986:379). En síntesis, «cada miembro del cuerpo debe voluntariamente reconocer los derechos, necesidades, y deseos de los otros» (Hendriksen 1998:266).

El sometimiento mutuo exige, además de libertad, voluntad y disposición de parte de todos los miembros de la familia; humildad, apertura y aprendizaje continuo, aprender y desaprender todos los días. Este sometimiento mutuo no nace de la simple renuncia personal, de la iniciativa o el deseo humano, sino de la obediencia al mandato de Dios, porque «los miembros de la familia se someten voluntariamente los unos a los otros motivados por su profundo amor a Dios y en imitación a su Señor Jesús» (Ávila 2008:203). Este llamado tiene su fundamento en la igualdad entre hombre y mujer como se afirma en Gálatas 3.28, porque «la igualdad como personas y la sumisión unos a otros son principios básicos, particularmente, en la relación esposa-esposo» (Foulkes 1999:162).

Dios en su amor transforma nuestra vida, renueva el carácter, y nos prepara para vivir en comunión con otros seres humanos. Sin embargo, una de las preguntas difíciles a la que se tiene que responder en el día al día, es la siguiente: ¿En un matrimonio mixto, un creyente con un no creyente, los dos comprenderán de la misma manera qué significa someterse mutuamente de manera voluntaria, como una expresión de obediencia a Dios, sobre todo, considerando la tradición machista que existe en nuestros países? Para que esto ocurra, ambos cónyuges tendrían que estar dispuestos a renunciar y a romper con las malas prácticas que predominan en la sociedad y que también les afecta a ellos de manera directa o indirecta, contaminando las relaciones en el hogar: machismo, subordinación de la mujer, violencia doméstica, feminicidios.

Más allá de estas legítimas preocupaciones, lo que se puede deducir de la invocación de Pablo, es que someterse unos a otros es «ponerse humildemente al servicio del otro» (Padilla 2019:1541). De eso se trata cada día tanto en la casa como fuera de ella. De estar dispuestos a dejar a un lado todo lo que atenta y vulnera la vida y la dignidad de todas las personas como creación de Dios. Pero, conociendo la realidad de las sociedades humanas machistas y patriarcales, como las de América Latina, cabe preguntarse si todos los creyentes, hombres y mujeres de todas las edades, estarían dispuestos de manera voluntaria y en obediencia al Señor, como se propone en Efesios, a comprender y aceptar que, «*todas y todos, incluso el pater familias*, tienen la obligación de someterse mutuamente» (Ávila 2018b:141). A pesar de esa realidad, esa es la tarea y el desafío que tienen los cristianos, mujeres y hombres, como señal visible de la realidad alternativa (la iglesia) que propone la buena noticia del reino de Dios en medio de las diversas sociedades humanas.

Mujer

Usted es la canción perfecta,
el verso único, el poema inconcluso,
la frase exacta, la palabra oportuna.

Usted cambia la vida,
reelabora los pasos, cambia los gustos,
libera de la rutina.

Usted es música nueva,
pasos de baile sin tiempo,
abrazo incansable, caminatas sin horario.

Con usted aprendo y desaprendo,
muero de amor y resucito cada mañana
cuando sus ojos me miran
para volver a sus brazos.

La esposa cristiana (5.22-24)

El abordaje paulino al tema de la familia cristiana comienza en Efesios 5.21. En los versículos siguientes, específicamente en Efesios 5.22-24, se trata sobre la conducta de las esposas cristianas. Para no desvirtuar o mal interpretar lo que se indica en este pasaje bíblico, se tiene que considerar con cuidado cada palabra, frase o afirmación, ya que el modelo del que se parte no es el de las familias actuales que tienen derechos que no existían en el primer siglo, sino el de las familias que respondían a la mentalidad y práctica patriarcal de la sociedad grecorromana del primer siglo.

Así, por ejemplo, la sujeción de la que se habla en Efesios 5.22-23 («Las casadas estén sujetas a sus propios maridos, como al Señor; porque el marido es cabeza de la mujer, así como Cristo es cabeza de la iglesia, la cual es su cuerpo, y él es su Salvador»), no significa que la mujer sea de menos valor que el hombre y que tenga menos dignidad que él, o que el hombre sea más importante que la mujer o que tenga que decidir sin consultar ni preguntar nada a su esposa.

Para una mejor comprensión de estas palabras, es importante no olvidar que, según este pasaje, «la idealizada esposa cristiana de este texto [Ef 5.22-23] desempeña un papel clave no sólo como modelo ético, sino también como símbolo de la identidad de la comunidad y de la interacción entre iglesia y sociedad» (Osiek, Macdonald, Tulloch 2007:6). Más aún:

> …la referencia a la sumisión de la esposa en Efesios 5.22 no es prominente ni directa. En el griego se suaviza considerablemente porque está indisolublemente ligada a la sumisión mutua en el versículo 21. No existe un mandato directo, una indicación directa a las mujeres, tampoco un verbo para sumisión en Ef 5.22. La sumisión de la mujer se tiene que inferir en el v. 22 del

> participio en el v. 21, lo que indica que se interpreta a la luz del
> v. 21 y como parte de la misma oración (Long Westfall 2016:100).

Una frase clave es «como al Señor», es decir, Cristo es el modelo de conducta y de amor para el esposo en su relación con la esposa. Se espera, en consecuencia, que el esposo creyente entienda que él no es dueño de su esposa, que ella no es su propiedad, y que su esposa no es una simple mercancía que él puede utilizar a su capricho y antojo. Esta exhortación paulina es un rotundo no a la cosificación de la mujer o a tratarla como un simple objeto sexual o la esclava particular del esposo.

Lo señalado previamente se reafirma con lo que se expresa en el siguiente versículo: «…como la iglesia está sujeta a Cristo, así también las casadas lo estén a sus maridos en todo» (5.24). Este versículo es sorprendente porque afirma «que el deber de la esposa es igual al deber de la iglesia. El deber de la iglesia es ser santa, para así ser presentable. Y esto vale también para las esposas» (Neufeld 2006:156).

La sujeción tiene que ser entonces, además de mutua (5.21), voluntaria y en amor. Quedan así descartadas conductas corrientes como el machismo, la subordinación de la mujer a la voluntad del hombre, la violencia contra la mujer en todas sus formas, la desvaloración de la mujer, entre otras. Valoración y respeto tienen que ser, por lo tanto, marcas visibles en la relación hombre-mujer. En consecuencia, para el caso de la esposa cristiana, someterse al esposo «como al Señor», significa e implica que la mujer, para nada y en ningún momento, pierde su valor, su vocación y su dignidad como imagen de Dios.

La palabra docente-pastoral y misional dirigida a las esposas que, aparentemente, justificaba y legitimaba la ideología patriarcal prevalente en el primer siglo, cuando se examina a la luz de la situación de las mujeres en la sociedad grecorromana, son más bien una propuesta y una práctica liberadora. Una propuesta y práctica liberadora que daba cuenta de la forma como la nueva sociedad en Cristo (la iglesia) comenzaba a leudar y a transformar las relaciones sociales de opresión, marginación y ninguneo de la mujer, tan corrientes en el mundo grecorromano del primer siglo. En otras palabras, «la opresión de las mujeres prevalecía en el mundo antiguo, y su emancipación apenas había comenzado. Es en contra de este oscuro trasfondo que la enseñanza del apóstol brilla con una luz tan fuerte» (Stott 1987:216).

El solo hecho de pedirle a todos los miembros de la familia (esposa, hijos, esclavos) que sometan mutuamente en forma voluntaria, ya representaba una crítica abierta y frontal al papel del *pater familias* quien ejercía una autoridad soberana sobre todos los miembros de la familia, cuya palabra no se discutía y cuyas órdenes se obedecían sin reclamo alguno. El *pater familias* tenía potestad y derecho legal sobre todos los miembros de la familia (esposa, hijos, esclavos). Su voluntad era indiscutible y tenía el derecho de castigar, enviar a prisión a cualquiera, y mandar matar a quien él así lo dispusiera.

Mujer cristiana

A la mayoría de las mujeres, tanto en la iglesia como en la sociedad, se les trata todavía como inferior, subordinada, dependiente. La mentalidad patriarcal vigente que se visibiliza en prácticas machistas socialmente toleradas y religiosamente justificadas las enclaustra así al ámbito familiar como amas de casa, bajo la autoridad omnímoda del hombre. La mujer, entonces, se ve obligada a verse a sí misma como esposa y como madre, limitando su función a los quehaceres domésticos y a atender sumisamente al esposo e hijos.

La enseñanza bíblica acerca de la mujer como imagen de Dios es completamente distinta. La mujer comparte con el hombre el mismo valor, la misma dignidad, la misma responsabilidad, la misma vocación y el mismo destino. Ella no es menos importante que el hombre, porque a ambos se les dio el mandato de cuidar los bienes de la creación y administrarlos de manera responsable. La mujer es coheredera del reino de Dios y corresponsable del anuncio de la buena noticia de salvación, así como lo es el hombre, y su participación en esta tarea común no es de menos valor que la del hombre.

La autoimagen de la mujer cristiana no tiene que asentarse entonces en la mentalidad patriarcal ni en las prácticas machistas. Ella, como imagen de Dios, tiene que comprender que su vocación en la vida no se limita a ser esposa y madre, sino a desarrollarse como un ser humano pleno, con capacidades, competencias, saberes y experiencias que tienen que ser puestos al servicio del bien común.

Tiene que comprender, además, que su presencia en la iglesia y en la historia no se reduce a las actividades «propias de las mujeres»; es decir, a cuidar el hogar, a criar a los hijos, a limpiar la casa y a cocinar.

La mujer tiene que comprender que Dios en su gracia le ha dado dones, no menos valiosos que los dones dados a los hombres, para que descubra su lugar en la iglesia y en la sociedad, y contribuya con sus capacidades, competencias, saberes y experiencias a mejorar la calidad de vida de todos. La mujer, por tanto, con sus saberes, experiencias, dones, competencias y capacidades, coadyuva a la construcción de un mundo mejor en el que todos sean tratados como iguales, sin ninguna forma de discriminación o exclusión.

El esposo cristiano (5.25-32)

Es interesante notar que mientras en esta sección de la carta a los Efesios, se dedica poco espacio a los requerimientos que se le hace a la esposa cristiana, para el esposo las exigencias son más extensas (5.25-32). Comienza recordándoles que tienen que amar a sus esposas, así como Cristo amó a la iglesia (5.25). Seguidamente, a la luz del ejemplo de Cristo, se expresa: «Así también los maridos deben amar a sus mujeres como a sus mismos cuerpos. El que ama a su mujer a sí mismo se ama» (5.28). En otras palabras, quien humilla, insulta, ningunea, desprecia, y maltrata verbal y emocionalmente a la esposa, o ejerce violencia física o emocional en contra de ella, demuestra que no se ama a sí mismo. En consecuencia, tampoco ama a su esposa como corresponde amar a quien es imagen de Dios y tiene, por tanto, la misma dignidad y el mismo valor que el hombre.

Al esposo cristiano se le recuerda, además, lo siguiente: «Porque nadie aborreció jamás a su propia carne, sino que la sustenta y la cuida, como también Cristo a la iglesia, porque somos miembros de su cuerpo, de su carne y de sus huesos» (5.29-30). El llamado es a cuidar y a valorar a la esposa, así como se valora y se cuida a sí mismo. Tiene que ser así, porque lo que Pablo enfatiza, «no es su autoridad sobre la esposa, sino su amor por ella» (Stott 1987:222).

La pregunta para todos sería si acaso en un esquema patriarcal, como en el que aún existe en nuestras sociedades, cabe esa posibilidad. Si no es así, lo que se requiere y exige entonces es un cambio de mentalidad cuyo horizonte inmediato sea una transformación en las relaciones esposo-esposa, más ajustada a las demandas de la buena noticia del reino de Dios, Y, por eso mismo, distante de la mentalidad patriarcal y de toda práctica machista que devalúa la condición, valor y dignidad de la mujer como imagen de Dios.

Cuando el esposo cristiano valora y respeta a la esposa en todo tiempo, demuestra el amor que tiene por ella, y su respeto a ella como imagen de Dios. Debe ser así, porque ambos tienen que llegar a ser uno, dejando a un lado todas las malas prácticas (machismo, violencia, subordinación, menosprecio, etc.) que atentan contra el llamado a ser uno (5.31). Del esposo cristiano se esperaba, entonces, lo siguiente en la relación con su esposa:

> ...un esposo nunca debería usar su autoridad para aplastar o anular a su esposa, o frustrar su deseo de llegar a ser ella misma. Su amor por ella lo llevará a un camino exactamente opuesto. Se dará a sí mismo por ella, a fin de que pueda desarrollar su potencial completo ante Dios y así llegar a ser más completamente ella misma (Stott 1987:220).

Llama la atención que al *pater familias* cristiano, en lugar de recordarle la legítima autoridad que tenía en el primer siglo para imponer su voluntad absoluta sobre todos los miembros de la familia, se le inste a ser distinto a los hombres no cristianos en el seno de la familia. Pablo espera entonces que el *pater familias* cristiano sea radicalmente diferente en la forma de relacionarse con todos los miembros de la familia (esposa, hijos, esclavos).

Esta invocación pastoral-misional es importante y novedosa, como propuesta antisistema y contracultural de la iglesia como una nueva sociedad, si se tiene en cuenta que en «los códigos familiares de aquellos días, se daba por sentado que el hombre gobernaba y que las esposas, hijos y esclavos obedecían» (Ávila 2018b:148). De esa manera, paso a paso, bajo la influencia cristiana, fue cambiando la dinámica familiar en los hogares de los creyentes.

El hombre cristiano

La mayoría de los hombres son tributarios de la mentalidad patriarcal y sus consecuentes prácticas machistas, incluso al interior de las iglesias evangélicas. Las distintas formas de violencia en contra de la mujer (física, verbal, emocional, económica), no son exclusividad de los no creyentes, ocurren también en las familias evangélicas con el agravante que se justifican con la Biblia en las manos y se legitiman con el silencio o la complicidad de los pastores. ¿Será posible cambiar esta lamentable realidad?

El cambio comienza con una transformación de la mente y con una renuncia voluntaria a toda práctica machista encubierta o visible. Los hombres cristianos tendrían que aceptar y reconocer que no son superiores a la mujer y que ella no es su esclava sexual, máquina reproductora de hijos o la sirvienta en el hogar. Así comenzaría a cambiar la forma de concebir a la mujer como subordinada, dependiente o inferior al hombre. Tiene que ser así, porque la sumisión de la mujer a la voluntad del macho es un pecado personal y social que afecta las relaciones tanto en la iglesia, como en la familia y en la sociedad.

Un hombre cristiano valoraría y respetaría a la mujer como imagen de Dios, corresponsable en el cuidado de la casa común, creadora de cultura y coheredera del reino de vida. Un valor y respeto que tiene que visibilizarse en la capacidad de trabajar juntos en la iglesia y en la sociedad, como compañeros con iguales oportunidades, en beneficio del bien común, y en la construcción de un país de todos y para todos.

Un hombre cristiano jamás ejercería ninguna forma de violencia en contra de la mujer, porque sabe que ella es imagen de Dios, y cualquier atentado en contra de su valor y dignidad como creación de Dios, sería una afrenta a Dios y negaría, además, su condición de creyente, porque Dios es vida y justicia plenas.

Amor mutuo (5.33)

La invocación de este texto bíblico tiene como fin afirmar y fortalecer el amor mutuo entre los esposos: «Por lo demás, cada uno de vosotros ame también a su mujer como a sí mismo; y la mujer respete a su marido» (5.33). El consejo apunta a preservar la unión matrimonial de toda forma de violencia y de irrespeto hacia el cónyuge. Apunta también a que tanto las esposas como los esposos no se olviden que «la unidad de la pareja depende del sometimiento mutuo de los cónyuges como uno de los resultados de ser "llenos del Espíritu"» (Padilla 2019:1541).

Aquí se exhorta, además, a los esposos cristianos a amar a sus esposas como se aman a sí mismo: «Así también los maridos deben amar a sus mujeres como a sus mismos cuerpos…» (5.28). El ejemplo o modelo de amor hasta el sacrificio es Cristo: «Maridos, amad a vuestras mujeres, así como Cristo amó a la iglesia, y se entregó a sí mismo por ella» (5.25). La frase «así también», con la que comienza Ef 5.28, conecta el ejemplo de amor hasta el sacrificio de Cristo, con el deber que tienen los esposos cristianos de amar a sus esposas como a sí mismos. En consecuencia, «el amor del esposo por su esposa, modelado en el amor de Cristo por la iglesia, provee la base para esa unidad de la pareja que forma parte del propósito de Dios en la creación» (Padilla 2019:1541).

No se trata entonces de un amor que depende solo de la buena voluntad, sino de un amor que tiene como modelo el amor hasta el sacrificio de Cristo. Los esposos cristianos tienen que amar a sus esposas siguiendo el ejemplo de Cristo. El mandamiento indica además que los esposos tienen que amar a sus esposas, no como simples objetos sexuales que ellos pueden utilizar cada vez que así lo desean, sino como la ayuda correspondiente que el Señor les ha dado para que construyan matrimonios sanos, estables y permanentes. Matrimonios que tienen que ser modelos de vida cristiana en una sociedad en la que las relaciones matrimoniales inquebrantables son consideradas como prácticas retrógradas que forman parte de un patrón cultural no apropiado para este tiempo.

Pero la mujer cristiana tiene que comprender que ella también tiene la misma exigencia, es decir, amar a su esposo limpiamente, así como Cristo le ama ella. Esto implica valorar y respetar a su esposo, sin que esto signifique inferioridad o resignación o que ella pierda su libertad. De esa manera, tanto el esposo como la esposa, valorando la individualidad de cada uno, crecerán en amor y, por tanto, en mutuo respeto. La mutualidad del amor espera que ambos renuncien a todas las malas prácticas que conspiran contra una buena relación esposo/esposa (mentira, engaño, celos, sospechas, violencia verbal y física, etc.), y que juntos crezcan adoptando buenas prácticas que coadyuven a la construcción de un vínculo matrimonial sano y ejemplar (confianza, integridad, respeto, transparencia, sinceridad, etc.).

Ecuación perfecta

Mujer, eres la ecuación perfecta, el teorema definitivo,
la fórmula química exacta, el principio físico adecuado,
el algoritmo insuperable, el problema matemático resuelto.

Eres el poema soñado, la frase necesaria,
la palabra precisa, el verbo que encaja, el libro evocado,
la biblioteca imaginada.

Eres una sinfonía de colores y sabores,
aroma de café matutino, copa de vino tinto oportuno,
compañía irremplazable.

Eres un poema sin fecha.

Los hijos cristianos (6.1-3)

En esta sección en la que se pasa de los deberes recíprocos de los esposos, a los deberes recíprocos entre padres e hijos, el llamado pastoral es claro y directo: «Hijos, obedeced en el Señor a vuestros padres, porque esto es justo» (6.1). El verbo imperativo «obedeced», indica que no se trata de un mandamiento opcional que depende de la buena voluntad de los hijos (hombres y mujeres), sino de una exigencia que descansa en la obediencia: «en el Señor» y, además, porque es lo que se espera de ellos: «…esto es justo».

En el pasaje se argumenta, con base en el Decálogo, que este mandato tiene una promesa específica: «Honra a tu padre y a tu madre, que es el primer mandamiento con promesa; para que te vaya bien, y seas de larga vida sobre la tierra» (Ef 6.2-3; cf. Éx 20.12; Dt 5.16). Lo que se enfatiza en estos versículos del Decálogo no es la ley humana, sino la ley de Dios que tiene que obedecerse sin demora.

Dos promesas están claras para los hijos (hombres y mujeres) que valoran, obedecen y cuidan a sus padres: a) «para que te vaya bien»; b) «seas de larga vida sobre la tierra». Se trata de promesas que descansan en la obediencia a los padres. La clave se encuentra entonces en la obediencia. De allí se deduce que, si un hijo o hija no obedece este mandato del Señor, no puede esperar que se cumplan en su vida las promesas que se derivan de ese mandato.

Los hijos (hombres y mujeres),[9] por lo tanto, no tienen que olvidar que a los padres se les honra, amándolos y respetándoles todos los días y toda la vida. Se les honra también cuidando de ellos, no ensuciando la honra de la familia, no dando espectáculos desagradables que desdicen su condición de hijos de Dios. No se tiene que desconocer tampoco que la honra es a ambos padres, papá y mamá, sean o no creyentes. Los hijos no pueden favorecer a uno de ellos y despreciar al otro.

Finalmente, se tiene que puntualizar que los hijos no tienen que deshonrar a sus padres con su conducta licenciosa, sus amistades poco recomendables, sus prácticas sexuales escondidas, su lenguaje soez, sus mentiras o sus amores fugaces. Si ellos honran a sus padres, tienen la promesa divina de que ellos serán buenos padres y de que no les faltará nada mientras vivan, porque honrar a los padres es fuente de alegría y no fuente de dolor.

---

[9] En relación a la palabra «hijos» se puntualiza que: «Es muy significativo en este contexto cultural que el apóstol use el término general *hijos* (6.1, 4), término que incluye varones y *mujeres*. En la cultura grecorromana y judía las hijas estaban excluidas de la educación. Ahora, en la nueva humanidad en Cristo, todos, hijos e hijas, son objeto de la *paideia* [disciplina, educación, formación] del Señor. Es una educación inclusiva y transformadora» (Ávila 2018b:173).

Hijos cristianos

Pablo insta a los hijos a «obedecer en el Señor» a sus padres acentuando que esto es «justo». La clave para cumplir con este mandato está en las palabras «en el Señor». Dicho de otro modo, según Pablo, la obediencia de los hijos a los padres no es tanto porque lo que ellos son, debido a su conducta y trato cotidiano; es decir, malos o buenos padres, responsables o irresponsables, justos o injustos, comprensibles o de mentalidad cerrada, sino por causa del Señor o porque es un mandato expreso del Señor. Para él, no cabe duda de que los hijos tienen el deber ineludible de obedecer a sus padres, más aún, si se trata de un «mandamiento con promesa» (6.2). Una promesa que se subraya con estas palabras: «para que te vaya bien, y seas de larga vida sobre la tierra» (6.3). La obediencia a los padres, por tanto, es la alfombra sobre la que descansa el futuro de los hijos.

La obediencia de los hijos a los padres tiene que traducirse en respeto. Y respeto es valorar el esfuerzo de los padres, reconocer su cuidado y sus consejos, y aceptar la corrección cuando sea necesaria. Claro está, comprendiendo que la corrección no es sinónimo de castigo físico o violencia emocional, como a menudo ocurre en decenas de hogares, incluso, al interior de familias cristianas. La obediencia y el respeto a los padres se visibiliza, además, cuando los hijos tienen una conducta irreprochable dentro y fuera del hogar, no deshonran a los padres con sus inconductas o malas prácticas, y cumplen las reglas internas de la familia, no vulnerando las mismas por conveniencia, desarreglos o malcriadez. El respeto se aprende en el día a día de las relaciones internas en el hogar, particularmente, en la forma como los padres se tratan entre ellos.

Los hijos cristianos deberían tomar en serio el consejo bíblico de la obediencia a los padres, si pretenden ser felices, incluso, cuando los problemas arrecian y tratan de destruirlos; y desean tener una vejez alegre y reposada, antes que tristeza y conflictos. Las lágrimas de los padres, debido a lia desobediencia de los hijos, tienen un alto costo para todos. El dolor que los hijos causan a sus padres, con sus inconductas recurrentes y que afectan la estabilidad y la tranquilidad de la familia, tiene consecuencias graves, no solo en la familia, sino también en sus propias vidas y en la familia que ellos o ellas formarán en algún momento. La promesa del Señor es que la obediencia a los padres trae alegría, reposo y paz. La desobediencia tiene otra dirección y consecuencias no tan gratas para todos. Es fuente de tristeza, cansancio e intranquilidad. ¡La obediencia es fiesta permanente!

Los padres cristianos (6.4)

¿Cuál es la exigencia para los padres cristianos? ¿Cómo pueden los padres cristianos ayudar a sus hijos a ser obedientes «en el Señor» y les honren en todo tiempo? A los padres se les pide: «Y vosotros, padres, no provoquéis a ira a vuestros hijos, sino criadlos en disciplina y amonestación del Señor» (6.4). Dos preguntas afloran de esta exigencia a los padres cristianos: ¿Cómo pueden los padres provocar ira en sus hijos? ¿Qué significa y qué implica criar a los hijos en disciplina y amonestación del Señor? Para responder a estas preguntas es necesario conocer el contexto social y cultural en el que Pablo y los creyentes del primer siglo vivieron y, especialmente, cómo funcionaba la familia en el mundo grecorromano y cuál era el lugar de cada uno (padre, madre, hijo e hija) al interior de esta.

En una sociedad, como la grecorromana concebida jerárquicamente y en la que se esperaba que los subordinados, como los hijos, obedezcan a su superior (*pater familias*), resultaba inconcebible pedirle a quien se encontraba en la pirámide del poder en la familia que valore y respete al subordinado y dependiente (hijos, hijas). Pero ese era el mandato, porque en la familia cristiana, a diferencia de las otras familias, los «hijos les deben obediencia a sus padres, y éstos a su vez han de educar a sus hijos con respeto y sabiduría. En ambos casos, la relación debe ser un modelo de amor mutuo y entrega en el Señor» (Ávila 2008:217). Sin embargo, se tiene que precisar que disciplina y amonestación, no son igual a castigo físico o violencia física contra los hijos. En este caso, «disciplina… se refiere a la educación del niño y amonestación [a] … la actitud constante y persistente de guiar por medio de consejos y palabras sabias» (Ávila 2008:222).

Sin embargo, queda todavía la pregunta, ¿cómo pueden los padres cristianos provocar a ira a sus hijos o hacerles enojar? Puede ser mediante la injusticia con la que a menudo actúan en el seno familiar. Esa injusticia está conectada usualmente con la existencia de hijos favoritos y de hijos tratados como si fueran de segunda clase. Está conectada también con el abuso que, con frecuencia en nuestros países, muchos padres cometen con sus hijos cuando suponen que son sus muchachos, sus empleados, o sus criados que están a su disposición las veinticuatro horas del día. Además:

> …los padres pueden fácilmente utilizar mal su autoridad, ya sea exigiendo cosas irritantes o irrazonables que no toman en cuenta la inexperiencia o inmadurez de los niños, o yendo a extremos de dureza y de crueldad, por un lado; y favoritismos y excesos de indulgencia por el otro; o humillándolos y anulándolos; o con esas armas vengativas que son el sarcasmo y el ridículo. Estas son algunas de las actitudes paternas que provocan enojo y resentimiento en los hijos (Stott 1987:235).

El consejo pastoral a los padres es que formen —no que malcríen, consientan o engrían— a sus hijos instruyéndolos y corrigiéndoles de manera oportuna, justa y saludable. La instrucción oportuna, justa y saludable, les permitirá a los hijos tener criterios claros para no equivocarse y sean sabios y responsables, cuando tomen decisiones durante las circunstancias difíciles que ocurren en la vida.

La corrección a los hijos, que no es sinónimo de castigo físico o de violencia física en contra de ellos, evitará futuros dolores de cabeza y las lágrimas de dolor, angustia y desesperación no solo de los padres, sino también de los hijos y de las familias que ellos formen. La justicia en la relación padres-hijos evitará rupturas innecesarias, rebeldías y distanciamientos que se pueden prevenir a tiempo u otras conductas inapropiadas de parte de los hijos.

Padres cristianos

Todos los padres lloran. Lloran de alegría o de tristeza, Lloran de gratitud o ingratitud. Lloran de esperanza o de desesperanza. Lloran de tranquilidad o de desesperación. Todos los hijos no son, necesariamente, causa de alegría, gratitud, esperanza o tranquilidad. Tenemos hijos obedientes y desobedientes, responsables e irresponsables, trabajadores y haraganes, respetuosos o irrespetuosos. Además, cada hijo (mujer o varón) decide cómo vivir, con quien vivir, y para qué vivir. Sin embargo, los padres tienen la responsabilidad de amar a todos sin ninguna forma de exclusión y, si son cristianos, jamás deben tener hijos preferidos o encaminar su amor de padre en una sola dirección.

Los hijos también lloran. Lloran porque tienen padres irresponsables, injustos, violentos e incapaces de dialogar. Lloran porque crecieron sin una figura paterna o sin una figura materna. Lloran porque quien los engendró no quiso reconocerlos. Lloran porque ven a su madre sufrir cada día. Lloran porque carecen de afecto, ternura y comprensión. No todos los padres son buenos padres, padres ejemplares, o padres que construyen modelos maternales y paternales de respeto, diálogo, comprensión y justicia.

El mandato de no provocar «a ira» a los hijos, sino criarlos «en disciplina y amonestación del Señor», implica, por un lado, ser ejemplos de conducta sana e irreprochable, tanto en el lenguaje como en las acciones; y, por otro, no recurrir al castigo físico, sino ser ejemplo de vida cristiana en todas las dimensiones de nuestras relaciones. Ser padres cristianos, no es una tarea fácil, como tampoco es un asunto que se aprende en un manual. Uno aprende a ser padre en la alegría y el dolor compartidos, en la abundancia y en la escasez, en los problemas y en la solución de estos, cuando se llora y cuando se abraza, cuando se está solo o acompañados. ¡Es un aprendizaje de toda la vida!

Relaciones de trabajo justas (6.5-8)

En la sociedad esclavista del primer siglo los esclavos no tenían ningún derecho. Los esclavos podían ser parte de una herencia, ser vendidos, o comprarse en pago de una deuda. Estaban sujetos a la voluntad del amo y éste podía disponer de ellos a su antojo y capricho.[10] Incluso, el *pater familias* tenía completo control sobre los esclavos que pertenecían a la familia, podía castigarlos, enviarlos a prisión y ordenar su muerte (Stott 1987:240).

La situación de los esclavos en la sociedad grecorromana del primer siglo se describe con estas palabras: «La ideología dominante de ese tiempo les consideraba como no-personas e instrumentos pasivos de trabajo… con los que no era posible tener una relación personal o amistad alguna» (Ávila 2018b:183). Y fue así porque la esclavitud «no era una característica incidental de las antiguas economías agrarias del primer siglo sino parte de su tejido esencial» (Baugh 2016:513).

---

[10] En el mundo en el que Pablo vivió «la esclavitud era un fenómeno generalizado. Uno podía convertirse en esclavo debido a la desgracia económica, la captura en la guerra, el secuestro o simplemente haber nacido en la esclavitud. En un hogar, el trabajo se dividía según el género en lugar de la condición de libre o esclavo. Así, los esclavos y los miembros libres de una casa trabajaban codo con codo. En contextos urbanos, los esclavos podían convertirse en médicos y tutores. Podían manejar el dinero y los asuntos financieros de los hogares. Podían ganar dinero y, [ocasionalmente], comprar su libertad. Podían casarse y las esclavas podían ser liberadas para casarse con sus amos. [Sin embargo], esto no debe atenuar la realidad de que muchos esclavos trabajaban hasta la muerte en las minas y, a menudo, estaban sujetos a condiciones terribles [de trabajo]. Además, las esclavas, estaban disponibles para el uso sexual de sus amos. [De manera que], aunque había muchas formas de esclavitud grecorromana, todos los esclavos compartían la situación común de estar bajo el control de su amo» (Fowl 2012:195).

De la esclavitud en el primer siglo se afirma también lo siguiente: «La institución de la esclavitud estaba muy extendida en el mundo antiguo, y los esclavos constituían alrededor del 10 por ciento de la población del Imperio Romano del primer siglo. El número sube a alrededor del 30 por ciento, una de tres personas, en la ciudad de Roma. La institución de la esclavitud estaba entretejida en el tejido de la sociedad antigua, crucial para la jerarquía política, económica, familiar y social que enmarcaba el panorama cultural. La esclavitud era una categoría jurídica sustentada en códigos y tribunales. Era un componente clave del sistema económico, ya que hombres y mujeres libres, personas liberadas y esclavos laboraban juntos en la mayoría de los trabajos… Pablo incluye la esclavitud dentro del contexto del hogar, porque la base de la vida económica era el hogar, no la fábrica ni la oficina» (Cohick 2020:391).

Cuando la fe cristiana irrumpió en ese mundo, aunque no cambió inmediatamente la realidad de la esclavitud, sí estableció principios para un mejor trato de los esclavos por parte de los amos convertidos a la fe cristiana.[11] El solo hecho de mencionarlos en Efesios, como miembros aceptados de la comunidad de discípulos y como personas de quienes se esperaba decisiones éticas-morales en la misma dimensión que los amos, indica que su dignidad y valor había cambiado sustancialmente, si se le compara con la situación en la que encontraban los esclavos no cristianos tratados como mercancía y cosas descartables por sus amos. De esa manera, el avance de la fe cristiana en distintos círculos sociales, paso a paso, fue cambiando las relaciones entre amos y esclavos. La fe cristiana introdujo así, paulatinamente, nuevas formas de relación amo-esclavo. En otras palabras:

> De un plumazo Pablo modifica sustancialmente la base jurídica de la esclavitud, infundiéndole un poderoso fermento cristiano… Pablo establece el principio de que no hay más amo que Cristo. Un hombre no puede ser mera posesión de otro hombre. Tanto el amo como el esclavo son posesión de Cristo, aunque a cada uno retribuirá según sus obras, sin acepción de personas (Gonzáles 1988:203).

Entendiendo que el pasaje supone que tanto amos como esclavos son cristianos, a los esclavos cristianos se les aconseja que obedezcan a sus amos terrenales «con temor y temblor, con sencillez de vuestro corazón, como a Cristo» (6.5). Indicándose además que tienen que obedecer «no sirviendo al ojo, como los que quieren agradar a los hombres, sino como siervos de Cristo, de corazón haciendo la voluntad de Dios» (6.6) y «sirviendo de buena voluntad, como al Señor y no a los hombres» (6.7). La obediencia que se les exige a los siervos tiene como base la expresión «como a Cristo», es decir, por razón de su fe tienen que ser

---

[11] Discutiendo sobre este asunto, un erudito señala que «Efesios 6.5-9, uno de los códigos domésticos, es difícil de interpretar hoy, particularmente porque estamos consternados de que Pablo no critique (debido a que también había buenas relaciones entre amo y esclavo, es por eso que muchos esclavos decidieron quedarse para siempre con su amo, por el buen trato que recibían) directamente la institución de la esclavitud. Sin embargo, concluir que Pablo ignora o acepta tácitamente la esclavitud, no comprende sus palabras dentro de su contexto histórico y teológico |preciso|» (Cohick 2020: 385).

distintos en su servicio a los amos terrenales «sabiendo que el bien que cada uno hiciere, ése recibirá del Señor, sea siervo o libre» (6.8). Los esclavos tienen que servir a sus amos «como a Cristo» y tienen que hacer el «bien» a todos en todo tiempo. Se trata entonces de una actitud que nace del corazón y que se expresa en el servicio al prójimo.

Pero no se tiene que perder de vista que en el primer siglo los amos no trataban con justicia a los esclavos. La relación amo-esclavo estaba basada en el poder absoluto que tenían los amos y la condición de indefensión de los esclavos. Cuando la fe cristiana comenzó a penetrar en la sociedad griega y romana, paulatinamente comenzó a cambiar esa realidad de injusticia en contra de seres humanos indefensos y sin ningún derecho como los esclavos. Particularmente, el autor a los Efesios, con estas palabras pastorales-misionales propone una «sociedad alternativa, igualitaria y justa. Sus medios no son los de la rebelión armada… [sino] la de la resistencia pacífica no violenta» (Ávila 2008:227).

Particularmente, a los amos convertidos a la fe cristiana, se les exigió que tengan una relación amo-esclavo completamente distinta a la que imperaba en la sociedad de ese tiempo: «Y vosotros, amos, haced con ellos lo mismo, dejando las amenazas, sabiendo que el Señor de ellos y vuestro está en los cielos, y que para él no hay acepción de personas» (6.9). Si a los esclavos se les pedía obediencia «como a Cristo» (6.5) y que hicieran el «bien». Para los amos la exigencia no fue menos: «Y vosotros, amos, haced con ellos lo mismo, dejando las amenazas…» (6.9).

De manera directa se les exigió dejar «las amenazas» y recordar que Dios no hace «acepción de personas» (6.9). A los amos convertidos a la fe cristiana se les exigió, entonces, dejar a un lado toda mala práctica contraria a la fe cristiana y que siempre tengan en cuenta que Dios está atento a todas las situaciones de opresión en contra de seres humanos creados a su imagen. En síntesis:

> En lugar de considerar su relación con sus esclavos como la del propietario con sus bienes, o la del superior hacia el inferior, debía desarrollar una relación en la que les diera el *mismo* tratamiento que él esperaba recibir, renunciar a la legítima arma de las amenazas y recordar que ambos compartían el mismo amo celestial y juez imparcial (Stott 1987:243).

Este llamado pastoral-misional, la enseñanza cristiana de la igualdad intrínseca de hombres y mujeres delante del Dios imparcial que es justo y ama la justicia, así como su relación como hermanos en Cristo con igual valor y dignidad, fue a la larga una de las razones que condujo a la abolición de la esclavitud y al reconocimiento de la dignidad y los derechos humanos de todas las personas. ¡Una contribución invalorable de la fe cristiana basada en su comprensión de la dignidad de todos los seres humanos como creación de Dios!

Opresión y liberación

A lo largo de la historia, cristianos y no cristianos en distintas realidades, oprimieron —y oprimen todavía— al prójimo vulnerable e indefenso, tratándolo como descartable, útil solamente como fuerza de trabajo y como fuente de riqueza. La esclavitud en el primer siglo y en siglos posteriores, fue una de las formas de opresión y explotación más crueles, sanguinarias e inhumanas en contra del prójimo y que, incluso, fue justificada y legitimada con un discurso religioso. Las otras formas de esclavitud actual (tráfico sexual de menores y de mujeres, inmigrantes explotados en fábricas clandestinas o en trabajos degradantes y con salarios irrisorios, niños en los lavaderos de oro, campesinas o mujeres inmigrantes empleadas en los hogares, o trabajadores subempleados sin beneficios sociales, etc.), siguen una ruta parecida, es decir, son tratados como sobrantes o desperdicio social.

La fe cristiana, por supuesto, no puede ni debe justificar ni legitimar este abuso en contra de la dignidad y el valor de todos los seres como creación de Dios. Tiene que ser así, porque en ningún sentido es una religión opresora, sino más bien, una fe liberadora que se asienta en la revelación de Dios en la historia, como Dios que libera, expresando así su naturaleza como un Dios de amor, justicia y paz. El problema, sin embargo, no es lo que en la Biblia se afirma acerca de la revelación de Dios en la historia, sino la manera como un sector de los cristianos —y su teología opresora, conveniente para sus intereses, y que «amordazó» y secuestró a Dios para sus fines perversos— avalaron y justificaron este atropello injustificable del prójimo bajo el pretexto de que eran «primitivos, bárbaros, subhumanos». Es la misma excusa, con otras palabras, que se utiliza actualmente para explotar y oprimir a quienes están en desventaja o tienen que inmigrar o desplazarse forzadamente por la violencia de la guerra, la violencia del hambre o la pobreza extrema en la que viven en sus países de origen.

El mensaje cristiano es un mensaje de liberación integral, liberación de toda forma de violencia, liberación de la esclavitud económica y de la esclavitud ideológica. En Cristo, oprimidos y opresores son liberados para que se integren a la iglesia, la nueva humanidad. Una realidad alternativa cuyos valores y estilo de vida contrastan radicalmente con las violencias sobre las que se asientan las sociedades humanas que rinden culto al dios dinero, a la maximización de la inversión sin importar el costo humano, al lujo y al derroche mientras millones mueren de hambre y de enfermedades.

La fe cristiana es una fe liberadora. Una fe liberadora que desmantela todas las violencias, que jamás justifica ni legitima ninguna forma de atropello al valor de la persona humana y su dignidad única como creación de Dios, que no se deja cooptar por ninguna ideología de derecha o izquierda, y que no se doblega ante ningún poder fáctico ni se arrodilla ante ningún tirano. Una fe liberadora que encara sin miedos a las fuerzas de la muerte y le dice un rotundo NO a todas las violencias y a todos los violentos.

La fe cristiana es una fe liberadora que dignifica toda la vida y la vida de todos, que afirma que todos somos iguales y que todos tenemos las mismas oportunidades, y que respeta la libertad de conciencia de cada uno porque sabe que la conciencia de cada persona es inviolable. Una fe liberadora que transmite novedad de vida a los postergados, pisoteados, ninguneados y crucificados del mundo, desatando las ligaduras de muerte que los mantenían en condiciones miserables debido a la avaricia de los dueños de los poderes de este mundo. ¡La fe cristiana no es opresora, no puede serlo ni debe serlo, porque Dios es vida y justicia que desmantela todas las violencia visibles y encubiertas!

Un asunto más con respecto a las relaciones laborales justas en un mundo injusto. Aunque en la actualidad, formalmente, la esclavitud no existe, sin embargo, formas modernas de esclavitud como el tráfico sexual y el desplazamiento forzado de miles de seres humanos, son problemas que las iglesias y los creyentes no tienen que dejar de lado en su acción pastoral y misional, porque se trata de una vulneración abusiva de la dignidad de seres humanos concretos creados a imagen de Dios.

De igual forma, tampoco tienen que eludir las relaciones no siempre justas entre empleadores y empleados, sea en el ámbito familiar (empleadas del hogar) o empresarial y estatal (trabajadores en diversas modalidades). La afirmación de este pasaje de Efesios, la dignidad intrínseca de la persona humana y la igualdad de todos los seres humanos como creación de Dios, tiene que ser el piso sólido sobre el que se construyan relaciones sociales y laborales justas, equitativas e integras en todos los espacios de la vida.

Fe evangélica y bien común

Cuando la mayoría de los evangélicos se refieren a la misión de la iglesia, casi siempre están pensando en la proclamación verbal del Evangelio, la plantación de iglesias y el crecimiento numérico. Difícilmente aceptan que la misión cristiana tiene también una dimensión social y política relacionada con la justicia y el bienestar integral de toda la sociedad. Esto explica por qué, tanto en el lenguaje evangélico como en el imaginario colectivo de pastores y miembros de las iglesias evangélicas, resulta difícil encontrar alguna mención o referencia a la búsqueda del bien común como una dimensión legítima e ineludible del compromiso pastoral y misionero de los creyentes y de las iglesias.

El bien común, entendido como todas aquellas acciones personales y colectivas orientadas a favorecer el bienestar pleno de todos los ciudadanos, sin distinciones ni desigualdades, para que disfruten de una calidad de vida digna de su condición de imagen de Dios, difícilmente está en la agenda misional y pastoral de los evangélicos. No debería ser así, particularmente, si se tuviera en cuenta dos afirmaciones centrales de la fe bíblica: la teología de la creación y la teología del reino de Dios.

En consecuencia, la preocupación por el bien común y la lucha no violenta para que todas las personas, familias y pueblos tengan acceso justo a los recursos que la casa común de todo el linaje humano nos ofrece, no tiene que ser ajena al testimonio de los creyentes y de las iglesias. A todas las personas, creyentes y no creyentes, cristianos y no cristianos, nos corresponde tanto el cuidado de los bienes de la creación como la utilización responsable de todos los recursos naturales y, especialmente, de los recursos naturales no renovables, tan sobreexplotados e impunemente arrasados en las últimas décadas.

En tal sentido, sobre todo en realidades en las que la corrupción e impunidad son el pan de cada día, se tiene que afirmar y denunciar públicamente que la democracia no se construye asesinando a personas, contaminando las fuentes de agua, talando indiscriminadamente los bosques o destruyendo los campos de cultivo para sembrar cemento. La lucha por el bien común exige, entonces, no quedarse callados cuando se atenta contra la casa común y cuando se sobreexplota impunemente los bienes de la creación, ante la mirada complaciente de las autoridades y de la clase política.

Como creyentes en el Dios de la vida, así parezca utópico o irrealizable en realidades de injusticia institucionalizada, tenemos que participar activamente en el cuidado de la casa común, estando conscientes que esta acción demanda que los políticos y los empresarios aprendan a escuchar a los ciudadanos de a pie y, entre ellos, a los pueblos originarios tan ninguneados en nuestros países. Tienen que aprender a escuchar a los ciudadanos que, día a día construyen democracia desde abajo, sin violentar al prójimo y sin dañar la casa común de toda la familia humana.

Se tiene que subrayar, sin embargo, que un testimonio cristiano integral no puede articularse ni visibilizarse aparte del ejercicio de la ciudadanía plena. Y el ejercicio de la ciudadanía plena sería incompleto sin la búsqueda del bien común para que todas las personas, familias, culturas y pueblos disfruten de la vida plena que les corresponde como imagen de Dios.

La fe cristiana, por lo tanto, no puede eludir su compromiso con el bien común, entre otras razones, porque los recursos naturales de la casa común son de todos y para todos, y porque el reino de Dios es un reino de justicia, alegría y paz. En tal sentido, toda violencia, injusticia y práctica de muerte, no son expresiones de la voluntad de Dios, sino manifestaciones del mal opuestas al reino de vida del Dios de la vida.

La cotidianidad de la vida y el testimonio cristiano (6.10-20)

Para el testimonio cristiano en las distintas realidades humanas en las que los creyentes se movilizan día a día, según el mensaje de esta sección de la carta a los Efesios, la «Iglesia debe vestirse, como su Señor, con la armadura de justicia y verdad para ser la artesana de la paz» (Ávila 2008:241). La iglesia, durante su peregrinaje en los distintos contextos históricos en las que está situada como señal y signo de la presencia de Dios en la historia, para no caer en las trampas que urde, teje o maquina el diablo y que implementa a través de sus operadores humanos y no humanos (principados y potestades), tiene que valerse del discernimiento espiritual que Dios en su gracia le concede y de la fortaleza que él le da, para no claudicar en su testimonio y para no dejar que las fuerzas del mal silencien su voz en favor de la vida y de la justicia. Tiene que comprender además que «los creyentes no son inmunes a ser atacados [por el enemigo] y pueden sucumbir si no toman precauciones» (Marshall 2004:389)

La fortaleza del creyente (6.10)

Las situaciones de conflicto y adversidad, por las que los creyentes pasan con frecuencia, obliga a preguntarse ¿dónde está su fortaleza para enfrentar las situaciones problemáticas en el día a día de la caminata humana? ¿La fortaleza del creyente se encuentra en su experiencia, su capacidad de resolver conflictos, sus habilidades naturales o su conocimiento? Pablo en su carta a la Efesios diría que no. Afirmaría que la fortaleza del creyente se encuentra en su plena confianza en Cristo. Cristo es la fuente y el piso firme de su confianza en el día a día de complejidad de la experiencia humana.

Precisamente, en este versículo de Efesios se les recuerda a los creyentes que su fortaleza y su descanso firme, seguro y permanente está Cristo, su Señor y Salvador. Cristo es la fuerza que les ayuda y acompaña en todo momento: «Por lo demás, hermanos míos, fortaleceos en el Señor, y en el poder de su fuerza» (6.10). Las palabras de Pablo son una invitación a fortalecerse en el Señor. Se espera que los creyentes, cualquiera sea la realidad en la que se encuentren, descansen confiadamente en él, porque él es su fortaleza inquebrantable, segura y permanente. Sin embargo, la experiencia humana, incluso entre los creyentes más fieles, enseña y recuerda que no siempre, cuando atraviesan por situaciones de adversidad y conflictos, confían en Cristo y descansan tranquilamente en su amor y justicia.

Harían bien, entonces, los creyentes en todo momento y en las distintas realidades en las que se encuentran, antes de desesperarse, angustiarse y dejar que el temor les paralice y amordace, confiar en la fuerza que Cristo en su gracia les otorga. La seguridad de que Cristo los acompaña con la fuerza del Espíritu evitará que el pánico les paralice o que el miedo les controle hasta anular su capacidad de reacción.

¡Fortaleceos en el Señor! Este es un excelente consejo pastoral que todos los creyentes deberían recordar cuando los problemas parecen enseñorearse sobre sus vidas o dominarlos completamente hasta paralizarlos. La fortaleza que Cristo proporciona es un insumo espiritual demasiado valioso como para devaluarlo o dejarlo a un lado, cuando la tormenta arrecia y cuando las dificultades parecen derrotar a los creyentes. En esas circunstancias ayuda mucho recordar que él es nuestra fortaleza y que nuestra vida le pertenece a él.

Cristo nuestra fortaleza

La palabra pastoral de Pablo a los creyentes de Éfeso, «fortaleceos en el Señor, y en el poder de su fuerza» (6.1), sigue siendo también en este tiempo la demanda y exigencia para los creyentes en todas las fronteras sociales, religiosas, culturales y políticas en las que se encuentran como embajadores de la gracia de Dios. Cristo es su fortaleza y su fuerza y en él pueden confiar en los momentos de alegría y de dolor, de tristeza y de fiesta, de abundancia y escasez, de esperanza y desesperanza.

Sin embargo, la experiencia humana nos advierte que no siempre, para el caso de los cristianos, esa convicción los acompaña, sobre todo cuando arrecian los conflictos, sufren violencia y pierden sus posesiones materiales. Es en esas circunstancias límites, difíciles, críticas, que se prueba no solo su fidelidad, sino también su confianza en la protección y provisión del Señor. La exigencia será, entonces, sacar fuerzas de la debilidad y vencer los temores con la confianza en el cuidado del Señor.

La invitación en todo momento será, por tanto, no olvidar el consejo pastoral paulino de que nuestra fortaleza y nuestra fuerza, no dependen de nuestros saberes y experiencias, como tampoco de nuestras destrezas, sino de la gracia de Dios que nos acompaña en todas las veredas de la vida y que jamás nos deja a la intemperie. Él, solo él, es nuestro descanso y nuestra paz cuando todo parece desmoronarse e, incluso, los amigos y los conocidos nos abandonan. Cuando llegue el tiempo de la prueba habrá que recordar entonces este consejo pastoral paulino: ¡Él es nuestra fuerza y su fortaleza!

La protección del creyente (6.11-17)

Para ilustrar su consejo pastoral a los creyentes de Éfeso sobre la vida cristiana, Pablo utiliza la imagen de la armadura de un soldado romano que todos ellos conocían bien: «Vestíos de toda la armadura de Dios, para que podáis estar firmes contra las asechanzas del diablo» (6.11), «…tomad toda la armadura de Dios, para que podáis resistir en el día malo» (6.13). El autor de la carta se refiere también a imágenes conocidas como estar «ceñidos vuestros lomos con la coraza de la justicia, y calzados los pies con el apresto del evangelio de la paz» (6.14-15). Añadiendo seguidamente «tomad el escudo de la fe… tomad el yelmo de la salvación, y la espada del Espíritu, que es la palabra de

Dios» (6.16-17). Pedagógicamente, acude a la imagen de un soldado romano, la vestimenta acostumbrada en ese tiempo por los miembros de la milicia, para ilustrar en qué consiste la armadura que todos los creyentes tienen que utilizar.

Es importante observar que no se trata de enfatizar el uso de una de las partes de la armadura a la que Pablo se refiere en desmedro de las otras partes. El énfasis está en el uso de «toda la armadura de Dios» y no en una parte de esta. Tiene que ser así porque, según Pablo, solo de esa manera los creyentes «podrán resistir en el día malo» (6.13) y defenderse de las «asechanzas del diablo» (6.11). La verdad, la justicia y el evangelio de la paz, el escudo de la fe (6.14-16), son necesarios e imprescindibles para «apagar todos los dardos de fuego del maligno» (6.16). Y lo mismo se puede afirmar con respecto al «yelmo de la salvación» (6.17) y la palabra de Dios que es, según Pablo, «la espada del Espíritu» (6.17). Toda la armadura que Pablo describe, entonces, resulta útil para los creyentes en el día de su peregrinaje, porque su lucha es «contra los gobernadores de las tinieblas de este siglo, contra las huestes de maldad en las regiones celestes», es decir, contra el diablo (el maligno) y sus operadores humanos y angelicales.

De manera que, la parte final de la carta, utilizando imágenes que los destinatarios de la carta conocían bastante bien, Pablo explica la lucha cotidiana que ellos tenían que encarar ante las fuerzas de la muerte, los adversarios y sus tretas que conspiraban contra el testimonio cristiano:

> Pablo concluye la exhortación (4.1-6.10) con una representación dramática de la feroz confrontación entre los santos y los poderes del mal. En un conflicto retratado como dos ejércitos opuestos, las imágenes se basan en una escena de batalla en la que los creyentes son convocados a tomar una posición unida para defender su fe, representada por las murallas de la ciudad, contra agresores externos cuyas tácticas incluyen engaños y flechas incendiarias. La rica interacción de metáforas militares extraídas de Isaías (11.4-5; 59.17) y el arsenal de armas romanas prepararon el escenario para el formidable conflicto que enfrentan los creyentes (Gillman 2022:1689).

Pablo reconoce, entonces, que «hay como una atmósfera maligna que arrastra a los hombres más allá de sus propios pecados personales»

(Gonzáles 1988:204). No es, por lo tanto, cualquier batalla o cualquier problema. Es una batalla contra las «asechanzas del diablo», contra sus tretas y artimañas que él urde con paciencia y sagacidad y, por esa razón, los creyentes tienen que vestirse de toda la armadura de Dios.

Para los creyentes tiene que estar claro, además, que, con la mención a los principados, potestades y gobernadores de las tinieblas, no se hace referencia solamente a las «huestes espirituales de maldad en las regiones celestes» (6.12), sino también a los «gobernantes del imperio que son instrumentos de las fuerzas demoniacas» (Ávila 2008:241). Aquí es importante subrayar que, cuando el autor de esta carta se refiere al diablo (6.11) o al maligno (6.16), no está pensando en una ilusión pasajera, un personaje mítico, una figura decorativa en la historia humana o un invento de la religión para mantener oprimidas a las personas. Tampoco en una simple estructura de maldad, una fuerza impersonal o un simple poder que induce al mal, como algunos suponen.

Pablo está refiriéndose a un ser espiritual activo en la vida cotidiana, que opera a través de «huestes espirituales de maldad», contrarias al propósito liberador de Dios, y cuyo interés primario es quebrar las buenas relaciones que los creyentes tienen con Dios y con el prójimo. Busca, de esa manera, alejar a los creyentes de la tarea personal y colectiva que se les ha encomendado como primicias de la nueva humanidad en Cristo; es decir, ser embajadores de la vida, justicia, paz, reconciliación, perdón, alegría, bondad, entre otros principios del reino de Dios.

La «misión» que tiene el diablo es tentar, inducir, provocar, con el propósito de que las personas actúen en contra de la voluntad de Dios y violenten al prójimo.[12] Con ese fin, instrumenta las distintas

---

[12] En referencia a la «misión» y a las acciones del diablo en la historia se precisa lo siguiente: «El archienemigo de Dios, sin embargo, es un espíritu maligno que a veces se llama diablo (Ef 4.27; 6.11; 1Ti 3.7), pero generalmente Satanás. Satanás es el gobernante de la potestad del aire (Ef 2.2), el dios de este siglo (2Co 4.4), cuyo objetivo es cegar la mente de los hombres para que no comprendan el poder salvador del evangelio. Él es el tentador que busca a través de la aflicción alejar a los creyentes del evangelio (1Ts 3.5), para estorbar a los siervos de Dios en su ministerio (1Ts 2.18), que levanta falsos apóstoles para pervertir la verdad del evangelio (2Co 11.14), que siempre busca abrumar al pueblo de Dios (Ef 6.11, 12, 16), y que es capaz incluso de llevar sus ataques en forma de aflicciones corporales al siervo más escogido de Dios

estructuras de poder que existen en la sociedad, para oponerse al propósito liberador de Dios y tener operadores humanos (políticos, económicos, militares) que actúen para favorecer sus intereses orientados a la práctica del mal y al establecimiento de la injusticia en todos los campos de la vida humana. El pecado personal y el pecado social son dos de las armas que el diablo tiene a su favor para cumplir con su «misión» de oponerse al reinado de Dios y destruir la vida humana.

Esto explica las razones por las que los creyentes tienen que estar en alerta y vestirse con la armadura que Dios en su gracia les concede: la verdad, la justicia, la paz, la fe, la salvación, la Palabra de Dios. De esa manera, vestidos con la armadura de Dios y protegidos con la misma, podrán luchar contra las «asechanzas del diablo» (6.11) y «apagar todos los dardos de fuego del maligno» (6.16). Se trata entonces de un llamado a estar preparados y en constante alerta, así como un llamado a utilizar todos los recursos espirituales que Cristo les ha concedido, entre ellos, la justicia y la paz, además de la fe y la Palabra de Dios.

Patria grande

Lloro por ti, Patria Grande.
Los lobos y las hienas asesinan a tus hijos,
las calles están sangrando,
ciudadanos honestos yacen en tus veredas,
tus parques son cementerios… la justicia esta pisoteada.

Lloro por ti, Patria Grande.
Labios mentirosos te gobiernan,
los corruptos se lavan las manos,
el periodismo se ha vendido,
los empresarios son los dueños de la tropa.

(2Co 12.7). El principal objetivo de Satanás es frustrar los propósitos redentores de Dios, y al final de la era el poder satánico se encarnará en un hombre de iniquidad que se esforzará por un último esfuerzo final para derrocar la obra de Dios y convertir a los hombres al culto del mal (2Ts 2.4-10). Sin embargo, la condenación de Satán es segura, Dios lo aplastará bajo los pies de los santos (Ro 16.20» (Ladd 1982:401).

Lloro por ti, Patria Grande.
Mi alegría está intacta, nadie la ha robado.
Mi corazón está libre, mi mente y mis manos también.
Tus hijos ya despertarán,
los lobos y las hienas volverán a sus cuevas,
la justicia y la paz se besarán en tus veredas sin sangre.

Un llamado a la oración continua (6.18)

Para que los creyentes se defiendan de las asechanzas del diablo, según Pablo, es necesario que se vistan de toda la armadura de Dios: justicia, paz, fe, palabra de Dios, seguridad de la salvación. Es importante que estén conscientes que su enemigo tiene múltiples manifestaciones y que siempre se opone al anuncio del evangelio. Y, por esa razón, la oración cristiana es un recurso valioso para la vida del creyente. Esto es precisamente lo que se les recuerda a los creyentes: «orando en todo tiempo con toda oración y súplica en el Espíritu, y velando en ello con toda perseverancia y súplica por todos los santos» (6.18).

En el pasaje se hace referencia a la práctica cristiana de la oración. Una oración que tiene que ser constante o perseverante y que incluye a los hermanos en la fe. Pablo resalta la centralidad e importancia de esta práctica cristiana, mencionando hasta en dos ocasiones la constancia en la oración: «orando en todo tiempo» y «con toda perseverancia». De allí se puede inferir que no se trata de práctica ocasional, esporádica o circunstancial; sino de una práctica cotidiana, constante, insistente. Es una oración que nace de lo profundo del corazón y que está conectada con una vida de obediencia a Dios. Es una oración que es «súplica en el Espíritu» que conduce a los discípulos a orar «por todos los santos», sin desmayar ni claudicar en ningún momento. La fuerza del Espíritu, por tanto, será su descanso y su vigor. En esa fuerza está su seguridad, confianza y esperanza.

Interceder por el otro (6.19)

La oración personal no implica necesariamente que se trate de una oración privada, egoísta, centrada en uno mismo. La oración personal incluye a los hermanos en la fe. Una de las formas de orar por los hermanos en la fe es la intercesión. Esta forma de oración aparece en el pedido que Pablo les hace a los hermanos para que oren por él: «y por mí, a fin de que al abrir mi boca me sea dada palabra para dar a conocer con denuedo el misterio del evangelio» (6.19).

Llama la atención que Pablo no pida que oren por su salud, por su bienestar económico o por cualquier otro asunto material, sino por la tarea que se le había encomendado: «…al abrir mi boca me sea dada palabra para dar a conocer con denuedo el misterio del evangelio». Pide ser valiente, tener coraje, no acobardarse cuando tenga que proclamar el evangelio, incluso en las situaciones adversas como la prisión. Sabe que esa es su misión y sabe además que necesita de la oración intercesora de sus hermanos en la fe cristiana para no claudicar en su vocación apostólica y en su militancia cristiana.

Aparece así, con toda su fuerza, la convicción que Pablo tiene de su vocación y de su llamado divino, una vocación y un llamado irrenunciable. Él es un apóstol de Cristo, un embajador de su paz, un comisionado de su justicia, un mensajero de la buena noticia del reino de Dios. A pesar de la circunstancia adversa en la que se encuentra en ese momento, privado de su libertad (3.1; 4.1; 6.20), no deja de pensar que tiene que cumplir con ese encargo, y pide a los hermanos en la fe que oren por él para que la cobardía no paralice ni detenga su llamado. Pablo es el pastor que reconoce su fragilidad y que confía en la compañía solidaria de los creyentes.

Él es una persona inocente que está privada de su libertad, sin embargo, la buena noticia del evangelio no esta presa ni puede detenerse, sino que continúa expandiéndose a otros lugares. En este caso, uno de los medios para que se continúe proclamando la buena noticia de salvación es la carta que él escribe y que conocemos como la carta a los Efesios. Es una carta pastoral para animar a los creyentes a no desertar de la fe y a seguir proclamando el evangelio, pero también, se trata de una carta en la que el autor (Pablo) derrama su corazón y expresa su deseo de que ellos —los creyentes de Éfeso— le acompañen y consuelen con sus en oraciones. Pablo es el prisionero que insta a sus hermanos en la fe a orar por él y a seguir firmes en su compromiso cristiano.

Nada en absoluto, ni la prisión ni las carencias que se sufren en la prisión, detienen al misionero y a su mensaje o frenan su ímpetu y su corazón pastoral. Cabe entonces la pregunta para los creyentes de este tiempo: ¿Tenemos esa misma convicción y compromiso? Si tenemos conciencia de nuestro llamado y de nuestra misión, nunca negaremos nuestra identidad cristiana ni renunciaremos a la tarea colectiva de anunciar la buena noticia del reino de Dios en todo tiempo y cualquier realidad histórica. Jamás callaremos, porque tenemos una misión que cumplir y esa misión no se detiene incluso en las situaciones adversas y de conflicto que con frecuencia se presentan en el día a día del peregrinaje humano.

La oración comunitaria

La oración cristiana tiene una dimensión personal y una dimensión comunitaria. De acuerdo con Efesios, la oración es una de las armas de la milicia cristiana para encarar la realidad del mal que actúa en contra de los creyentes en el día a día de la vida: «...las asechanzas del diablo», «los dardos de fuego del maligno» (6.11, 16). Una realidad de la que los creyentes tienen que estar conscientes, no desconocer, ni ningunear, porque según Pablo, «no tenemos lucha contra sangre y carne, sino contra principados, contra potestades, contra gobernadores de las tinieblas de este siglo, contra huestes espirituales de maldad en las regiones celestes» (6.12).

La oración comunitaria tiene entonces que encarar la realidad del mal presente en todas las dimensiones de la vida. El llamado pastoral es a orar «en todo tiempo» (6.18), sin desmayar ni claudicar, sabiendo que el diablo y sus agentes operan constantemente en contra de Dios y de su propósito de vida y justicia. La solidaridad cristiana se expresa, por lo tanto, no solo en las palabras de consuelo y en los abrazos de compañerismo, sino también en la oración comunitaria que es la alfombra fraterna sobre la que se asienta el compromiso cristiano a toda hora, particularmente, cuando las fuerzas del mal buscan silenciar a los creyentes.

Un creyente cuando ora sabe que no está solo, sino que le acompaña la oración solidaria de sus hermanos en la fe en distintas realidades sociales, políticas, culturales y religiosas en las que están situados. La fuerza de esa oración solidaria anima a un testimonio fiel, comprometido, vigoroso, alegre y firme, incluso, cuando las fuerzas de la muerte parecen enseñorearse en nuestros lugares particulares de testimonio cristiano. ¡No estamos solos! El pueblo de Dios en misión ora con fervor y esperanza, y esa es nuestra alegría y nuestra fuerza para no callar ni bajar la cabeza frente al peligro y las amenazas de persecución, martirio y muerte. ¡él es nuestra paz! (2:14).

La seguridad del creyente (6.20)

Pablo se veía a sí mismo como un embajador, un representante, un emisario de Cristo. Antes que avergonzarse o de acobardarse, claramente se identificó como creyente y jamás dejó de proclamar el mensaje que se le había encomendado. Estaba convencido de lo siguiente: «por el cual soy embajador en cadenas; que con denuedo hable de él, como debo hablar» (6.20).

¡Un embajador! Así se veía él y, con razón, cualquier lugar donde se encontraba se convertía en un espacio de misión y en una oportunidad para proclamar la buena noticia de salvación. Para cumplir con esa misión, sabía que la valentía o el coraje para no callar, era un insumo valioso y necesario. Y, por esa razón, pide a los hermanos, sus compañeros y consiervos en la fe cristiana, que oren por él para «que con denuedo hable de él, como debo hablar».

Sabía que tenía que hablar con valentía y con arrojo, sin avergonzarse, porque su mensaje era para todos y tenía que proclamarse en todo lugar, incluso en la prisión. Lo mismo tienen que pedir y hacer los creyentes de todos los tiempos, con valentía y sin ceder ante las presiones del diablo y sus agentes humanos. Cristo espera también que nosotros, los creyentes de este tiempo y de todas las épocas, seamos buenos embajadores en la familia, en el vecindario, en nuestro centro de estudios y en nuestros lugares de trabajo, y en la vida privada y pública.

Capítulo 5

Palabras finales (6.21-24)[1]

La carta a los Efesios finaliza con dos detalles. En primer lugar, la referencia a Tíquico, uno de los compañeros de viaje y colaboradores más fieles y comprometidos de Pablo. En segundo lugar, con una bendición pastoral a los destinatarios de la carta, bendición en la que destacan los deseos de que la paz (*eirene*) y la gracia (*charis*) del Señor los acompañe.[2] En ambos casos, tanto en las palabras fraternas acerca de Tíquico, como en la bendición pastoral a toda la comunidad de creyentes, se acentúa que «una dimensión vital del compañerismo cristiano es la comunicación» (Eaton 2020:737). Y se resalta que «los saludos son importantes en la vida» (Eaton 2020:737), porque fortalecen el compañerismo y la unidad cristiana.

Las siguientes palabras son una valiosa síntesis de esta despedida pastoral:

> Estos últimos versículos de la epístola contienen perlas de sabiduría para pastores y líderes de la iglesia (o líderes en cualquier campo): Alaba a los demás, es transparente y anima. Pablo concluye su carta de una forma que revela aún más el corazón de un pastor y establece un ejemplo para los líderes

---

[1] De estos versículos finales de la carta se subraya que la: «notable similitud verbal entre Efesios 6.21-24 y Colosenses 4.7-9 (treinta y dos palabras en la misma secuencia) probablemente indica que ambas cartas fueron escritas en la misma época» (Gillman 2022:1690).

[2] Acerca de la conclusión o las palabras finales de la carta, se expresa que Pablo: «habiendo discutido el llamado de la iglesia (caps. 1-3) y la conducta de la iglesia (caps. 4-6), da ahora una breve conclusión. Afirma que Tíquico les está siendo enviado y les proporcionará más información sobre las circunstancias de Pablo con el fin de animarlos» (Hoehner 2002:867).

de hoy. Primero, elogia a su compañero de trabajo, Tíquico, como un fiel servidor de la iglesia, y lo reconoce como uno de sus amigos más cercanos. Esto ayuda a Tíquico y lo afirma ante la iglesia. En segundo lugar, Pablo enfatiza su voluntad de dar a conocer estas circunstancias a los efesios. Él no tiene nada que ocultar sobre su conducta y estaba feliz de que un compañero de trabajo comunique a otros sobre las circunstancias en las que se encontraba. Tercero, cree que sus noticias los alentarán… y desea consolarlos. Los tres atributos apuntan a la conducta pública de Pablo, subrayan que él antepone a los demás a sí mismo (Cohick 2020:433).

¡He aquí un modelo visible, concreto e íntegro de pastor! Limpio por dentro y por fuera. Un pastor que valora y, por eso mismo, respeta y elogia a sus compañeros de servicio pastoral y peregrinaje cristiano. Un pastor que sabe ser amigo y que abre el corazón a sus amigos. Un pastor que confía en otros y que no tiene reparos en comunicar a otros la situación personal en la que se encuentra. Un pastor que anima, consuela y confía en la integridad de los amigos.

Una pastoral horizontal

En la iglesia, la relación mayor que nos une no es tanto la posición de poder que una persona ocupe (una posición temporal, finita, transitoria), sino la de hermanos en Cristo y compañeros de milicia cristiana. Las responsabilidades en las estructuras de poder (pastor, diácono, miembro del consistorio o de la junta directiva, etc.) no definen a la persona. A la persona la define lo que esta persona es en sí misma, es decir, su práctica cotidiana de vida, una práctica que descansa, por supuesto, en su autoimagen y en la forma como se relaciona con el otro, con el prójimo, con equidad y justicia.

Para el caso de un pastor o una pastora, importa mucho, demasiado, la capacidad que tenga de ser horizontal en su relación con el prójimo. Esto implica ser, además de una persona accesible y no autoritaria, una persona acogedora y dialogante, cuya ternura se advierte a cada paso. Una persona que se muestra tan humana, tan vulnerable y frágil, como cualquier miembro de la iglesia.

La construcción de una pastoral horizontal no descansa en las buenas intenciones o en un plan estratégico, sino en la integridad con la que se camine cada día y que se visibilice en el buen trato hacia los demás. Esto solo será posible si uno es limpio de ojos y de manos, con un corazón tierno y una mente desinfectada, con palabras sinceras y gestos honestos, con una vida dispuesta a amar hasta el final, incluso a quien le apuñala por la espalda y siembra rumores en contra de uno. ¡Integridad! Una virtud escasa, pero necesaria, si uno intenta construir relaciones sanas y amistades para toda la vida.

El ejemplo de Pablo, sus palabras y sus gestos de amor cristiano hacia uno de sus dilectos colaboradores y compañero de milicia (Tíquico), representa un modelo concreto de pastoral horizontal limpia, acogedora y tierna. Pablo fue un pastor que confiaba en otros, abría su corazón sin reparos, sabía construir amistades de largo plazo, se preocupaba desinteresadamente por el prójimo, y estaba atento a cualquier necesidad que se presentara en las iglesias o en sus compañeros de peregrinaje cristiano.

Pablo fue siempre claro, franco, directo, conciliador. Sabía trabajar en equipo, delegar responsabilidades, confiar en sus compañeros, dar oportunidades y desconcentrar de esa manera el poder. Su acción pastoral fue horizontal, no piramidal, ni de escritorio. Él fue un pastor de a pie que, paso a paso, fue formando a otros en el camino para asegurar así la continuidad de la comisión que Dios le había encomendado. Pensó no solo en el momento y en su persona, sino también en el futuro de la iglesia y se aseguró de tener compañeros de peregrinaje (Timoteo, Tito, Tíquico, Epafrodito, Epafras, Onésimo, Filemón, entre otros) que no defraudarían la confianza que él depositó en ellos.

Los amigos y compañeros en la milicia cristiana (6.21-22)

En la despedida pastoral, se presenta a Tíquico como una de las personas más cercanas a Pablo y que disfrutaba de su absoluta confianza: «Para que también vosotros sepáis mis asuntos, y lo que hago, todo os lo hará saber Tíquico…» (6.21). Tíquico fue, como se puntualiza en la despedida, la persona encargada de comunicar a los destinatarios de la carta los asuntos personales de Pablo. Un encargo que solo se les encomienda a las personas en quien uno confía sin reservas o que tiene nuestra confianza sin restricciones.

Tíquico fue tan cercano, confiable y leal, que se le describe y presenta como «hermano amado y fiel ministro en el Señor» (6.21). Él fue, para Pablo, «un emisario calificado para… transmitir una impresión justa de su propio estado y perspectivas» (Simpson y Bruce 1957:156) a los creyentes de Éfeso. De este compañero fiel y solícito de Pablo se afirma que:

> La lealtad de Tíquico en su servicio a Pablo había forjado un nexo de compañerismo entre ellos, al grado que Pablo podía llamarlo «un querido hermano», y al mismo tiempo encomendarle esta asignación. Pablo lo podía enviar a cualquier lugar, sabiendo que cumpliría su tarea (Taylor 1992:289).

¿Cuándo y bajo qué circunstancia conoció Tíquico a Pablo? ¿Qué responsabilidad específica tuvo Tíquico en el avance de la misión cristiana? De él sabemos que provenía de la provincia de Asia (Hch 20.4), probablemente de Éfeso y que, tal vez, acompañó a Pablo a Jerusalén con la colecta para los discípulos de esa ciudad, quizás como delegado de la comunidad de discípulos de Éfeso. Sabemos también que fue uno de los comisionados o representantes personales de Pablo, enviado a lugares como Éfeso (6.21-22) y Creta (Tit 3.12), y quien llevó la carta a los Efesios (6.21-22), la carta a los Colosenses (Col 4.7) y probablemente una de las cartas a Timoteo (2Ti 4.12). Todo esto explica por qué Pablo le reconoce y alaba como «hermano amado y fiel ministro en el Señor» (6.21).

A él se le presenta como un «fiel ministro (*diakonos*) en el Señor» sin especificar la tarea particular que desempeñaba.[3] Quizás fue una de las personas que servía a Pablo o un diácono (Walls 2003:1350), sin embargo, no se tiene certeza sobre este asunto. Lo que sí queda claro, particularmente por el testimonio de la carta a los Efesios, es que desempeñaba una función pastoral-misional relacionada con la comunicación fiel del mensaje que tenía que trasmitir y con la consolación a los hermanos «el cual envié a vosotros para esto mismo, para que sepáis lo tocante a nosotros, y que consuele vuestros corazones» (6.22).

De la referencia a Tíquico se deduce que él fue enviado a Éfeso para que los creyentes de esa ciudad estén «informados de la situación en las que se encontraba Pablo y cómo le estaba yendo en esa situación [la prisión]» (Fowl 2012:210). Tíquico fue, entonces, un emisario personal de absoluta confianza de Pablo, con un corazón y una práctica pastoral que el propio autor de la carta reconoce y afirma. De las palabras de Pablo acerca de Tíquico, podemos ver que:

> …la imagen que emerge es la de un emisario de confianza; alguien cercano a Pablo en quien Pablo confía para transmitir información confiable y cuyas habilidades pastorales al hablar a la congregación sobre Pablo ofrecerán *consuelo* (Fowl 2012:212).

De la relación Pablo-Tíquico se puede inferir que los amigos, los compañeros de peregrinaje pastoral-misional y colaboradores son una bendición invalorable que Cristo en su gracia nos concede. Sin embargo, construir o forjar amistades sinceras, para toda la vida, no es un asunto que se consigue en un día, en una semana o en un año. Ciertamente cuesta mucho construir amistades sinceras, limpias, íntegras, honestas y justas. Sin embargo, produce una inmensa alegría cuando se logra tener amigos de ese calibre, de esa textura, de esa calidad. ¡Amigos para toda la vida, insobornables, íntegros, leales, confiables!

---

3 La palabra «*diakonos* se utiliza de manera general para referirse al ministerio en el que Pablo y otros estaban comprometidos (1Co 3.5; 2Co 3.6; 6.4; 11.23; Ef 3.7; Col 1.7, 23, 25; 4.7; 1Tim 4.6) … sin precisar a qué ocupación específica se designa [con este término]» (Schreiner 2001.387).

Amistad cristiana

Encontrar un amigo es una de las experiencias y alegrías más grandes que un ser humano tiene en la vida. La construcción de una amistad sincera y transparente puede demorar varios años, porque los amigos de verdad, aquellos que jamás se atreverían a ser desleales a la relación sagrada de la amistad, no se encuentran en cualquier esquina ni se compran en el mercado, como si fueran artículos de consumo masivo, sujetos al gusto del cliente. Los amigos de verdad se van forjando paso a paso, cuando uno está dispuesto a ser vulnerable frente a otro ser humano y, con el corazón en la mano, limpiamente ofrece su amistad, porque ha llegado a comprender que encontró a alguien con quien vale la pena correr el riesgo de una aventura común. Aventura común en la que la lealtad, la confianza, la sinceridad y la libertad, serán ingredientes cotidianos.

Amigos de verdad existen. Amigos con quienes se puede soñar juntos y con quienes se puede recorrer caminos que en otros momentos parecían intransitables. Amigos que siempre estarán a nuestro lado cualquiera sea el clima emocional en el que nos encontremos y que siempre tendrán una palabra y una sonrisa oportuna cuando todo parece desmoronarse alrededor nuestro. Amigos que aman en todo tiempo, que nunca maquillan las cosas, sino que en todo momento nos dicen la verdad, que son trasparentes en sus sentimientos y en sus pensamientos, que nunca caminan con una máscara detrás de la cual se ocultan sus verdaderas intenciones. Amigos que nos acompañan en los ratos alegres y en los ratos tristes que uno tiene como ser humano de carne y hueso.

Pablo tuvo varios amigos y compañeros leales. Uno de ellos fue Tíquico. Un amigo que trabajó codo a codo con él en varios momentos del peregrinaje cristiano. Un amigo íntimo, cercano, de absoluta confianza para Pablo: «Para que también vosotros sepáis mis asuntos, y lo que hago, todo os lo hará saber Tíquico» (6.21). Un amigo que lealmente acompañó a Pablo y en quien Pablo descansaba para tareas particulares en el servicio a Dios y al prójimo: «...el cual envié a vosotros... para que sepáis lo tocante a nosotros, y que consuele vuestros corazones» (6.22). Amigos de ese calibre espiritual, de esa hondura de vida, ejemplares, son gracia de Dios para nosotros, son sacramente único e invalorable, y una señal patente de su bondad, cuidado y ternura.

Bendición pastoral (6.23-24)

Luego de escribir esta carta, como saludo final para todos los destinatarios, Pablo expresa lo siguiente: «Paz sea a los hermanos, y amor con fe, de Dios Padre y del Señor Jesucristo» (6.23). Es una despedida que también se puede considerar como una bendición pastoral final y que es bastante parecida al saludo con el que comienza la carta («Gracia y paz», 1.1), aunque en forma inversa y con el añadido de «amor y fe» (Martin 1992:1124). De esta despedida se afirma que «ilustra a los creyentes el amor y la unidad que Pablo les había mostrado a lo largo de la carta. Aunque estaba preso en Roma, sin embargo, sus pensamientos eran por el bienestar de los creyentes de Éfeso» (Hochncr 2002:878) o, si se acepta que se trata de una carta circular dirigida a varias iglesias del valle de Licón, entonces, sus pensamientos eran para todos los creyentes a quienes él se dirige.

A la luz de esta despedida paulina, se puede afirmar que Pablo sabía «muy bien que un cristiano no puede ser un buen cristiano sino sobresale en la *paz*, en el amor *con fe*, y en la *gracia*», porque estas «no son virtudes naturales; son dones *de Dios Padre y del Señor Jesucristo*» (Taylor 1992:290).

A los hermanos les desea paz: «Paz sea a los hermanos» (6.23). Con estas palabras expresa que el Señor les conceda abundancia, plenitud de vida y salud integral en todas las áreas de la vida humana. La paz a la que se refiere Pablo no es, por tanto, una simple ausencia de conflictos, sino vida abundante o una vida feliz y a plenitud.

La despedida incluye además un deseo de que el «amor con fe» (6.23) esté siempre con ellos. Esto implica que el amor tiene ser la marca distintiva de la vida cristiana, pero también, una práctica cotidiana constante en la vida de los creyentes. La despedida termina con palabras bastante parecidas a las que se encuentran en las otras cartas paulinas (1Co 16.23; 2Co 13.14; Gá 6.18; Fil 4.23; Col 4.18) en las que resalta la referencia a la gracia de Dios: «La gracia sea con todos los que aman a nuestro Señor Jesucristo con amor inalterable. Amén» (6.24).

Gracia, como se ha señalado en otros momentos, es un amor que se nos concede, que se nos otorga, y que se nos da gratuitamente. Pero se trata de una gracia que tiene que ser compartida con otros, porque si se recibe gratuitamente, gratuitamente y sin ningún interés escondido o subalterno, se tiene que compartir con el prójimo. De esa manera, asentada sobre la gracia de Dios, «la nueva humanidad se constituye en artesana del *shalom* de Cristo y no de la *pax romana o la de cualquier imperio en la historia*» (Ávila 2018b:254).

Finalmente, llama especialmente la atención que la bendición final esté dirigida a «todos los que aman a nuestro Señor Jesucristo con amor inalterable» (6.24).[4] Dos veces se repite la palabra amor en este versículo. En una de ellas se califica al amor de los creyentes como un «amor inalterable», es decir, como un amor que no cambia y que siempre permanece fiel. Un amor constante e inagotable, «incorruptible o indestructible» (Schreiner 2001:468). Un amor «que mantiene su lozanía, frescura y vigor a pesar de todo y contra todo» (Ávila 2018b:253).[5]

La pregunta para nosotros sería si acaso amamos al Señor con un amor de ese calibre y textura, es decir, con un amor que para nada cambia. Un amor que permanece inquebrantable a pesar de las vicisitudes del día a día en nuestras realidades particulares de misión y compromiso cristiano. Y si, además, ese amor caracteriza nuestras distintas relaciones con el prójimo en todas las realidades humanas.

---

4 En cuanto a esta expresión, «amor inalterable», se resalta que se trata de «una frase inusual, pero es la forma en que Pablo se refiere a nuestra recompensa final» (Eaton 2020:737).

5 Del amor inalterable, como una marca distintiva del seguimiento a Cristo, se expresa lo siguiente: «La corrupción es el fruto del pecado, la condición del "viejo hombre". La incorrupción es el estado de Cristo resucitado, y en Él los miembros de Su cuerpo deben ser preservados, y finalmente resucitados "incorruptibles" en el cuerpo. Pero hay una "incorruptibilidad" de espíritu previa en la que todos los cristianos han de vivir desde el principio, una libertad de todo doble ánimo o impureza que pueda corromper la vida central del hombre. Y amar a Cristo con esta incorruptibilidad es la condición del disfrute permanente de todo lo que su buen favor nos conceda» (Gore 1905:249).

Amor inalterable

En las sociedades humanas actuales la violencia de las palabras, los gestos y las acciones en contra de la vida y la dignidad humana, son el *pan de cada día*. Acerca del amor al prójimo se puede «discursear» o «palabrear», incluso, los planes estratégicos institucionales hacen referencia a la solidaridad y a la generosidad con la que se tiene que actuar ante las carencias materiales del prójimo indefenso, vulnerable y ninguneado. Sin embargo, la realidad de nuestras acciones, indica que se trata solo de promesas, palabras, buenas intenciones. En el día a día de nuestra caminata personal y comunitaria, más peso tienen el amor al dinero, los objetivos estratégicos orientados a maximizar las ganancias, o quedar bien con los donantes para que el dinero continúe «chorreando» en favor nuestro, y los intereses subalternos que, casi siempre, apuntan a favorecernos.

Amor al prójimo, con un amor inalterable, exige dejar a un lado todos los intereses egoístas, pensar en uno mismo, y tener un desapego intencional al amor exagerado por los bienes materiales. El amor al prójimo no se limita a los tiempos libres, al cumplimiento de los planes estratégicos institucionales o a atender las emergencias cuando estas se presenten.

Amar al prójimo implica estar dispuestos a «andar como él anduvo» (1Jn 2.6), plantar nuestra tienda de campaña en la historia cotidiana de las personas de carne y hueso (Jn 1.14), y estar dispuestos a ser un «embajador en cadenas» (Ef 6.20) de Cristo en todas las avenidas del mundo, es decir, a arriesgar nuestra seguridad y nuestra vida por el prójimo. ¿Seremos capaces de tener un amor así, incorruptible, limpio, para toda la vida?

El seguimiento a Cristo se visibiliza entonces, entre otros gestos, en la capacidad de tener un amor que no cambia, sino que permanece intacto y que no depende de intereses subalternos, búsqueda de privilegios o ganancia deshonesta. Los discípulos de Cristo, tanto al interior de la iglesia como fuera de ella, tenemos que ser capaces de amar limpiamente a todos, buscando siempre el bien común, y que todos —creyentes y no creyentes— sean valorados y tratados como imagen de Dios. ¡Esa es la tarea y el desafío personal y colectivo!

Así finaliza esta *carta de amor de Dios*. Una carta de amor forjada en un compromiso insobornable con Aquel que, por su gracia, llamó a Pablo para que sea su embajador y su mensajero privilegiado. A él le correspondió proclamar públicamente que, finalmente, el propósito de Dios, su *kairós*, se estaba cumpliendo en la historia. La iglesia, cuerpo de Cristo, la nueva sociedad, ya estaba presente en distintas realidades humanas. Lo que parecía imposible para todos, la formación de una sociedad alternativa en la que judíos y no judíos estuvieran juntos, era una realidad visible, concreta, histórica. En el seno de la iglesia, la nueva humanidad, todas las grietas sociales, culturales, políticas y religiosas que dividían a las personas, desaparecían.

La unidad de la iglesia, la nueva sociedad en Cristo era una realidad histórica patente; pero se trataba de una unidad en la diversidad que tenía que guardarse activamente, rompiendo con todas las malas prácticas (mentira, robo, enojo, etc.) que atentaban contra la misma. Se puede afirmar entonces que la iglesia, cuando anda en unidad y tiene un estilo de vida distintivo, completamente diferente al que impera en la sociedad predominante, ya es en sí misma *una carta de amor de Dios*. *Carta de amor* que se expresa en su composición social heterogénea, inclusiva, aceptante y acogedora; en sus relaciones internas sanas y ejemplares y modeladoras; y en su naturaleza convocante y transformadora. *Carta de amor* que se expresa en su condición de una nueva sociedad horizontal, inclusiva, niveladora, igualitaria y liberadora. ¡A Dios sea la gloria!

La iglesia, por tanto, tiene la responsabilidad histórica de ser la agencia humana a través de la cual la buena noticia del reino de Dios va leudando a las sociedades humanas, desmantelando violencias e injusticias, y estableciendo nuevas relaciones sociales entre personas y pueblos enemistados entre sí. En ese peregrinaje misionero, anunciando y viendo el mensaje de vida, justicia y paz del Evangelio, la iglesia va dando cuenta de que es una realidad alternativa que camina a contracorriente de la sociedad circundante, y que visibiliza en su palabra y testimonio el propósito salvífico de Dios: la reconciliación de todas las cosas en Cristo, el Señor soberano de la historia, el Mesías crucificado que venció a la muerte y a todas las violencias.

Los pastores de a pie

Un pastor de a pie sabe que el servicio que realiza en favor del prójimo, creyente y no creyente, es un gesto de amor genuino, desinteresado, gratuito, restaurador, esperanzador. Sabe que cada gesto de amor es parte de su vida que se va, que se entrega como sacramento, que se disfruta como un don, que se ofrece con gratitud y alegría, porque solo así sigue el buen ejemplo del Maestro.

Un pastor de a pie no tiene horario, no depende de un programa ni de un acuerdo institucional, no es esclavo de un plan estratégico, ni amigo de las estadísticas o un adicto al poder. Sabe discernir el tiempo oportuno de Dios, deja que el Espíritu —no la agenda— guie sus pasos y sus acciones, escucha a las personas y siempre tiene tiempo para estar al lado de ellas. El cansancio y la enfermedad no limitan su amor. Su corazón está abierto para todos y nunca se cierra, incluso, para aquellos que le apuñalan por la espalda, así como para los ingratos y los desagradecidos.

Un pastor de a pie entrega cada día su vida como ofrenda. Depende en todo momento de la gracia de Dios y comparte esa gracia con el prójimo, nunca le niega el pan a nadie, y está dispuesto a compartir su mesa con el prójimo indefenso y vulnerable. Ama entrañablemente a todos, los acoge como padre y derrama ternura a cada paso sin esperar gratificación alguna.

Sabe de antemano que en este servicio será herido, maltratado, ninguneado y humillado. Difícilmente, si es un pastor de a pie, fiel y consecuente, saldrá ileso y entero de este servicio, porque desde un inicio estuvo dispuesto a compartir el destino de su Maestro. Tiene ciertamente momentos inolvidables e invalorables de alegría y de fiesta. Pero, además, conoce que antes de la resurrección está la cruz y, aun así, continúa amando con amor inalterable a todos, sin excluir a nadie.

Sabe llorar a solas o acompañado. Descansa en Él, porque Él es su fuerza y su alegría siempre, y no se cansa de servir a todos, porque conoce que es su vocación y su destino irrenunciable. Sueña con un mundo distinto y se imagina una sociedad de iguales y, simultáneamente, conoce que muchas familias tienen ausencia de pan en sus mesas, así como el dolor de cientos de crucificados por el sistema. Un pastor de a pie llora por él mismo y también por los otros.

Un pastor de a pie es como la parábola de la moneda perdida o la perla de gran precio. Es único, invalorable, irrepetible. Sabe a vida plena. Tiene los ojos y las manos limpias. Teje una vereda de justicia para todos y es un artesano de la paz en su barrio. La humildad y la sencillez son su vestimenta cotidiana. Todo lo que tiene es de él y es también para todos. ¿No fue así Pablo? ¿No es así el pastor de tu barrio que piensa y deja pensar y que su vida visibiliza la fe que obra por el amor?

Capítulo 6

Una carta de amor para Dios

¿Cómo responder a la carta de amor de Dios, para todos nosotros y para la creación entera, contenida en la carta a los Efesios? Me parece que, con memoria y gratitud, además de un compromiso firme con la justicia y la paz de su reino de vida. Así tiene que ser. Más aún, para dejar a un lado la amnesia, tenemos que recordar en todo momento la gratuidad, imparcialidad y universalidad de su amor. Él nos amó, nos ama actualmente, y nos amará siempre. Su amor será en todo momento gratuito, imparcial, tierno, acogedor e inclusivo. Nosotros también, como se afirma en la carta a los Efesios, tenemos que amarle con un «amor inalterable» (6.24); es decir, incorruptible, indestructible, inacabable.

Cada vez que pienso en el amor de Dios que transformó mi vida, cuando me encontró siendo un joven pobre materialmente y sin más aspiración que salir de la pobreza, y comparo el ayer con el hoy, me asombro de todo lo que en su gracia me ha concedido y continúa concediéndome. Él me rescató y liberó, dándome una nueva razón para vivir y para servir, y me concedió el invalorable privilegio de ser pastor en una comunidad de discípulos del pueblo de a pie. ¡Pura gracia infinita! ¿Cómo olvidar todo lo que él hizo y hace por mí y por mi familia?

Cuando me integré a una congregación local, paulatinamente fui aprendiendo que la iglesia, como una nueva sociedad, tenía que ser (como se enseña en Efesios) una comunidad horizontal antes que vertical, una comunidad igualitaria antes que discriminatoria, una comunidad inclusiva antes que intolerante, una comunidad niveladora antes que injusta, una comunidad acogedora antes que tóxica, una comunidad tierna antes que violenta. Sin embargo, cuando miro la realidad actual de las iglesias de diverso trasfondo social, cultural y teológico, noto que no siempre se hace el esfuerzo por ser una realidad alternativa a la sociedad predominante, y que en su interior se repiten los vicios presentes en las sociedades humanas (mentira, deshonestidad, corrupción, injusticia). ¡Cuánto cuesta ser distintos y qué fácil es acomodarse al espíritu de este mundo!

El rostro humano de las iglesias, las incoherencias en su testimonio, las inconsecuencias de sus militantes ciertamente son un anti-testimonio que conspira contra el mensaje de perdón, justicia, reconciliación y paz que los discípulos de Cristo estamos convocados a proclamar en cada frontera misionera. Frente a esa realidad, además de arrepentimiento y propósito de enmienda, las iglesias y los creyentes, con la fuerza del Espíritu, tenemos que seguir siendo firmes en nuestro compromiso con la vida, la justicia y la paz del reino de Dios.

¿Qué más puedo decir en esta carta de amor a Dios? Cuesta abrir el corazón a todos, especialmente cuando se trata de personas que nos hicieron daño, hablan mal de nosotros en todo tiempo, siembran chismes y rumores sobre nuestra vida personal y familiar, y nos tratan como si fuéramos cosas desechables y objetos sin valor. Sin embargo, cuando recuerdo que Efesios puntualiza que tenemos que ser personas de paz, andar en luz y no congeniar con las tinieblas, comprendo que el peregrinaje cristiano es un desafío permanente a ser distintos a los demás en nuestra forma de sentir, pensar y actuar. Comprendo también que no solo nos enfrentamos a seres humanos, sino al mismo «príncipe de la potestad del aire» (2.2) que opera a través de personas y estructuras de maldad e injusticia. Comprendo además que, en todo momento, tengo que hablar de Dios con denuedo, como debo de hablar (6.20), y que mi amor por él tiene que ser inalterable (6.24), incluso, cuando la tempestad arrecía sobre nuestra vida.

Capítulo 7

Carta abierta
a mis hermanos evangélicos

Enlazado con el mensaje de la carta a los Efesios, les escribo esta *carta abierta* a mis hermanos evangélicos, en mi condición de ciudadano que reconoce las ventajas y las limitaciones de vivir en democracia, y que considera que esta forma de organización social y política es mejor que vivir en una dictadura sea militar, civil o cívico-militar.

Van algunas reflexiones a título personal:

1. Una visión patriarcal y discriminatoria de la vida y de las relaciones mujer-hombre y hombre-mujer, es ajena a la cosmovisión cristiana. Dios creó al hombre y a la mujer como seres humanos libres, con igual valor y dignidad, con deberes y derechos inalienables, con potencial y habilidades para el cuidado de la creación y el buen uso de los recursos naturales, y con iguales oportunidades para cumplir con su vocación histórica de seres humanos plenos. Ni el hombre es superior a la mujer, ni la mujer es inferior al hombre, ambos tienen igual capacidad de actuar en todos los campos de la vida para el bien común, el logro de la justicia para todos, y para la construcción de la paz.

2. El matrimonio es un espacio de libertad, de realización humana y de construcción de comunidad en el que se comprometen un varón y una mujer como seres humanos libres. Cualquier forma de violencia verbal, emocional, física o económica, es contraria a una relación matrimonial sana, saludable, ejemplar y digna. En la relación matrimonial, mujer y hombre, teniendo el mismo valor y la misma dignidad, se complementan y en comunión solidaria

como seres humanos plenos, están llamados a disfrutar la vida como un don de Dios y a valorar y respetar al prójimo, así el prójimo piense diferente a ellos y tenga un estilo de vida distinto al suyo.

3. Todos los seres humanos, independientemente de sus creencias y prácticas de vida son imagen de Dios y, por lo tanto, tienen que ser tratados y valorados con respeto, tolerancia, amor y justicia. La vida y el cuerpo humano tienen un valor intrínseco y una dignidad que no debe ser devaluada, violentada o degradada. El sexo y la sexualidad son gracia de Dios para todos los seres humanos. La relación mujer-hombre no tiene como propósito único y final la procreación o la continuidad de la familia humana, sino la plena realización de la mujer y el hombre como seres humanos dignos, plenos y libres que valoran su vida, cuerpo, sexo y sexualidad, como dones de Dios.

4. Parte valiosa e irrenunciable de la vida familiar es formar integralmente a los hijos en todas las dimensiones de la vida humana para que crezcan y maduren como seres humanos que han aprendido a relacionarse de manera saludable con el prójimo, siendo tolerantes, justos, dialogantes, desprejuiciados, respetuosos y siempre dispuestos a construir la paz y a rechazar toda forma de violencia. La buena comunicación, las relaciones sanas, la conciencia ciudadana, las buenas prácticas de convivencia humana y la búsqueda y construcción del bien común se aprenden en casa y los padres tienen que ser modelos vivos de ejercicio ciudadano honesto, transparente y justo. La educación sexual informada, oportuna, responsable e integral, tiene que darse primariamente en el seno familiar. Sin embargo, el Estado tiene el deber de cumplir con el mandato constitucional de proveer y garantizar una educación de calidad para todos, incluso en la dimensión sexual de la vida humana, siendo respetuoso de los sentimientos religiosos, la cultura, el idioma y la cosmovisión particular de los ciudadanos.

5. La ciudadanía plena, en democracia, exige rendición de cuentas, transparencia en el uso de los fondos públicos, acceso a la información y fiscalización. Exige además conocer, interesarse,

dialogar y debatir con respeto, tolerancia y justicia, los temas de la agenda pública y las políticas públicas. Así como el Estado no puede legislar sobre la conciencia de los ciudadanos, las iglesias tampoco pueden imponer su visión religiosa de la vida al Estado ni pueden esperar que los funcionarios públicos respondan a sus intereses religiosos.

6. En democracia se espera que ningún ciudadano sea marginado, excluido y menospreciado debido a su religión, cultura, sexo, idioma, raza, edad, forma de vida o estado civil. Precisamente, uno de los desafíos actuales que tienen las comunidades evangélicas es actuar y participar en la vida pública procurando el bien común y la justicia para todos, defendiendo los derechos de todos los ciudadanos, más allá de los intereses religiosos particulares, pensando no solo en nuestra paz, sino en la paz (*shalom, eirene*), que es vida plena para todos, creyentes y no creyentes.

> *«…os digo que, si vuestra justicia no fuere mayor*
> *que la de los escribas y fariseos,*
> *no entraréis en el reino de los cielos» (Mateo 5.20).*

> *«En lo esencial, unidad;*
> *en lo no esencial, libertad;*
> *en todo, caridad»*

Villa María del Triunfo,
diciembre de 2023

Bibliografía

Arnold, C.E.

    1993   «Letter to the Ephesians» en *Dictionary of Paul and his Letters*, Gerald Hawthorne et. al., Downers Grove-Leicester: InterVarsity Press. 238-253.

Ávila, Mariano

    2008   *Carta a los Efesios*, Miami: Sociedades Bíblicas Unidas.

    2018a   *Efesios, Tomo* I, *Introducción y Comentario*, Buenos Aires: Ediciones Kairós.

    2018b   *Efesios, Tomo* II, *Comentario y Bibliografía*, Buenos Aires: Ediciones Kairós.

Barclay, William

    1973   *Gálatas y Efesios*, Buenos Aires: Editorial La Aurora.

Barth, Markus

    1981a   *Ephesians 1-3: A New Translation with Introduction and Commentary*, Garden City (New York): Doubleday & Company Inc.

    1981b   Ephesians 4-6: *A New Translation with Introduction and Commentary*, Garden City (New York): Doubleday & Company Inc.

Baugh, S. M.

    2016   *Ephesians*, Bellingham (WA): Lexham Press.

Best, Ernest

    1998   *A Critical and Exegetical Commentary on Ephesians*, Edinburgh: T&T Clark.

Bortolini, José

    2005   *Cómo leer la carta a los Efesios: Todo el universo reunido en Cristo*, Bogotá: San Pablo.

Bratcher Robert, Nida Eugene

    1982   *A Translator´s Handbook on Paul´s Letter to the Ephesians*, London-New York-Stuttgart: United Bible Societies.

Bruce, F. F.

    1984   *The Epistles to the Colossians, to Philemon, and to the Ephesians*, Grand Rapids: William B. Eerdmans Publishing Company.

    2012   *Pablo: Apóstol del corazón liberado*, Barcelona: Editorial CLIE.

Cohick, Lynn

    2020   *The Letter to the Ephesians*, Grand Rapids: William B. Eerdmans Publishing Company.

Conti, Cristina

    2003   «El amor como práxis: Estudio de Lucas 7,36-50» en *Revista de Interpretación Bíblica Latinoamericana 44*. 53-70.

Cullmann, Oscar

    1998   *Cristología del Nuevo Testamento*, Salamanca: Ediciones Sígueme.

Earle Ralph, Blaney Harvey, Hanson Carl

    1985   *Explorando el Nuevo Testamento*, Kansas City: Casa Nazarena de Publicaciones.

Eaton, Michael A.

    2020   *The Branch Exposition of the Bible: A Preacher´s Commentary of the New Testament*, Carlisle (Cumbria): Langhan Global Library.

Erdman, Charles

    1975   *La Epístola a los Efesios*, Grand Rapids: TELL.

Foulkes, Francis

    1999   *The Letter of Paul to the Ephesians: An Introduction and Commentary*, Leicester-Grand Rapids: Inter-Varsity Press-William B. Eerdmans Publishing Company.

    2003   «Epístola a los Efesios» en *Nuevo Diccionario Bíblico Certeza*, F.F. Bruce et. al., Barcelona-Buenos Aires-La Paz: Certeza Unida. 386-388.

Fowl, Stephen E.

    2012   *Ephesians: A Commentary*, Louisville (Kentucky): Westminster John Knox Press.

Furnish, Victor P.

    1992   «Ephesus» en *The Anchor Bible Dictionary Volume 2 D-G*, David Freedman Ed., New York-London-Toronto: Doubleday. 535-542.

George Agustin, Grelot Pierre

    1992   *Introducción crítica al Nuevo Testamento Volumen Primero*, Barcelona: Editorial Herder.

Gillman, John

    2022   «The Letter to the Ephesians» en *The Jerome Biblical Commentary for the Twenty-First Century*, John J. Collins et. al; London-New York-Dublin: T&T Clark. 1663-1691.

Gonzáles, José María

    1988   *El evangelio de Pablo*, Santander: Editorial Sal Terrae.

Gore, Charles

    1905   *St. Paul´s Epistle to the Ephesians: A Practical Exposition*, London: John Murray, Albemarle Street.

Grassi, Joseph

    1986   «Carta a los Efesios» en *Comentario Bíblico San Jerónimo, Tomo* iv, *Nuevo Testamento* ii, Raymond E. Brown, Joseph A. Fitzmyer, Roland E. Murphy Eds., Madrid: Ediciones Cristiandad. 223-244.

Harvey John

    2012   *Interpreting Pauline Letters*, Grand Rapids: Kregel Academic.

Hearing, James

    2007   *The Colossian and Ephesians Haustafeln in Theological Context*, New York: Peter Lang Publishing.

Heil, John Paul

    2007   *Ephesian: Empowerment to Walk in Love for the Unity of All in Christ*, Atlanta: Society for Biblical Literature.

Hendriksen, William

    1998   *Comentario al Nuevo Testamento*: Exposición de Efesios, Gran Rapids: Libros Desafío.

Hodge, Charles

    1954   *A Commentary of the Epistle to the Ephesians*, Grand Rapids: wm. B. Eerdmans Publishing Company.

Hoehner, Harold W.

    2022   *Ephesians: An Exegetical Commentary*, Grand Rapids: Baker Academic.

Immendörfer, Michael

    2007   *Ephesians and Artemis*, Tübingen: Mohr Siebeck.

Johnson, Luke

    1986   *The Writings of the New Testament*: An Interpretation, Philadelphia: Fortress Press.

Kobelski, Paul

    2004   «Carta a los Efesios» en *Nuevo Comentario Bíblico San Jerónimo: Nuevo Testamento*, Raymond E. Brown, Joseph A. Fitzmyer, Roland E. Murphy Eds. Estella (Navarra): Editorial Verbo Divino. 439-449.

Ladd, George Eldon

    1982   *A Theology of the New Testament*, Grand Rapids: William B. Eerdmans Publishing Company.

Lau, Te-Li

    2010   *The Politics of Peace: Ephesians, Dio Chrysostom, and the Confucian Four Books*, Leiden-Boston: Brill.

Leal, José

    1965   «Carta a los Efesios» en *Biblia Comentada, Nuevo Testamento* ii: *Hechos de los Apóstoles y Cartas de S. Pablo*, Madrid: La Editorial Católica S.A. Biblioteca de Autores Cristiano. 661-731.

Long Westfall, Cynthia

2016   *Paul and Gender: Reclaiming the Apostle´s Vision for Men and Women in Christ*, Grand Rapids: Baker Academic.

Mackay, Juan

1964   *El orden de Dios y el desorden del hombre*, México: Casa Unida de Publicaciones S.A.

McDonald, Margaret

1999   «Efesios» en *Comentario Bíblico Internacional*, William Farmer Ed., Estella (Navarra): Editorial Verbo Divino. 1521-1535.

2004   *Las mujeres en el cristianismo primitivo y la opinión pagana: El poder de la mujer histérica*, Estella (Navarra): Editorial Verbo Divino.

2017   «Paul and Family Life» en *Paul in the Greco-Roman World, Volume* I, J. Paul Sampley Ed., London-New York: Bloomsbury T& T Clark. 254-281.

Martin, Ralph

1992   «Ephesians» en *New Bible Commentary*, D. Guthrie, J.A. Motyer Eds., Leicester-Grand Rapids: Inter-Varsity Press-William B. Eerdmans Publishing Company. 1105-1124.

Marshall, Howard

2004   *New Testament Theology*, Downers Grove: InterVarsity Press.

Míguez, Néstor

2000   *Cristo nuestra paz: Una introducción a Efesios*, Quito: Consejo Latinoamericano de Iglesias (CLAI).

Míguez Bonino, José

1995   *Rostros del protestantismo latinoamericano*, Buenos Aires-Grand Rapids: Nueva Creación-William B. Eerdmans Publishing Company.

Molas, Ricardo

2014   *Las oraciones de Pablo por la Iglesia en Efesios, 1:5-23 y 3:14-21*, Tesis de Licenciatura en Teología, Asunción (Paraguay): Facultad de Teología de la Universidad Evangélica del Paraguay.

Neufeld, Alfred

2006   *Efesios: Iglesia humana y propósitos divinos*, Asunción (Paraguay): Instituto Bíblico Asunción-Sede Regional de la Facultad de Teología de la Universidad Evangélica del Paraguay.

Ninan, Idicheria

2015   «Ephesians» en *South Asia Bible Commentary*, Brian Wintle Ed., Rajasthan (India): Open Door Publications. 1631-1647.

Osiek Carolyn, MacDonald Margaret, Tulloch Janet

2007   *El lugar de la mujer en la Iglesia Primitiva*, Salamanca: Ediciones Sígueme.

Oster Jr., Rchard

  1992   «Epistle to the Ephesians» en *The Anchor Bible Dictionary* Volume 2
          D-G, David Freedman Ed., New York-London-Toronto: Doubleday.
          542-549.

Padilla, C. René

  2012   *Misión Integral: Ensayos sobre el Reino de Dios y la Iglesia*, Buenos
          Aires: Ediciones Kairós.

  2019   «Carta a los Efesios» en *Comentario Bíblico Contemporáneo*,
          C. René Padilla Ed., Buenos Aires: Certeza Unida-Ediciones
          Kairós. 1533-1545.

Pérez, Gabriel

  1995   «Carta a los Efesios» en *Comentario al Nuevo Testamento*,
          Santiago Guijarro, Salvador García Miguel Eds., Estella (Navarra):
          Atenas-PPC-Sígueme-Verbo Divino. 521-538

Powell, Mark Allan

  2020   *Introducción al Nuevo Testamento: Un estudio histórico, literario y
          teológico*, Miami: Editorial Patmos.

Ridderbos, Herman

  2000   *El pensamiento del apóstol Pablo*, Grand Rapids: Libros Desafío.

Robinson, Armitage J.

  1904   *St. Paul´s Epistle to the Ephesians*, London-New York: Macmillan
          and Co., Limited.

Sánchez, Jordi

  2003   «Carta a los Efesios» en *Comentario Bíblico Latinoamericano: Nuevo
          Testamento*, Levoratti Armando Ed., Estella (Navarra): Editorial
          Verbo Divino. 913-933

Schreiner, Thomas

  2001   *Paul Apostle of God´s Glory in Christ: A Pauline Theology*, Downers
          Grove: InterVarsity Press.

Schlier, Heinrich

  1991   *Carta a los Efesios: Comentario*, Salamanca: Ediciones Sígueme.

Segalla, Giuseppe

  1989   *Panoramas del Nuevo Testamento*, Estella: Editorial Verbo Divino.

Senior, Donald

  1985   «Los fundamentos de la misión en el Nuevo Testamento» en
          Biblia y misión: Fundamentos bíblicos de la misión, Donald Senior
          y Carroll Stuhlmueller, Estella (Navarra): Editorial Verbo Divino.
          187-422.

Slater, Thomas, B.

  2012   *Ephesians*, Macon (Georgia): Smyth & Helwys Publising Company
          Inc.

Simpson E.K. y Bruce F. F.

1957 *Commentary on the Epistles to the Ephesians and the Colossians: The English text with introduction, exposition and notes*, London-Edinburgh: Marshall, Morgan & Scott, Ltd.

Stam, Juan

1983 «La Biblia, el lector y su contexto histórico: pautas para una hermenéutica evangélica contextual». *Boletín Teológico* No. 10-11 (Abril-Setiembre): 27-72.

1999 *Apocalipsis, Tomo* I, Buenos Aires: Ediciones Kairós

Tellbe, Mikael

2014 «Prayer and Social Identity Formation in the Letter to the Ephesians» en *Early Christian Prayer and Identity Formation*, Reidar Hvalvik and Karl Olav Sandnes Eds., Tübingen: Mohr Siebeck. 115-135.

Thielman, Frank

2010 *Ephesians*, Grand Rapids: Baker Academic Press.

Schreiner, Thomas R.

2001 *Paul Apostle of God´s Glory in Christ: A Pauline Theology*, Downers Grove-Leicester: InterVarsity Press-Apollos.

Seifrid, M. A.

1993 «In Christ» en *Dictionary of Paul and His Letters*, Gerald F. Hawthorne, Ralph P: Martin, Daniel G. Reid, Eds., Downers Grove-Leicester: InterVarsity Press. 433-436.

Stott, John

1987 *La nueva humanidad: El mensaje de Efesios*, Downers Grove: Ediciones Certeza.

Taylor, Willard

1992 «La Epístola a los Efesios» en *Comentario Bíblico Beacon Tomo* IX, A.F. Harper Et. al, Kansas City: Casa Nazarena de Publicaciones. 137-295

Turaki, Yusufu

2006 «Ephesians» en *African Bible Commentary*, Tokunboh Adeyemo Ed., Nairobi: WordAlive Publishers-Zondervan. 1451-1464.

Turner, Max

1994 «Ephesians» en *New Bible Commentary: Twenty-first-Century*, D. Carson et. Al., Leicester-Inter-Varsity Press. 1222-1244.

Turrado, Lorenzo

1965 *Biblia Comentada-Hechos de los Apóstoles y Epístolas Paulinas* VI, Madrid: La Editorial Católica S.A.-Biblioteca de Autores Cristianos.

Van Roon, A.

1974 *The Authenticity of Ephesians*, Leiden: E. J. Brill.

Vidal, Senén

2013 *Colosenses y Efesios*, Estella (Navarra): Editorial Verbo Divino.

Walls, Andrew

    2003   «Tíquico» en *Diccionario Bíblico Certeza*, F. F. Bruce et. al., Barcelona-Buenos Aires-La Paz: Certeza Unida. 1350.

wcc/Faith and Order

    1998   *The Nature and Purpose of the Church: A stage on the way to a common statement, Faith and Order Paper No. 181*, Bialytok (Poland): Orthdruk Orthodox House.

www.ingramcontent.com/pod-product-compliance
Lightning Source LLC
LaVergne TN
LVHW020318200726
843507LV00012B/2155